U0032518

南宋時代抗金的義軍

黃寬重著

緒言

　　北宋末年，徽宗君臣發動聯金滅遼的軍事冒險，企圖聯夷制夷，以收復燕雲故地。然而，經此一役，宋軍的積弱無能充分暴露，招致女真的輕視，金人遂於滅遼後，進而攻宋。承平百餘年的宋朝，軍事和國防輕怠窳敗，驟遭外患，立告土崩瓦解。幸賴各地百姓倡組地方武力，起兵勤王，使北宋遺臣得以擁立康王趙構在江南重建趙氏政權。

　　南宋時代，金朝統治下的北方百姓，不斷掀起抗金、反金的浪潮。他們或據險抗禦、牽制金兵，紓緩宋廷的壓力，使得東晉以後南北對峙的局面，再度出現；或南下歸正，成為支撐南宋政局、開發東南經濟的重要力量。到後來，這股力量不但敲響了女真王朝的喪鐘，更對晚宋政局發生重大的影響，終於導致趙宋政權的覆亡。民間的抗金行動固然是華北百姓在新政權的統治下，由於意識形態與生活方式的歧異所造成的，進一步分析，則可看出中國人民在傳統夷夏之防的影響下，對異族統治的抗拒心理。這種抗拒，在我國歷史上具有莊嚴與積極的意義。此外，這股勢力興起於宋、金、元興替之際，其活動對這三朝勢力的消長，有着舉足輕重的地位，而其性質的轉變，更是觀察南宋政局發展的重要線索。

　　本書所討論的，卽是女真侵宋、入主中原後，華北漢人抗金、反金的活動。由於立場不同，宋、金對他們的稱呼各異：金

人以亂賊目之，宋人則稱之為義軍。當歷史上漢人政權局部被少
數民族所取代，中國領土上同時有兩個以上的政權對峙時，以
反對異族統治為標榜的漢人反抗活動，實不能以單純的叛亂來看
待；同時本書擬由南宋的立場觀察此一問題，所用的資料亦以宋
人著作為多，因此採用宋人稱呼：名為義軍。

　　嚴格說來，義軍是指華北百姓自動組成的抗金團體。他們原
是宋的正規軍──禁軍──腐敗後，由民間自行倡組以保衛鄉里
的自衛武力。到金人入主中原後，才逐漸發展成反抗壓迫的「叛
亂」團體。不過，本書對義軍擬採較廣義的解釋，亦將凡在女真
人入侵或金政權建立後，抗金、反金的各種武力，皆稱作義軍；
其中包含由官吏私募或民間自組的非正規軍。歸正人在反金的性
質上與義軍相同，義軍歸宋後也被視為歸正人，彼此之間並無明
顯的界限，故亦列入本書討論範圍。此外，女真人入侵時及金朝
末年，華北經濟殘破、政治解體、社會秩序大壞，這時候的民間
武裝團體固曾高揭抗金之名，然一旦困於生計，則不免流於剽
掠，多所擾民，實兼有義軍與盜賊之性格，但因有抗金事蹟，也
視之為義軍。

　　由於義軍的組成分子複雜，抗金的動機也不盡相同，因此，
在南宋以後，世人對他們的評價頗為懸殊。南宋時有人認為他們
與盜賊無異，明末的張溥譽之為忠臣孝子，而民初的柯劭忞則斥
之為乘時徼利之徒。近年來，研究此一問題的學者漸多，但多囿
限於某一時期義軍之活動，少數學者更過分強調義軍的民族意識
及農民革命之性格，不免失之偏頗。所以客觀而深入的觀察整個
南宋時期的義軍活動，仍有其必要。作者不揣譾陋，爰以「南宋
時代抗金的義軍」為題，全面探討義軍興起的背景、活動的經
過、組織形態與性質、與宋金和戰的關係、宋臣對義軍的態度、

宋廷的政策以及義軍變質的原因。

　　南宋的傳世史料向稱豐富，但筆者所探討的義軍，除少數人外，均無顯赫功業，有關其活動事蹟的記載十分稀少，材料甚為殘缺零落。孝宗以後，這種情形尤為嚴重，往往只能從一鱗半爪的資料中去探討、分析。因此，有關義軍的研究，史料的限制實為一大困難。往往在經過爬梳、整理之後，仍未能完整顯現義軍的全貌，特別是義軍的組織形態方面，更覺荒疏粗略。為了彌補這個缺憾，本書特別列出各期重要義軍、歸正領袖及其活動概況表，附於各章關於義軍的組織與性質之後，俾有助於對義軍活動之了解。

　　本書敍述的時間，雖以南宋與金對峙時期為主，惟為說明問題的始末，亦上溯至北宋末年，下迄金亡以後。在史料方面，除史書外，大量利用現存南宋及金、元人文集，兼及筆記、金石資料，輔以近人研究之成果。然而史籍浩瀚，掛一漏萬之處在所難免，尚請讀者不吝指正，以待修訂時改正。

目次

緒　言……………………………………………………………… i

第一章　義軍抗金的背景………………………………………… 1

　　第一節　經濟因素…………………………………………… 2

　　第二節　民族因素………………………………………… 11

　　第三節　政治因素………………………………………… 16

　　第四節　社會因素………………………………………… 25

第二章　高宗初期的義軍……………………………………… 31

　　第一節　抗金義軍之崛起：民族意識的激勵…………… 31

　　第二節　初期義軍的組織與性質………………………… 52

　　第三節　宋廷關於拒納義軍的爭執…………………… 102

　　第四節　義軍與南宋偏安政權………………………… 110

第三章　高、孝宗年間的義軍……………………………… 119

　　第一節　叛金意識下的義軍活動……………………… 119

　　第二節　日趨消寂的地方性自衛組織………………… 132

　　第三節　宋廷和戰政策之轉移與迎拒義軍的爭議…… 150

　　第四節　義軍與南宋偏安政權之鞏固………………… 161

第四章　寧宗、理宗時期的義軍…………………………… 171

　　第一節　義軍態度的轉變：個人利益的衝突………… 171

　　第二節　後期義軍的組織與活動……………………… 186

　　第三節　宋廷對義軍消極防患分化的政策…………… 211

　　第四節　由抗禦外侮到叛宋降蒙……………………… 224

第五章　結論……………………………………………… 235

後　記…………………………………………………… 243

史源及參考書目…………………………………………… 245

索　引…………………………………………………… 259

圖表目次

　　表一　金戶口、墾田、牛具數表(大定二十三年，1183年)…27

　　表二　南宋忠義巡社組織表……………………………57

　　表三　靖康元年 (1126) 到紹興十一年 (1141) 重要
　　　　　義軍歸正領袖及其活動概況表………………………64

　　表四　高、孝年間 (1158至1164) 重要義軍歸正領袖
　　　　　及其活動概況表……………………………… 138

　　表五　宋寧宗、理宗時期 (1206至1234) 重要義軍歸
　　　　　正領袖及其活動概況表………………………… 194

　　圖一　靖康元年至紹興十年 (1126至1140) 年代可考
　　　　　之義軍活動曲線圖………………………………54

　　圖二　寧、理時期 (1260至1234) 義軍活動曲線圖…… 187

　　圖三　南宋寧宗理宗時期義軍抗金地區圖……………… 188

第一章　義軍抗金的背景

　　女眞於西元十二世紀初崛起於東北後，經過十餘年的征戰，終於滅遼覆北宋，入主華北，建立了所謂「征服王朝」。從此在政治、社會、經濟、文化各方面都開始面臨複雜的問題。首當其衝的，是如何收攬佔領區內的人心，以穩固政權，這也是異族新政權建立後常常面臨的考驗。

　　本來傳統中國人都是順服當朝政權、安土重遷的。非到統治者對他們的生命安全與財產保障有重大危害，或者因新舊政權的比較，而對新政權有強烈不滿的時候，絕不輕易反抗新政權的施政，更不會輕易離開他們所恃以安身立命的家園，走向冒險之路。然而在女眞統治下的華北，卻不斷發生漢人前仆後繼、風起雲湧的抗金活動。規模之大幾乎遍及華北，時間之長久則與金朝相終始。他們在金的內部製造事端，牽制女眞南侵，爲漢族的抗敵史寫下悲壯的一頁，最後，也成了敲響女眞喪鐘的主要力量之一。他們抗金不成之後，部分人士且不惜離鄉背井，千里迢迢地投奔南宋。因此，導致他們掀起抗金的因素很值得探討。

　　要檢討這個問題，似可從當時社會形態及其他特徵上去找答案。我們若留心這段歷史，不難發現，促成華北漢人抗金的原因有很多，而且各種原因之間，都有相互的關係或影響。爲避免過分雜亂，及便於分析和敍述起見，試從經濟、民族、政治與社會四方面來探討義軍興起的背景。

　　當然，歷史上任何重大事件的發生，都有著錯綜複雜的背景。勉強將它們歸納成幾個要項，不僅會遺漏很多細節，甚至可能忽略某些要點。何況不同的研究者對相同的資料也各有不同的觀點，因此，以下的分析只是個人的粗淺見解，是否得當，尚待方家指正。

　　不過由女眞人所建立的金朝，在我國歷史上，雖非盛世，國祚也不算久長，然以異族而能統治中原達一百一十年（1125—1234），則其統治自有成功的一面。唯本文旨在探求義軍抗金的背景，對金政的缺失，不免多加敍述，固不能據此而否定金代統治的正面意義。

第一節　　經濟因素

　　經濟是人類生活的基礎。當經濟發生變動，生存環境受到破壞的時候，個人爲維護其生存，對爲害生存的因素，必起而加以反抗。金統治下的華北，一方面經過長期天災人禍的爲害，經濟已呈殘破現象，加上女眞人以勝利者的姿態君臨中原，對華北百姓的生計與經濟多方剝削，嚴重損害其利益，遂激起抗金活動。

　　華北是我國歷史上開發較早、文化較發達的區域。中唐以前，北方是文化、經濟重心之所在。但自從安史之亂以後，北方受到戰亂及藩鎭的蹂躪，經濟、文化的優勢漸被打破。五代時期，先有朱溫、李克用互爭雄長，開夾河大戰之局，戰爭延續二、三十年[1]；後有石敬瑭勾結契丹稱帝，啓契丹覬覦中原之

1　毛漢光：「唐末五代政治社會之研究」，〔中央研究院歷史語言研究所集刊〕五十本第二分（民國68年6月），頁321～342。黃啓江：「五代時期南方諸國的經營」（民國65年6月，臺大碩士論文），第6章，結論，頁189。

禍。於是，兵連禍結，華北在契丹「打草穀」的破壞下，經濟受到嚴重的摧殘。加上河道潰決，災荒連年，使廣大的中原沃土，變成荒蕪的地域[2]。

到了宋朝，華北長期受到契丹、西夏的騷擾和威脅，爲因應國防需要，沿邊地區盡劃爲禁地，農業經濟已無法恢復，一旦戰爭發生，破壞尤重。而災荒不絕更是一大打擊，北宋一百六十八年間，僅黃河決溢就有五十多次[3]，其他旱、蝗災及地震、風霜的爲害更相繼不絕[4]。如英宗時，河北大飢荒，曾造成「流民轉徙，東下者六、七十萬人」[5]的悲慘景象。到徽宗時，災荒益形頻繁，加上王倫、張海、郭邈山、王則、宋江等民變，對經濟造成更大的破壞[6]。

迨北宋晚期，華北又淪爲遼金與宋金之間逐鹿的戰場。在戰火摧毀與女眞兵的掠奪、破壞之下，原已不振的農業經濟更是備受摧殘。金人發動戰爭的目的，帶有濃厚的軍事掠奪的性質，這一來，對軍隊所經過的戰區或佔領地區的經濟，簡直是一場浩刼。早在靖康元年，宋臣李若水報告使金見聞時，就指出他所經過的地方有如人間地獄：「官舍民廬，悉皆焚毀。瓶罌牖戶之類，無一全者。……男女老幼，陵鑠日甚一日。厄殘窮苦，狀若幽陰間人」[7]，加以金人所至，焚刼繼之，使「田野三時之務，

2 聶崇裕：「五代人民的逃亡」，〔食貨〕半月刊4卷2期（民國25年6月16日），頁35~39。

3 王德毅：〔宋代災荒的救濟政策〕（中國學術著作獎助委員會出版，民國59年5月初版，臺北），第2章，「災荒情況及其影響」，頁11~26。

4 張家駒：〔兩宋經濟重心的南移〕（武漢，1957），一、緒言，頁5。

5 潘永因輯：〔宋稗類鈔〕（廣文書局，民國56年12月初版），卷1，頁42下。

6 李文治：「北宋民變之經濟的動力」，〔食貨〕半月刊4卷11期（民國25年11月1日），頁16~36。

7 汪藻：〔靖康要錄〕（十萬卷樓叢書本），卷11，頁35上~下。

所至一空」[8]，甚至「殺人如刈麻，臭聞數百里」。河北、山東、河南之地受害尤鉅，難怪莊綽認爲女眞的侵陵，造成中原有史以來最大的禍害。他說：

> 自古兵亂，郡邑被焚毀者有之。雖盜賊殘暴，必賴室廬以處，故須有存者。靖康之後，金虜侵陵中國，露居異俗，凡所經過，盡皆焚爇。……中原之禍，自書契以來，未之有也[9]。

戰爭對經濟破壞之嚴重，於此可見。

女眞入主中原後，華北依然殘破不堪。宋孝宗乾道六年（1170），范成大出使女眞時，對中原的殘破感觸很深。他有一首題名「市街」的詩，對汴京荒廢的景象，作了深刻的描述。詩曰：

> 梳行訛雜馬行殘，藥市蕭騷土市寒。
>
> 惆悵軟紅佳麗地，黃沙如雨撲征鞍[10]！

而災荒的現象也極爲嚴重，計金人統治期間，黃河的決口凡二十二次、大水十一次、淮河溢八次、盧溝河決四次[11]。世宗在位期間，黃河氾濫十一次；章宗時代，黃河的改道，湮沒數州，及宣宗興定年間的氾濫，更使淮北的唐、鄧、裕、蔡、息、壽、潁、亳諸州，備受水患之苦[12]。此外，旱、蝗、地震等天然災害也很

8　徐夢莘：〔三朝北盟會編〕（文海出版社影印，民國51年9月初版），卷103，建炎元年5月6日條，頁3。

9　莊綽：〔雞肋編〕（叢書集成初編本），卷中，頁61。

10　范成大：〔范石湖集〕（河洛出版社影印，民國64年9月初版），卷12，詩題下原註：「京師諸市皆荒索，僅有人居」頁148。

11　岑仲勉：〔黃河變遷史〕（人民出版社，1957年6月2版），第11節，金代的黃河及關於河徙的許多疑問，頁394～397。鄭肇經：〔中國水利史〕（商務印書館，民國65年2月臺3版），第1章，頁19～29。

12　外山軍治：〔金朝史研究〕（京都大學東洋史研究叢刊之13，昭和39年10月20日），八、「章宗時代における黃河の氾濫」，頁565～570。岑仲勉：〔黃河變遷史〕，頁394～420。

頻繁,如章宗晚期,山東連歲旱蝗,尤以沂、密、萊、莒、濰五
州爲甚[13]。而崇慶元年(1212)河東及陝西大饑,米一斗漲至數
千錢,餓死的饑民比比皆是[14]。

金章宗以後,金北疆受蒙古兵不斷的騷擾,戰事不絕,南方
與宋的關係又日益惡化,隙釁時啓。面對南北二敵,金雖勉能恃
險苦撐,但戰爭綿延十餘年,華北在戰火洗刼下,眞成了「河朔
爲墟,蕩然無統,強焉弱陵,衆焉寡暴」的局面[15]。像濟南經過
二十年的喪亂,原來壯麗巍峩的樓、觀,變成「荊榛瓦礫」[16]。
而河南東路的澤州,盛時人口有五萬九千四百十六戶,經過戰爭
的摧殘,「虐焰燎空,雉堞毀圮,室廬掃地,市井成墟,千里蕭
條,闃其無人。」到金亡時,竟只剩下九百七十三戶[17]。因此戰
火波及的地方,「民疲奔命,愁嘆盈路」[18]。面對這一連串的天
災人禍,華北的百姓在經濟破產,無以維生的情況下,只有鋌而
走險,抗金以求生存了。

女眞崛起東北後,不久卽滅遼國、覆北宋,統治華北的半壁
江山,這些廣土衆民,實非少數的女眞人所能鎮撫;金人爲防漢
人反抗,便大量把本族人移到中原,從太宗吳乞買末年起,移民
華北成了一種政策[19]。更把原爲軍事編制的猛安謀克,移植到征

13 脫脫等:〔金史〕(新校本),卷95,頁2105。
14 〔金史〕,卷13「衛紹王本紀」,崇慶元年5月條,頁295。
15 蘇天爵:〔元文類〕(世界書局影印,民國51年2月初版),卷51,劉因撰「
    易州太寧郭君墓誌銘」,頁12。〔金史〕,卷14,「宣宗本紀」,貞祐2年夏
    4月戊戌條云:「時山東、河北諸郡失守,……河東州縣亦多殘燬。」頁304。
16 元好問:〔遺山先生文集〕(四部叢刊初編本),卷34,「濟南行記」,頁349
    上。
17 李俊民:〔莊靖集〕(清乾隆間刊本,傅斯年圖書館藏),卷8,「澤洲圖
    記」,頁25上。
18 〔金史〕,卷116,內族承立傳,頁2551。
19 參見 Jing-Shen Tao, *The Jurchen in Twelfth-Century China*, (university
    of Washington press, 1976) 4, Sinicization, p. 47。

服的地區，變成行政單位，與漢人雜處，以收監視、鎮壓之效。
這種猛安謀克戶又稱「屯田軍」，由政府頒給田地，收稅甚少，
春秋二季配給衣馬，用兵時又賞賚錢米[20]，生活至爲優渥。屯田
軍隨著女眞征服地區的擴大而擴展，從燕京以南，直到淮河、隴
山一帶[21]。他們仗恃征服者的優越地位，強奪民間田宅，盡得膏
腴沃土，竟有貴族占地達八百頃的例子[22]。上好的良田，旣入勢
家富戶，貧民無地可耕，只得徙居薄瘠的惡地。而政府更屢次實
行「括田」政策，根括良田給軍；像正隆元年，海陵帝亮爲了安
定南遷的猛安謀克戶，派遣紇石烈婁室等十一人，到大興府、山
東、眞定府等地括田[23]。括田本有一定的範圍[24]，實際上被括者
多爲民田[25]，原有的地主、土豪受害尤大，因此猛安謀克戶授田
的爭端時啓，所激發的叛變相繼不絕。

　　猛安謀克得到土地後，變成披甲的地主，坐享安逸，已逐漸
失去勇武的精神，然而他們又不親耕土地，或交給奴隸耕種，或
租與漢人，甚至轉賣給漢人[26]，以致「人非習耕之人，地非易耕

20　宇文懋昭：〔大金國志〕（掃葉山房校刊本），卷12，熙宗皇統5年條云：
　　「創屯田軍，凡女眞、契丹之人，皆自本部徙居中州，與百姓雜處，計其戶授
　　以官田，使其播種，春秋量給衣馬，若遇出單，始給其錢米。」（頁1上）。
　　又見李心傳：〔建炎以來繫年要錄〕（廣雅叢書本，傅斯年圖書館藏），卷
　　128，紹興10年是歲條，頁9下～10上。
21　〔大金國志〕，卷12，熙宗皇統5年條。又見〔建炎以來繫年要錄〕，卷130，
　　紹興10年是歲條，頁10上。參見箭內亙著，陳捷、陳清泉譯：〔遼金軍及金
　　代兵制考〕（商務印書館史地小叢書，民國21年12月初版），頁87。
22　〔金史〕，卷47，「食貨志」，田制條，頁1046。卷83，「納合椿年傳」，頁1873。
23　〔金史〕，卷47，「食貨志」，田制條，頁1044。
24　金代括地範圍是「係官或荒閑牧地，及官民占射逃絕戶地，戍兵占佃官籍監、
　　外路官本業外增置土田，及大興府、平州路僧尼道士女冠等地。」〔金史〕，
　　卷47，頁1044。
25　世宗曾說：「朕開括地事所行極不當，如皇后莊、太子務之類，止以名稱，便
　　爲官地，百姓所執憑驗，一切不問。」〔金史〕，卷47，頁1045。
26　參見郭人民：「金朝興亡與農業生產的關係」，〔史學月刊〕1957年3月，頁
　　23～26。又朱大昀：「有關金代女眞人的生產、生產關係及上層建築的幾個問
　　題」，〔史學月刊〕1958年2月，頁24～26。

之地，或與之而不受，或受之而不耕。授田之詔，雖屢見於紀中，俱託之空言，未見實用，卒之口糧廩給仍不可省，農具牛種，反有所增」[27]。因此，金廷的括田政策，不但無補於財政，反而促使女真人腐化及招致漢人不滿[28]。到章宗以後，金對宋、蒙用兵，為了激勵士氣，括田給軍的風氣愈盛。加上黃河氾濫之後，豪強恃勢，占奪民田，更使土地兼併日趨嚴重。貧民地瘠稅重[29]，民怨益熾。高汝礪卽說：「如山東撥地時，腴田沃壤盡入勢家，瘠惡者乃付貧戶，無益於軍而民則有損，至於互相憎疾，今猶未已」[30]。這是晚金亂事相繼不絕的根源。

女真雖以宮室為居，種植為業，但打獵仍是他們日常生活中最重要的工作[31]。入主中原後，卻開始沈溺於物質享受，拋棄原有吃苦耐勞的習慣。統治者怕族人因漢化而失去勇敢善戰的尚武精神，趨於散漫、墮落，為喚起族人勇武之舊習，以維持強大的帝國兵力，對這種寓武備於田獵的射獵生活，未嘗或忘。不過，女真的田獵與契丹以個人打獵的方式不同，稱為打圍，場面極為浩大[32]。每次出獵，都隨意圈占民田，作為獵場和牧地，稱為圍

27 清高宗敕撰：〔欽定續文獻通考〕（商務印書館影印，萬有文庫，民國25年3月初版），卷4，田賦考屯田條，考2813。
28 外山軍治：〔金朝史研究〕，七、「章宗時代における北方經略と宋との交戰」，第5章，「社會經濟上における北方の影響」，頁495～496。
29 元好問：〔遺山先生文集〕，卷16，「平章政事壽國張文貞公神道碑」云：「其後武夫悍卒，倚國廕以為重，山東河朔上腴之田，民有耕之數世者，亦以冒占奪之。兵日益驕，民日益困。」頁167。參見〔金史〕，卷47，田制條。
30 〔金史〕，卷107，「高汝礪傳」，頁2354。
31 參見姚從吾：「金朝上京時期的女真文化與遷燕後的轉變」，收入〔東北史論叢〕（正中書局，民國57年4月臺2版），頁31～64。徐玉虎：「女真建都上京時期的風俗」（上），〔大陸雜誌〕史學叢書第一輯第五冊，頁138～144。陶晉生：「金代初期女真的漢化」，臺灣大學〔文史哲學報〕第17期（民國57年6月），頁33～34。
32 樓鑰在〔北行日錄〕中曾提到「燕京五百里內皆是御圍場」，可見場面很大（見〔攻媿集〕，四部叢刊初編本，卷111，頁1108）。參見林瑞翰：「女真初起時期之寨居生活」，〔大陸雜誌〕12卷11期（民國45年6月），頁28。

場。區從軍士，任意踐踏禾稼。如正隆六年二月，海陵帝以巡狩
爲名，從中都出發，巡視各地及狩獵，自中都至河南，所過麥皆
爲空[33]。此外，女眞皇族及權貴之家恃勢任意在民田放牧牲畜，
民間桑樹，多被勢家牧畜嚙毀。使原本已然殘破的農業經濟，更
遭摧殘了。

　　君臨中原的女眞人，對衆多被統治的漢人而言是少數民族[34]。
鑒於宋朝賦重民困，每招怨尤，爲鞏固政權、收拾民心，於建國
後所立的稅制，較宋爲輕[35]。但在僞齊、海陵帝及章宗以後，均
曾橫征暴歛，招來民怨。

　　女眞人統治中原之初，爲實現「以華制華」的目的，完顏昌
和宗翰乃合力樹立劉豫的「僞齊」政權。劉豫做了八年的「兒皇
帝」，初期雖給宋不少壓力[36]，但連年南侵，卻不能摧毀南宋的
防禦力量，反費民財。他又大事搜括朘削，積歛財富。紹興七年
（1137）金廢劉豫，撻懶、兀尤檢點他所留的財物，共得黃金一
百三十餘萬兩、白銀六千萬兩、錢九千八百餘萬緡、糧九十萬
石、絹二百七十餘萬匹[37]，這些都是他聚歛所得。史稱他：「在
帝位八年，割剝百姓，下至倡優，無不日納官錢，劉復、劉益皆
豫之弟，劉猊乃劉觀之子，悉善聚歛，碌碌無他能」[38]。〔宋史〕

33　〔金史〕，卷五，「海陵本紀」，正隆6年3月癸巳條，頁113。
34　女眞人到世宗時約有480餘萬。當時金朝的總人口爲4470餘萬人，女眞人約占
　　十分之一強。參見田村實造：〔中國征服王朝の研究〕（中）（京都大學東洋
　　史研究叢刊12之2，昭和46年3月第1版）「金朝通史」，第3章，守成期，
　　頁581。
35　李劍農：〔宋元明經濟史稿〕（北平，1957），第8章，四、金之賦役，頁
　　258。
36　〔金史〕，卷77，「劉豫傳」說：「宋人畏之，待以敵國禮，國書稱大齊皇帝」
　　（頁1760）。參見外山軍治：前引書，三、劉豫の齊國を中心としてみた宋金交
　　涉，頁255。
37　見〔大金國志〕，卷31，「齊國劉豫錄」，頁6上。同書，卷9，熙宗天會15
　　年（頁5），所記豫搜括財物數與此處略有出入。
38　同前，頁6下。

也說：「劉豫之僭，凡民間蔬圃皆令三季輸稅，……起居舍人程克俊言：『河南父老，苦豫煩苛久矣，賦歛及於絮縷，割剝至於果蔬』」[39]。

　　到海陵帝卽位後，起初尙能謹守法度，與民生息。但正隆三年（1158）以後，他志在統一天下；一方面加強建築汴京宮室，大興土木，極盡奢華之能事；一方面作大規模的侵宋準備，不擇手段的要達到統一天下的目的。因此，中原人力、物力和財力大量耗損，終至橫征暴歛。如增加稅目：有「茔園、房稅、養馬錢」[40]；及將用兵，「又借民間稅錢五年」[41]。更命州縣儲存糧食，以供軍需，造成民間普遍乏食。崔淮夫說：

> 金賊未修內已前，米麥極賤，米不過二百一石，小麥不過一百五十一石。自修內，連綿水旱（旱），螟蝗間作，官中稅賦之外，以和糴為名，強取民間者，如帶糴、借糴、帖糴之類，二年之間，不下七、八次。民間有米，盡數為之拘括，無卽以戶口之大小，擬定數目，勒令申納，以此官中積蓄常多富庶，民間由是乏食[42]。

民益怨憤，於是中原豪傑像耿京、王友直等並起叛金[43]。

　　章宗以後，金朝多故。諸如：黃河的災患、猛安謀克的救濟、北邊的經略與修築邊壕、契丹的叛變以及對宋的用兵，在在增加了財政的巨大負荷[44]。國用困竭，以致經濟崩潰，不得不急

39　脫脫等：〔宋史〕（新校本），卷174，「食貨」上，二、賦稅，頁4215。
40　〔金史〕，卷73，「宗尹傳」，1675。
41　李心傳：〔建炎以來繫年要錄〕，卷192，紹興31年9月，是月條，頁22上。
42　徐夢莘：〔三朝北盟會編〕，卷230，紹興31年7月31日條，頁8～9。
43　同[41]。
44　外山軍治：〔金朝史研究〕，七、「章宗時代における北方經略と宋との交戰」，頁495～564。華山：「南宋和金朝中葉政情和開禧北伐之役」，〔史學月刊〕1957年5月號。

征重斂，而官閥豪強規避稅役，細民負擔不斷加重。章宗卽說：
「比以軍須，隨路賦調，司縣不度緩急，促期徵斂，使民費及數
倍，胥吏又乘之以侵暴」[45]。適山東蝗災，民不堪命，紛紛起
事。宣宗時代，金對外戰事頻繁，費用日增，國勢日蹙，財政日
艱，經濟已全面崩潰，山東、河北一帶的紅襖軍乘機掀起叛金活
動。及其棄燕都汴，更使河北陷入殘破之境，侯摯卽說：「大河
之北，民失稼穡，官無俸給，上下不安，皆欲逃竄。加以潰散
軍卒，還相剽掠，以致平民愈不聊生」[46]。何況金宣宗在遷都的
同時，又把河北、山東的女眞人遷到河南，其費用均轉嫁於漢
人[47]。生產減少，消費增加，漢人負擔三倍於平時，不滿之聲到
處可聞。元好問卽說：

> 貞祐之亂，盜賊滿野，向之倚國威以爲重者，人視之以
> 爲血讎骨怨，必報而後已。一顧盼之頃，皆狼狽于鋒鏑
> 之下，雖赤子不能免[48]。

宣宗又狃於常勝，南啓宋釁，賦役蕃重，民力不堪，逃亡者日
衆。如亳州原有六萬戶，南遷以來，百姓不堪調發，相繼逃去，
所存者不到十分之一[49]。卻需要負擔衆多的軍食，難怪侯摯認爲
卽使「蕭何、劉晏復生，亦無所施其術」[50]。金哀宗也感慨地

---

45 〔金史〕，卷10，「章宗本紀」，承安2年5月甲戌條，頁241。

46 〔金史〕，卷108，「侯摯傳」，頁2385。

47 三上次男：〔金代女眞の研究〕（滿日文化協會刊，昭和12年12月出版），第
　　2篇：猛安謀克制の研究，通論，第7章，猛安謀克制の崩壞，頁247～257。
　　外山軍治：〔金朝史研究〕，八、「章宗時代における黃河の氾濫」，頁581。
　　又見田村實造：〔中國征服王朝の研究〕（中），第4章，衰亡期，頁73～78。

48 元好問：〔遺山先生文集〕，卷16，頁167。參見〔金史〕，卷47，「食貨
　　志」，田制條，頁1053。

49 〔金史〕，卷46，「食貨志」，戶口條，頁1037。卷104，「溫迪罕達傳」，頁
　　2294。

50 〔金史〕，卷108，「侯摯傳」，頁2388。

說：「南渡二十年，所在之民，破田宅鬻妻子以養軍士」[51]。這是晚金義軍崛起的背景。

以上所述，可知女眞統治下的華北，本已殘破不堪，加上括田給軍的不公，漢人在暴政下所受的苛斂，及連年的水旱災等因素，使華北漢人的生命、財產得不到保障，因而影響到社會平衡性的崩潰。這種穩定的基礎一發生動搖，乃有人冒死南逃，向江南尋求新希望；另有一些人則組成義軍，直接向女眞政權挑戰。他們聚守山水寨，從事游擊戰，從宋金對峙的歷史中，一批批義軍的興起，都足以說明這是女眞統治下，華北經濟殘破及百姓受到壓榨的必然結果。

第二節　民族因素

「非我族類，其心必異」的觀念，在我國歷史上起源很早。不過，上古諸夏與夷狄之別，取決於所謂「進於夷狄則夷狄之，進於中國則中國之」的文化界線，因此，民族畛域不深。

宋太祖建國後，鑒於唐末以來，武將跋扈，廉恥道喪的頹弊，重視科舉，厲行文治，積極培養文人的尊嚴。繼任的皇帝也都能遵循他的遺訓，優禮士人，遂使文人政治抬頭，士人對宋廷的向心力加強。而歷朝君王對勸忠的工作更不遺餘力，使國家權力和儒家的政治觀念混合，乃至互相作用[52]。而印刷術發達，教育普及，更易使尊王忠君的思想廣泛流傳，深入人心。加以契

51　〔金史〕，卷113，〔赤盞合喜傳〕，頁2494。
52　劉子健著，野村浩一譯：「儒教國家の重層性格について」，〔東方學〕第二十輯（東京東方學會，1960），頁119～125。參見陳芳明：「北宋史學的忠君觀念」（臺大碩士論文，民國62年6月），第3章，北宋中期忠君史學的形成背景，頁25～40。

丹、西夏、女眞諸外族相繼侵凌，遂使宋人對異族卑視之餘，益
以仇視。在時代環境刺激下，民族意識極爲發達。自孫復著〔春
秋尊王發微〕一書以來，闡明尊王攘夷的思想成了宋代春秋學的
主流[53]，士人論政治則說春秋大義，講求氣節，嚴夷夏之防，民
族意識與中國本位文化愈形強烈[54]。

　　因此，當金人向宋索取兩河之地時，便有太原百姓不奉詔之
舉[55]。華北淪陷時，北方百姓更抱著「吾屬與其順寇，則寧南向
作賊，死爲中國鬼」之志[56]，起兵抗金。及女眞人入主中原後，
以恐怖手段實行軍事統治，推展女眞化運動，強迫漢人易服和薙
髮時，許多民族意識強烈的士人，由於不肯薙髮而遭殺戮，一時
護髮的憤怒呼聲，響遍兩河，不堪受壓迫的人紛紛相抗，其情形
正如宗澤所說：

　　　今河東、河西，不隨順北敵，雖爲髠頭編髮，而自保山
　　　寨者，不知其幾千萬人，諸處節義丈夫，不顧其身而自
　　　黥其面，爲爭先救駕者，又不知幾萬數也[57]。

馬擴和趙邦傑便在此時，於五馬山擁信王榛起事[58]。此後，漢人

53　牟潤孫：「兩宋春秋學之主流」，〔宋史研究集〕第3輯（中華叢書編審委員
　　會出版，民國55年4月初版），頁103～121。
54　傅樂成：「中國民族與外來文化」，〔中山學術文化集刊〕第4集（民國58年
　　11月12日），頁713。
55　〔金史〕，卷74，「宋彥傳」，頁1696。
56　莊仲方編：〔南宋文範〕（鼎文書局影印，民國64年1月初版），卷12，許翰：
　　「論三鎮疏」，頁1下（總頁158）。許翰：〔襄陵文集〕（四庫全書本）卷
　　6，頁7上。
57　宗澤：〔宋宗忠簡公集〕（中國文獻出版社影印，民國54年10月初版），卷1，
　　「乞回鑾疏」，頁22上。
58　馬擴上疏稱：「皇弟信王，脫於囚虜，集兵山谷，結約河外忠義。……時方金
　　人欲剃南民頂髮，人人怨憤，日思南歸。又燕地漢兒，苦其凌虐，心生離貳，
　　或遁叛上山，或南渡投降。自河以北，各傳蠟檄，皆約內應。」見徐夢莘：
　　〔三朝北盟會編〕，卷123，頁9～10。李心傳：〔建炎以來繫年要錄〕，卷
　　21，頁1下～2下。

在金統治下，每見宋使，則勾起故國之思。如乾道六年(1170)，樓鑰出使時，眞定府的老婦還說：「此我大宋人也，我輩只見得這一次，在死也甘心」[59]。淳熙七年 (1180)，蓋經使金時也說：「遺黎思漢之心未泯也」[60]。這種由民族意識而起的故國情懷，在金政暴虐時，愈發強烈，遂轉爲叛金的軍事活動。

　漢人的民族意識之外，女眞的民族差別政策，也是引起漢人抗金的重要因素。女眞以異族在中原建立王朝，雖然不像元朝，明顯地把帝國內的人民區分爲蒙古人、色目人、漢人和南人四種階級，仍和其他由外族所建立的「征服王朝」一樣，對統治者和被統治者有著不同的待遇。卽以金代的賢君金世宗來說，雖被譽爲國史上外族統治中國的皇帝中，最肯用心作事、有見解、有辦法、有理想的君主[61]，卻仍不免民族歧視的心理。他曾說：「所謂一家者皆一類也， 女眞、 漢人其實則二」[62]。 終其一生，從不用暴力 來對付宗室和貴族 ，而對漢人和契丹人 則採嚴防的態度[63]。這種差別待遇 ， 正是女眞征服者 爲維護既得的 地位和權益，對被征服者採取種種限制的表現。以下試舉數例加以說明。

　猛安謀克在金朝享有很高的地位和權威，金建國之初，爲了順利的擴展軍事，採行籠絡政策，曾任命不少非女眞人爲猛安謀克[64]。到熙宗天眷三年 （1140） ，先罷遼東的漢人及渤海人猛安

59　樓鑰：〔北行日錄〕下，見〔攻媿集〕，卷112，頁1115。
60　衞涇：〔後樂集〕（四庫珍本初集），卷17，「蓋經行狀」，頁19上。
61　姚從吾：〔姚從吾先生全集㈢金朝史〕，第 7 講，「所謂金世宗的小堯舜時代」，頁200。
62　〔金史〕，卷 88，「唐括安禮傳」，頁1964。參見箭內亙著，陳捷等譯：〔遼金乣軍及金代兵制考〕，頁116。
63　陶晉生：「金代的政治結構」，〔中央研究院歷史語言研究所集刊〕第41本第 4 分（民國58年12月），頁576。李劍農：〔宋元明經濟史稿〕，第 7 章，「宋元明土地與農民之關係」，頁189。
64　箭內亙著，陳捷等譯：〔遼金乣軍及金代兵制考〕，頁100。外山軍治：〔金朝史研究〕，各論，「一、金朝治下的契丹人」及「二、金朝治下的渤海人」，頁66～152。 Jing-Shen Tao, The Jurchen in Twelfth-Century China, 3, The Period of Dualism 1115～1150, pp. 27～28.

謀克，兵柄由女眞人及少數契丹人控制。到世宗時，又藉契丹人
叛變，廢除了契丹人的世襲猛安謀克，舉國只餘女眞本族才享有
這個權利[65]。而女眞人每每倚仗特權，強占民地或非法圖利，難
怪當時官吏說：「諸路猛安謀克，怙其世襲，多擾民」[66]。到晚
期，由於金廷過分保護女眞人，壓抑漢人，這種民族歧視，最後
竟成爲女眞政權失去漢人支持的主要因素[67]。

　　金朝女眞人和漢人的田制和賦稅也是不平等的。金政府似不
分配土地給漢農[68]，卻經常將田地分給女眞人，每二十五個女眞
人，可以分配到四頃四畝的田地[69]，這些田地有的是政府佔奪民
田而賜予的。雖然金代的賦稅較宋輕[70]，然而女眞人和漢人納稅
並不平等。女眞人納「牛具稅」或「牛頭稅」，每一牛具包括三
頭耕牛，而相當一牛具的田地是四頃四畝，這也就是每二十五個
女眞人的配額。最初歲輸粟不過一石，靖康元年（金天會四年，
1126）定制，每牛一具賦粟五斗。這麼一來，女眞人每年每畝
納稅一合二勺強。漢農一年的稅額則爲每畝納粟五升三合及秸一
束[71]，亦即女眞所納的稅僅是漢人的四十四分之一。除了賦稅
外，還有很多額外的苛捐雜稅及各種繁重的勞役，也都加諸漢人
的身上[72]。

65　三上次男：〔金代女眞の研究，猛安謀克制の研究〕，各論，第1章，頁280～
　　285，294～310。箭内互著，陳捷等譯：〔遼金乣軍及金代兵制考〕，頁96～
　　100。
66　〔金史〕，卷70，「宗憲傳」，頁1617。
67　陶晉生：〔金代的政治衝突〕，頁157。
68　陶晉生：「金代初期女眞的漢化」，國立臺灣大學〔文史哲學報〕第17期（民
　　國57年6月），頁52。
69　〔金史〕，卷47，「食貨」㈡，牛具稅條，頁1062～1063。
70　李劍農：〔宋元明經濟史稿〕，頁255～261。兩宋賦稅之苛重，參見曾我部靜
　　雄：〔宋代財政史〕（大安株式會社，東京，1966），第一篇，頁3～85。
71　〔金史〕，卷47，「食貨」㈡，租賦條，頁1055。
72　參見張家駒：〔兩宋經濟重心的南移〕，五、金人統治下北方的殘破，頁115
　　～118。李劍農：〔宋元明經濟史稿〕，頁258～261。

　　金代在用人方面也有差別待遇。金朝甚重視科舉，建炎元年
（金天會五年，1127），金太宗正式下詔取士，不過當時行南北
選，卽居燕雲十六州和遼東的漢人考詞賦，名額較多，原屬北宋
治下的漢人考經義，名額較少。到世宗大定四年（1164），名額
的限制才取消。不過，世宗卻設立女眞進士科，以拔取女眞才智
之士。然而，女眞人除考試外，尚可透過蔭補、世選和軍功三個
途徑入仕，也就是他們可以從內、外朝仕進，而以考試爲主要入
仕途徑的漢人，只能從外朝仕進，這是按照民族的差異所劃分的
仕進途徑。難怪元好問要說：「所謂進士者，時以示公道，繫人
望焉爾，軒輊之權旣分，疏密之情亦異」[73]。就官吏陞遷程序而
言，金與宋雖同以功績和年資作爲陞遷的標準，但女眞人在陞遷
上顯然佔了很大的優勢[74]。樓鑰使金時，遇見一位馬姓校尉，二
十年未曾遷調職務，感慨地說：「今此間與奴隸一等，官雖甚
高，未免箠楚，成甚活路」[75]。到宣宗時，爲了救亡圖存，極力
挽回這種女眞人和非女眞人仕進上的不平等，但爲時已晚[76]。而
且女眞人經由特殊途徑進入政府，是以內朝爲主，造成內朝由
女眞人牢固把持的現象，在這種情況下，漢人自然很難掌握大
權[77]。此外，金朝更不准女眞人和漢人通婚[78]。由此顯見在女眞
統治下，女眞人和非女眞人間的關係並不平等。這種差別待遇，

73　元好問：〔遺山先生文集〕，卷16，「平章政事壽國張文貞公神道碑」，頁
　　164上。
74　陶晉生：「金代的用人政策」，〔食貨〕月刊復刊第8卷11期（民國68年2
　　月），頁47〜54。
75　樓鑰：〔北行日錄〕，頁1106。
76　金宣宗曾於貞祐3年2月，下令「諸色人遷官並視女眞人，有司妄生分別，以
　　違制論。」〔金史〕，卷14，「宣宗本紀」，頁306。
77　陶晉生：「金代的政治結構」，頁581。
78　金代通婚禁令，到章宗明昌2年4月才解除，目的在消融女眞與漢人之衝突。
　　見〔金史〕，卷9，頁218。參見陶晉生：「金元之際女眞與漢人通婚之研究」，
　　收入〔邊疆史研究集——宋金時期〕，頁77。

自然引起眾多漢人的不滿。

　　從政府結構來看，金代中央集權的程度超過前代，這種政治結構不僅提高了皇帝的權力，使女眞人得以壟斷軍事權力，而內朝權勢強大，更讓女眞與非女眞官員間，保持著制衡作用。由於沒有摒棄自身是享有特權的統治者的想法，開放政權，也沒有顧及女眞政權下大多數民族的利益；犯了劉祁所說「偏私族類，疏外漢人」的毛病。所以有金一代，女眞統治下的大多數百姓，經常發生疑懼和不滿的情緒，政治衝突頻繁[79]，漢人起事乃相繼不絕。

　　總之，華北士民在北宋春秋大義思想的薰陶下，素嚴夷夏之防，民族意識濃厚；及金人入主中原，又有民族差別待遇；因此，漢人與女眞人之間的民族畛域，無法消融。到章宗時期，漢人還稱女眞人爲「蕃」[80]。一旦金政暴虐，或統治力鬆弛時，這種不滿的情緒，遂轉變成叛變的動力。

第三節　政治因素

　　女眞人素以好鬥善戰聞名，〔金史〕就說：

> 俗本鷙勁，人多沉雄。……加之地狭產薄，無事苦耕，可給衣食，有事苦戰，可致俘獲。勞其筋骨，以能寒暑，徵發調遣，事同一家，是故將勇而志一，兵精而力齊[81]。

這段話說明了十二世紀初期的女眞軍隊，已經成爲一支訓練有素

79　陶晉生：「金代的政治結構」，六、結論，頁592～593。
80　〔金史〕，卷9，「章宗本紀」，明昌2年6月癸巳：禁稱本朝人及本朝言語爲「蕃」，違者杖之，頁218。
81　〔金史〕，卷44，「兵志」，「兵制條」，頁991。

的勁旅。配合著裝備精良的騎兵，從事作戰，能發揮靈活的組織
能力與勇悍的戰鬥技術[82]，具有強勁的攻擊力和高度的機動性[83]。
因此崛起後，居然能以不滿萬人的兵力叛遼。攻滅北宋，也大約
只派了六萬大軍而已[84]，女眞兵的威力於此可見。這正是阿骨打
建國的基本武力，他們卽是金史兵制所稱的猛安謀克，是金朝的
國防中堅。

　　女眞入主中原以後，爲了壓制衆多的漢人，必須派軍隊駐紮
各戰略據點，於是大批的女眞人移居華北。到金太宗晚年，移民
華北成了政策。宋金和約簽訂後，金爲鞏固政權，於紹興十五年
（金皇統五年，1154），創立屯田軍，由政府授予田地，與漢人
雜處，以資鎭壓。他們歷代世襲，並享有種種特權，時間一久，
漸習懶散[85]，而且感染漢文化後，崇尚奢侈，沾染文風[86]，生活
日漸腐化，以致失去了原來勇悍善戰的精神。金世宗就說：「我
軍專務游惰」[87]，戰鬥力日趨萎靡，難怪徒單克寧要感慨地對章
宗說：「今之猛安謀克，其材武已不及前輩，萬一有警，使誰禦
之？習辭藝，忘武備，於國弗便」[88]。所以一旦戰事爆發，爲著

82　〔三朝北盟會編〕曾記：「初叛之時，率皆騎兵，……每50人分爲一隊，前20
　　人全裝重甲，持棍鎗；後30人輕甲操弓矢。每遇敵，必有一、二人躍馬而出，
　　先觀陣之虛實，或向其左右前後，結隊而馳擊之。百步之內，弓矢齊發，中者
　　常多，勝則整隊而緩進，敗則復聚而不散。其分合出入，應變若神。」（卷
　　3，頁7）。葉隆禮：〔契丹國志〕（鼎文書局出版之〔遼史彙編〕第7冊，民
　　國62年10月初版），卷10，「天祚帝紀」，天慶4年條所記相近，頁93～94。
83　王之望：〔漢濱集〕（四庫珍本別輯），卷14，「漢光武晉穆帝禦戎是非策」，
　　頁3下。
84　〔金史〕，卷44，「兵志」，「兵制條」，頁993。
85　箭內亙著，陳捷等譯：〔遼金糺軍及金代兵制考〕，頁129。
86　劉祁：〔歸潛志〕（知不足齋叢書本），卷6說：「南渡後，諸女直世襲猛安
　　謀克，往往好文學，與士大夫游。……作詩多有可稱。」，頁8。
87　〔金史〕，卷8，「世宗本紀」下，頁195。
88　〔金史〕，卷92，「徒單克寧傳」，頁2052。

補充兵源，只得大量簽發漢人來代替，是爲「簽兵」。簽兵原是
爲增強女眞軍隊作戰能力，所採收容俘虜、編民爲兵的臨時性措
施，原只從事「運薪水、掘濠塹、張虛勢、搬糧草」的工作而
已[89]。靖康年間，金太宗就曾發民兵南伐[90]。兀朮也曾簽發燕
雲、河朔漢人及遼人，組成聲勢浩大的十萬大軍，從燕京南侵。
劉豫曾在紹興六年（阜昌七年，1136），派他的兒子劉麟、侄兒
劉猊和大將孔彥舟等，率領著自中原簽發來的三十萬人，分三路
進攻淮南[91]。

　　後來，女眞兵漸漸厭戰，也漸漸腐化[92]，民兵反成主力，於
是簽軍之風愈盛[93]。海陵帝曾大簽民兵南侵，史稱：

> 命戶部尚書梁球、兵部尚書蕭德溫，計女真、契丹、奚
> 三部之眾，不限丁數，悉簽起之，凡二十有四萬。以其
> 半壯者爲正軍，弱者爲伊勒布，一正軍以一伊勒布副
> 之。又簽中原漢兒、渤海十七路，除中都路造軍器，南
> 都路修汴京免簽外，令吏部侍郎高懷正等十五人，分路
> 帶銀牌而出，號曰：宣差簽軍使。每路各萬人，合蕃漢
> 兵通二十七萬[94]。

同時派人簽山東、河南沿海鄉夫爲水手[95]。章宗泰和年間，也發
動了十七萬民兵入淮，十萬入荊襄，來抗禦南宋韓侂冑所發動的

89　徐夢莘：〔三朝北盟會編〕，卷244，頁8。
90　王寂：〔拙軒集〕（叢書集成本），卷6，「先君行狀」，頁69。
91　宇文懋昭：〔大金國志〕，卷31，頁4下。又見卷9，頁3上。
92　呂頤浩：〔忠穆集〕（四庫珍本初集），卷2，「上邊事善後十策」，頁3下
　　～4上。又見〔大金國志〕，卷9，頁4下～5上。
93　李心傳：〔建炎以來繫年要錄〕，卷185，紹興30年秋7月戊戌條，葉義問奏
　　文，頁17下。熊克：〔中興小紀〕，卷39，頁5上。
94　李心傳：〔建炎以來繫年要錄〕，卷185，紹興30年8月辛未條，頁23下～24
　　上。〔金史〕，卷129，「李通傳」，頁2784。
95　〔金史〕，卷5，「海陵本紀」，正隆5年10月庚午條，頁112。

北伐之師。爲防備蒙古的入侵，又簽十萬兵戍守居庸關[96]。到宣
宗興定年間，更乘蒙古兵北退之際，簽河南百姓，以宋不納歲幣
爲名，興兵南犯[97]。哀宗末年，再簽汴京民兵二十萬抗禦蒙古
軍[98]。可以說，從金中期以後，一連串大規模對外、對內的軍事
行動，都須假民兵之力以成之。

這些簽調的民兵，實際上毫無作戰的意願。這裏且引一個例
子：

> 汪明遠（澈）爲荆襄宣諭使，逆亮遣劉萼領兵號二十
> 萬，侵犯襄漢間。荆、萼（鄂）諸軍屢捷，俘虜人多簽
> 軍，語我師云：「我輩皆被虜中簽來，離家日，父兄告
> 戒云：『汝見南朝軍馬，切勿向前迎敵，但只投降，他
> 日定放汝歸，父兄再有相見之期，儻不從誨戒，必遭南
> 軍殺戮。[99]』」

被簽調的民兵，尚須自備器械及糧食，更加重了百姓的負擔，甚
至造成家破人亡的慘象[100]。因此，百姓對簽軍都非常反感；如紹
興四年多，兀朮率兵南下，當時怨憤的民兵，「飛書擲於帳前

---

96 宇文懋昭：〔大金國志〕，卷21，泰和6年11月條，頁3上。〔金史〕，卷
12，章宗本紀作10月庚戍，所發動的兵數也不同。

97 曹彥約：〔昌谷集〕（四庫珍本初集），卷6，上廟堂書，頁1上。

98 〔金史〕，卷17，「哀宗本紀」上，天興元年2月條，頁385。

99 王明清：〔揮麈錄〕（四部叢刊續編本），〔揮麈三錄〕，卷三，「汪明遠宣
諭荆襄」條，頁14。辛棄疾在「美芹十論」，審勢篇也說：「若其爲兵，名之
曰多，又實難調而易潰。且如中原所簽謂之大漢軍者，皆其父祖殘於蹂踐之
餘，田宅髮於摧剝之酷，怨憤所積，其心不一。」見辛啓泰輯，鄧廣銘校補：
〔稼軒詩文鈔存〕（長安出版社，臺北，民國64年9月初版），頁5。

100 〔大金國志〕有一則因簽軍而家破人亡的例子：「皇統3年（1143）春，雲中客
戶軍女戶陳氏婦姑，持產業契書，共告於元帥府，以父子俱陣亡，無可充役，
願盡納產業於官，以免充役。元帥怒其沮壞軍法，殺之。金國民軍有二：一曰
客戶軍，以家產高下定，二曰人丁軍，以丁數多寡定。諸稱客戶者，不以丁數
論。故家口至於一絕，人丁至於備賤，俱不得免也。陳氏婦姑棄市，國人哀
之。」卷11，頁6上。

云：『我曹被驅至此，若過江，必擒爾輩以獻南朝』[101]」。海陵帝時，因簽差過多，使華北漢人對金政權「怨已深，痛已鉅，而怒已盈」[102]，而趁海陵南侵之際，相互保聚起事。章宗時期的簽調，也使得「內外騷動，民聚爲寇」[103]。難怪劉祁批評金兵制時，認爲簽軍產生不了作戰效果，徒招民怨，是金亡的要因之一[104]。

　　女眞崛起時，阿骨打曾在東北實行安撫和妥協的政策，以收拾民心[105]。然而，侵宋時卻屠殺了不少無辜人民，使得河東、河北、京東、京西，身受屠殺、掠奪之苦的百姓，人人「懷寃負痛，感慨激切」，因此「慷慨之氣，直欲吞此賊虜」[106]，紛紛起兵抗金。其中以活躍在太行山的「紅巾」，給金人的打擊最重；金人捉拿不著紅巾，轉而屠殺平民洩憤，更激起反感，起義的人日增。當時，女眞人還沒有永久統治華北的打算，一面樹立傀儡政權，以安定北宋滅亡後的紊亂秩序；也忙著把在汴京搜括來的寶貨、文物運回東北，並且把約十萬以上的漢人遷移到東北，藉以增加生產和稅收[107]。另一方面則由粘罕和撻懶，以恐怖手段實行軍事統治和推行女眞化運動，強迫華北的漢人穿著女眞的服裝

101　李心傳：〔建炎以來繫年要錄〕，卷83，紹興4年12月庚子條，頁12上。
102　辛啓泰輯，鄧廣銘校補：〔稼軒詩文鈔存〕，「美芹十論」，觀釁第三，頁8。
103　宇文懋昭：〔大金國志〕，泰和6年11月條，頁3上。
104　劉祁說：「金朝兵制最弊。每有征伐或遠警，動下令簽軍，州縣騷動。其民家有數丁男好身手，或時盡揀取無遺。號泣怨嗟，闔家以爲苦，驅此備戰，欲其克勝，難哉！」〔歸潛志〕，卷7，頁12。
105　Jing-Shen Tao, *The Jurchen in Twelfth-Century China*, 3. The Period of Dualism. 1115~1150, p. 28.
106　此爲宗澤勸高宗還都的奏文，見〔宋宗忠簡公集〕（中國文獻社出版，民國54年10月初版），卷一，「乞回鑾疏」，頁15下。
107　李心傳：〔建炎以來繫年要錄〕，卷4，建炎元年4月辛酉，頁6。

和薙髮[108]。直到海陵帝時，才允許百姓衣冠從便[109]。

海陵帝完顏亮雖然取消女真化運動，甚至積極的推動漢化，但他在紹興二十八年（金正隆三年，1158）以後，為了實現統一天下的目的，加緊對華北漢人的橫暴和壓榨。紹興二十九年（1159），頒定私相越境法，違者論死[110]。其為遷都營建汴京時，「大發河東、陝西材木，浮河而下，經砥柱之險，筏工多沉溺」[111]，官吏不敢實報，誣以逃亡，反錮其家屬。為準備南侵，更簽軍、括馬、括糧、預借稅錢。祁宰曾上疏諫曰：

> 加以大起徭役，首營中都，民已罷困，興功未幾，復建
>
> 南京。繕治甲兵，調發軍旅，賦役煩重，民人嗟怨[112]。

一連串的暴行激起民怨，加以集中兵器於中都（燕京），州郡防務空虛[113]，憤怒的百姓遂起而叛變。等到金世宗繼立及完顏亮在采石受挫後，金的軍心渙散，華北百姓對金政權的不滿情緒，得到宣洩的機會，紛紛起事。以致在號稱小堯舜的金世宗一朝，卻發生「亂民獨多」的現象[114]。

章宗時代，金由盛轉衰，權臣當政，政治開始腐化。為防百姓反抗，禁止民間私藏軍器，也禁止人民習武[115]。及宣宗繼位，累受蒙古騎兵的侵凌，華北殘破不堪。宣宗遷都汴京，政治解

---

108 陶晉生：「金代中期的女真本土化運動」，見氏著：〔邊疆史研究集——宋金時期〕（商務印書館，民國60年6月初版），頁51。

109 李心傳：〔建炎以來繫年要錄〕，卷160，紹興20年，頁13下。

110 〔金史〕，卷5，「海陵本紀」，正隆4年正月庚申條，頁109。

111 〔金史〕，卷82，「鄭建充傳」，頁1846。

112 趙秉文：〔閑閑老人滏水集〕（四部叢刊初編本），卷12，「祁忠毅公傳」，頁150。

113 〔金史〕，卷84，「耨盌溫敦思忠傳」說：「海陵將伐宋，……運四方甲仗於中都。……其後他郡盜起，守令不能制。」頁1882~1883。

114 陶晉生：「金代的政治衝突」，〔中央研究院歷史語言研究所集刊〕四十三本第一分（民國60年6月），頁148。

115 〔金史〕，卷10，「章宗本紀」，明昌4年3月壬申條，頁228。

體，卻又輕啓宋釁，以致盜賊紛起。此後，金政尚威刑，胥吏貪縱[116]，民心思亂，於是「遺民保巖阻思亂」[117]。然而「官軍討賊不分善惡，一概誅夷，刻其資產，掠其婦女，重使居民疑畏，逃聚山林」[118]。甚至搶奪百姓衣服給軍，及刻意維護女眞人，以致變亂相乘。史稱：

> 金自章宗季年，……而青、徐、淮、海之郊，民心一
> 搖，歲遇飢饉，盜賊蠭起，相爲長雄，又自屠滅，害及
> 無辜，十餘年麋沸未息。宣宗不思靖難，復爲伐宋之
> 舉，迄金之亡，其禍尤甚[119]。

女眞政權終於在外有強敵侵凌，內有漢人叛亂的情況下滅亡。

女眞人以異族入主中原，對衆多的被統治者，採取恩威並用的政策，以穩固其政權。一方面以高官厚爵籠絡漢官吏，一方面則以各種高壓的手段，控制漢官吏，以嚴刑峻法來嚇阻對新政權不滿的分子。金廷利用「田穀黨禍」加強對中國官吏的控制[120]，藉藏書、文字問題大興文字獄，殺害宇文虛中、高士談和張鈞等人[121]。更透過恐怖的杖刑來屈辱中國士大夫，藉以提高皇帝的權威[122]。由於杖刑的濫用，竟使很多士大夫視仕宦爲畏途。劉祁說：

---

116 外山軍治：〔金朝史研究〕，七、「章宗時代における北方經略と宋との交戰」，後篇第6章，頁546～548。林瑞翰：「晚金國情之研究」（下），〔大陸雜誌〕史學叢書第一輯第五冊，頁154～155。
117 〔宋史〕，卷476，「李全傳」，頁13817。
118 〔金史〕，卷107，「張行信傳」，頁2366。
119 〔金史〕，卷117，傳贊，頁2568。
120 陶晉生：「金代的政治衝突」，頁145～147。
121 姚從吾：〔姚從吾先生全集〕㈢金朝史（正中書局，民國62年5月初版），頁122～123。陶晉生：「金代的政治衝突」，頁142。
122 權鑰在〔北行日錄〕中說：「金法，士大夫無免撻捶者，太守至撻同知。又聞宰相亦不免，惟以紫褥藉地，少異庶僚耳。」〔攻媿集〕，卷111，頁1099。參見陶晉生：〔金海陵帝的伐宋與采石戰役的考實〕，頁16～18。

省令史儀禮冠帶，抱書進趨，與椽史不殊，有過輒決
杖。惜乎以胥吏待天下士也，故士大夫有氣概者，往往
不就[123]。

此外，金的法律是以重科主義爲原則，對漢人、女眞人採不同待
遇的兩重法律標準[124]。特別釐訂了一套嚴厲的律法，以鎭壓反
抗。其中處罰最嚴厲的首推「亂言」罪，凡士民對金政權稍露不
滿，就被扣上這個罪名，處以死刑。卽使酒後醉言也不能免[125]。
再加上溝通漢民與女眞官吏間的通事官從中舞弊，招權納賄，更
使得百姓含冤不白，倍受胺剝[126]。這種種的高壓和嚴刑，都引起
漢人的不滿與反抗，也難怪高士談會有「可憐風雨胼胝苦，後世
山河屬外人」那樣憤懣的詩句出現[127]。

　　宋朝的政治號召也是義軍興起的重要因素之一。有宋一朝雖
然是中國歷史上武力不競的朝代，但在學術文化、文治政府和社
會福利等方面，都很有成績。其對百姓施行種種寬厚的仁政，關
心民生疾苦，更有完善的災荒救濟和養老慈幼措施[128]，強固了百
姓擁戴之心。靖康元年（1126），金兵侵宋，包圍汴京，宋欽宗
下詔河北結集義軍[129]，號召勤王。一時勤王兵聚集京城者達二十

123　劉祁：〔歸潛志〕，卷7，頁11下。
124　葉潛昭：〔金律之研究〕（商務印書館，民國61年11月初版）第4章，「金律
　　之特質」，頁207～209。
125　〔金史〕，卷45，「刑志」，頁1015、1019。
126　洪晧的〔松漠紀聞〕（國學文庫第四編，民國22年10月重印），頁24～25，及
　　〔大金國志〕（卷12）有一則史事，敍述女眞將銀珠哥（卽銀虎可）守燕京時，
　　由於通事受賄路，顚倒黑白，以致把申訴討賑的和尚，指爲自請焚身祈雨，而
　　予寬貸。另外〔金史〕，卷129，「蕭肆傳」也可看出蕭肆籍翻譯熙宗赦詔，
　　陷害張鈞。參見姚從吾：「遼金元時期通事考」，國立臺灣大學〔文史哲學
　　報〕16期（民國56年10月），頁211～215。
127　元好問：〔中州集〕（鼎文書局影印，民國62年9月初版）甲集第一，頁42。
128　王德毅：〔宋代災荒的救濟政策〕，第三章，頁27～178。「宋代的養老與慈
　　幼」，收入氏著：〔宋史研究論集〕第二輯（鼎文書局，民國61年5月），頁
　　371～396。
129　徐夢莘：〔三朝北盟會編〕，卷74，靖康2年正月10日，頁9。

多萬，僅湖北路的澧、辰、沅、靖諸州鄉兵，就有近萬人北上勤王[130]。而張所以蠟書募河北兵，「應募者凡十七萬」[131]，益可見民心向背之一斑。

及汴京城破，徽、欽二帝被俘，宋遺臣擁康王繼位，是爲高宗。高宗爲重建政權，不惜「酬其勳庸，授以節鉞」[132]，號召義軍抗金。並頒布獎勵民兵的法令，組織地方性自衞武力的忠義巡社以抗金。於是，心存田里，眷戀鄉土的力田之民與土豪，爲維護利益乃自相團結，自置弓劍，組織巡社以保護鄉土[133]。竟連北宋末年倡亂的盜賊，及勤王被罷的民軍，或因「爲乏糧」求食的經濟動機，或者抱著更變「貴賤貧富」以圖僥倖的政治野心，都乘時加入抗金勤王的行列[134]。因此，在女眞人入主中原之初，就遭到北方義軍的頑強抵抗。山東、河北、陝西等地的義軍因應而生，積極活動，在女眞背後游擊，從而牽制金兵的南下。此後，南宋當高宗、孝宗、寧宗、理宗四朝，與金戰爭之時，爲了增強抗敵力量，曾屢次下詔存撫中原，鼓勵敵後百姓抗金，許以爵賞；邊將也積極招納，或暗中資助；像嘉定十一年（1218），金臣侯摯卽說：「比年以來，爲賊淵藪者，宋人資給之故」[135]。義軍受到鼓勵，遂掀起洶湧澎湃的抗金運動。

---

130 徐松輯：〔宋會要輯稿〕，兵1之19。

131 〔宋史〕，卷358，「李綱傳」上，頁11255。

132 徐夢莘：〔三朝北盟會編〕，卷108，建炎元年6月14日條，頁4～5。

133 參見李光：〔莊簡集〕（四庫珍本初集），卷9，「乞用河東土豪援太原劄子」，頁6下，「再乞起河東民兵狀」，頁7下。曹勛：〔松隱集〕（四庫珍本七集），卷26，頁4上。王之望：〔漢濱集〕，卷6，「繳奏虞宣諭所遣房漢珪招到長安忠義人赴宣諭司奏劄」，頁6上。

134 李心傳：〔建炎以來繫年要錄〕，卷19，建炎3年正月庚子條所引張用與王善的對話，頁6下。

135 〔金史〕，卷108，「侯摯傳」，頁2388。

第四節　社會因素

　　女眞在建國前原是分散的部落，部落中「雖有君臣之稱，而
無尊卑之別」[136]，身分地位相當平等。但完顏部在兼併發展的過
程中，不僅成了女眞族的領導者，又在征伐鄰邦時，把俘虜變成
奴隸，於是，女眞的社會遂產生階層區分。當時奴隸的來源有俘
虜、犯罪、沒入、買賣、投靠和賞賜[137]。女眞統治者常把奴隸賞
給有功的將領和貴族，如石土門因黃龍府之戰建功，獲賞奴隸五
百名[138]，太宗曾賞給兀朮一千名奴隸[139]，海陵帝也曾以奴婢百口
賜大興國[140]。奴隸私有制遂逐漸發達。君臨中原以後，奴隸更盛
行，一般的謀克，每人擁有從一、二人到二、三百人爲數不等的
奴婢，宗室及將軍戶擁有奴隸的數目更多。如金世宗未卽位之
前，就擁有奴婢萬數[141]。

　　女眞人在華北建立政權後，使華北出現了新的社會結構；卽
女眞的皇帝、宗室、外戚和猛安謀克的貴族居最高階層，官僚、
地主和豪族則居其次，其下尚有猛安謀克戶、一般自由民組成的
平民階層，及較自由民地位稍低的監戶和官戶，以及最下階層的

136　徐夢莘：〔三朝北盟會編〕，卷166，紹興5年正月13日條，引張匯「金虜節
　　要」，頁5。
137　關燕詳：「金代的奴隸制度」，〔現代史學〕第3卷第2期 (1937)，頁1～
　　2。蔡美彪等：〔中國通史〕，第六冊，第五章，金朝的建立和封建制的發展，
　　頁239～240。張博泉：「金代奴婢問題的研究」，〔史學月刊〕1965年9月，
　　頁35。
138　〔金史〕，卷70，「石土門傳」，頁1622。
139　〔金史〕，卷77，「宗弼傳」云：「賜宗弼人口牛馬各千、駝百、羊萬，仍每
　　歲宋國進貢內給銀、絹二千兩、匹。」頁1756。
140　〔金史〕，卷132，「大興國傳」，頁2823。
141　〔金史〕，卷46，「食貨志」，通檢推排條，頁1038。

奴隸[142]。奴隸除供宮室、官府、貴族的雜役驅使外，主要用於農、牧和手工業的生產上，而在農業上尤擔當重要角色[143]。他們常被視爲物品般地販賣著，價格極爲低廉，如金朝十個被俘虜的奴隸，運到西夏只能換得一匹馬，被俘的宋人賣給高麗、蒙古等爲奴婢，一人也只值二金而已[144]。雖然金朝歷代都曾禁止販賣奴隸，但積習已久，禁令徒成具文[145]，直到章宗時期才正式獲得解放[146]。奴隸地位很低，有時被當作陪嫁品或用於殉葬[147]。非經主人同意不能自由婚娶[148]，即便釋爲良民，也只能爲原猛安謀克戶的正戶，不能隨意轉業[149]。爲防其逃亡，奴隸主常將奴隸「劓耳」「刺字」以爲識別；甚至任意殺害，官府也不加聞問。范成大就有一首詩，很生動地描述一位奴婢被迫害的情形。詩云：

　　女僮流汗逐氈軒，云在淮鄉有父兄。

　　屠婢殺奴官不問，大書黥面罰猶輕[150]。

洪邁也有一則關於靖康以後，淪陷在北方的宋廷的宗室、官吏及豪族，被女眞人驅爲奴隸的記載，對奴隸的生活有深刻而翔實的描述。他說：

---

[142] Jing Shen Tao: *The Jurchen in Twelfth-Century China*, 4. Sinicization 1123~1161, pp. 50~51.

[143] 張博泉：「金代奴婢問題的研究」，頁36。

[144] 耐菴：〔靖康稗史〕七種（己卯叢編本），呻吟語，頁7下。

[145] 〔金史〕，卷46，「食貨志」，戶口條云：「（大定）20年，以上京路女真人戶規避物力，自賣其奴婢，致耕田者少，遂以貧之，詔定制禁之。」頁1034，可見在這之前，奴婢是經常被販賣著。其實，世宗以後也未能執行，見闞燕詳，頁7～9。

[146] 張博泉：「金代奴婢問題的研究」，頁38～40。

[147] 宇文懋昭：〔大金國志〕，卷39，「初興風土」條，頁1下，婚姻，頁2下。

[148] 〔金史〕，卷46，「食貨志」，戶口條，頁1034。

[149] 〔金史〕，卷46，「食貨志」，戶口條云：「猛安謀克之奴婢免爲良者，止隸本部爲正戶。」頁1032。

[150] 該詩題名「清遠店」，這也是范成大出使金朝，把沿途所見所感寫下來的詩，列入紀行詩中。該詩原註：清遠店，定興縣中，客邸前有婢兩頰刺「逃走」二字，云是主家私自黥涅，雖殺之不禁。見〔范石湖集〕，卷12，頁156。

自靖康之後，陷於金虜者，帝子王孫，官門仕族之家，
盡沒為奴婢，作供作務。每人一月支稗子五斗，令自舂
為米，得一斗八升，用為餱糧。歲支麻五把，令緝為
裘，此外更無一錢一帛之入。男子不能緝者，則終歲裸
體。虜或哀之，則使執爨，雖時負火得煖氣，然纔出外
取柴，歸再坐火邊，皮肉即脫落，不日輒死[151]。

奴隸生活的艱辛情形於此可見。

　　隨著女眞人在華北軍事的進展，也常把漢族俘虜變成奴隸，
因此，奴隸數目大增。根據金世宗大定二十三年（1183）的統
計，列表如下：

表一　金戶口、墾田、牛具數表（大定二十三年，1183年）

項　　　目	戶數	口　數	正口數	奴婢口數	墾　田　數	牛具數
猛　安　謀　克	615,624	6,158,636	4,812,669	1,345,967	1,690,380頃	284,771
在都宗室將軍司	170	28,790	982	27,808	3,683頃75畝	304
迭剌唐古二部五糺	5,585	127,463	109,463	18,081	16,024頃17畝	5,066

資料來源：張博泉，「金代奴婢問題的研究」（〔史學月刊〕1965年9月，頁36）。

　　從表一觀察，猛安謀克的奴婢佔其全口數的21.8％，平均每
戶有二口奴婢，每個奴婢墾田一頃二畝強。在都宗室將軍司的奴
婢佔其全口數的96.6％，平均每戶有奴婢一百六十三餘口，每個
奴婢墾田十三畝。迭剌唐古二部五糺的奴婢佔其全口數的 14.2
％，平均每戶有奴婢三個多，每個奴婢墾田三十三畝強[152]。如此
眾多的奴婢，都是女眞人在軍事征服中，把契丹、漢人等俘虜變

151　洪邁：〔容齋隨筆〕（四部叢刊續編本），〔容齋三筆〕，卷3，頁1。
152　張博泉：「金代奴婢問題的研究」，頁36。

成奴隸所致。如金伐宋時，便曾把大量漢人變成奴隸[153]。其中粘罕的手法最激烈，使華北百姓遭受到非常殘酷的迫害。

建炎四年（1130）冬，粘罕爲防止華北人口南流，實行拘捕的強制辦法，下令兩河州縣大索南人，凡非原籍本土的百姓，一律拘捕入官，直到次年春才告停止。百姓被用鐵索鎮禁於雲中，耳上刺一「官」字作記號。不久，又把他們賣作奴隸，有的被遠賣到蒙古、室韋、高麗等國，或者作爲和西夏交換馬匹的物品。兩河百姓意外的遭到這種迫害，弄得父子夫妻離散，哀哭之聲不絕，也有很多人自殺抗議。被拘於雲中的百姓，女眞並不供養他們，只得乞食爲生。但粘罕又怕他們人多勢衆，會起暴動，就藉辭把他們驅逐到城外，活埋了三千多人，造成慘絕人寰的大悲劇[154]。

同年，金更實施「以人口折還債負」的辦法，用政治手段把一切欠債之人降爲奴隸，這一來，普遍激起反抗。「大金國志」說：

> 太行之士，有自宋靖康之末上山保險者，至今不從金國。其後，又因嚴刑重賦、飢饉逃亡，及豪傑乘時而起者，比比有之，最甚者，天會八年春，以人口折還債負，相率上山者，動以萬計[155]。

海陵帝時，咸平府謀克括里曾聯合富家奴隸二千餘人起事[156]。到晚金，主人和奴婢的衝突愈盛，更有大批的奴隸參與楊安兒的抗

153　〔金史〕，卷84，「耨盌溫敦思忠傳」，頁1881。
154　李心傳：〔建炎以來繫年要錄〕，卷40，建炎4年12月辛未條，頁2。參見宇文懋昭：〔大金國志〕，卷6，天會8年條，頁7下～8上。
155　宇文懋昭：〔大金國志〕，卷10，天眷2年條，頁4下。
156　〔金史〕，卷133，「叛臣傳」，移剌窩斡傳，頁2850。

金活動[157]。

　　東北的黑水白山地區，在十二世紀初期，仍是一片「天寒產薄」的未開發地。生長在這塊土地上的女眞人，非勞苦筋骨，不足以圖生存，因此，培養了「耐寒忍飢，不憚辛苦」[158]的習性。這是環境養成他們過著樸實勤勉的生活，也是女眞人用兵如神，無敵當世，滅遼破宋「曾未十年，遂定大業」[159]的重要因素。然而，進入中原後的女眞人，一方面以勝利者的姿態君臨華北，享受著種種特權，不少人恃著特權，從事土地兼併的活動[160]，使自唐末均田制度崩潰以後，土地兼併的風氣越來越盛。世宗時的參政納合椿年，一個人就佔了八百頃的土地。他們佔了土地之後，多轉租給漢農，坐享其成。生活日益靡爛，到宣宗時代，「貴臣、豪族、掌兵官，莫不以奢侈相尙，服食車馬，惟事紛華」[161]。這種兼併的情況，不僅引起漢人的不滿，也導致若干女眞人破產失業。另一方面，女眞人與漢人接觸後，感染了漢文化，產生文化失調的現象，生活腐化，好逸惡勞，終日游蕩，遂有不少淪爲貧民，金廷雖極力救濟[162]，仍無良效。甚至酗酒、賭博或魚

157　〔金史〕，卷102，「僕散安貞傳」，頁2245。「蒙古綱傳」，頁2256。參見關燕詳：「金代的奴隸制度」，頁6。大島立子：「金末紅襖軍について」，〔明代史研究〕創刊號，1974年。

158　徐夢莘：〔三朝北盟會編〕，卷3，對女真早期的環境，及其對環境爭鬥的情形有詳細的記載，見頁3～6。

159　〔金史〕，卷44，「兵志」，頁991。

160　金世宗曾說：「山後之地，皆爲親王、公主權勢之家所佔。」〔金史〕，卷7，大定20年10月壬午條，頁175。女真人特權兼併土地的例子，在〔金史〕「食貨志」中極多。可參見張家駒：〔兩宋經濟重心的南移〕，五，「金人統治下北方的殘破」，頁112～114。三上次男：〔金代女真の研究〕，第二篇，猛安謀克制の研究，第五章，世宗時代，頁204～222。

161　〔金史〕，卷109，「陳規傳」，引陳規在宣宗貞祐4年的上奏文，頁2405。

162　三上次男：〔金史研究三——金代政治、社會の研究〕（日本中央公論美術出版，昭和48年3月），第二篇，「金朝における女真社會の諸問題」，第六，金代中期における猛安謀克戶，頁198～215。參見陶晉生：「金代中期的女真本土化運動」，收入〔遼疆史研究集——宋金時期〕，頁50～63。大島立子：「金末紅襖軍について」，頁40～41。

肉鄉里，造成嚴重的社會問題[163]。再加上女眞人與非女眞人之間的衝突愈演愈烈，政府偏袒女眞人，而這時的女眞人又已失去昔日勇武的精神，漢人乃把不滿的情緒轉化爲抗金活動。

163　參見三上次男：「金代中期における女眞文化の作興運動」，〔史學雜誌〕四九編九號（1938），頁1085～1135。陶晉生：「金代中期的女眞本土化運動」，頁50～63。

第二章 高宗初期的義軍

第一節 抗金義軍之崛起：民族意識的激勵

宋自建國以來，由於實行強幹弱枝及重文輕武的政策，始終擺脫不了積弱不振的國運；在強鄰遼和西夏的環伺下，無力左右當時的國際局勢。於是一面採羈縻政策，用歲幣維繫親善關係，一面則藉以夷制夷的策略，利用遼、夏之間的矛盾，勉求自保，終能維持百餘年的和平與繁榮。

到政和年間，金興遼衰之勢漸次明顯。徽宗聽從佞臣童貫等人建議，企圖聯結女真，以雪宿怨，收復燕雲失地，乃發動海上聯盟，進行聯金滅遼的行動[1]。然而，宋朝國力本弱，尤其徽宗親政以後，權臣用政，非但不知積極改善內政，選將練兵，反而橫徵暴斂，倒行逆施，崇尚遊觀，大搞花石綱，喪盡民心。以致菌符遍地，盜亂四起[2]。這時猶不自度量，一意妄想與新興的女

---

1 參見陳樂素：「宋徽宗謀復燕雲之失敗」，〔輔仁學誌〕第4卷第1期（民國22年12月），頁1～48。徐玉虎：「宋金海上聯盟的概觀」（見〔大陸雜誌〕，史學叢書第一輯第五冊，民國49年11月）頁63～67。張天祐：「宋金海上聯盟的研究」，收入氏著：〔宋明史研究論集──宋明衰亡時期〕（華世出版社，臺北，民國66年4月初版），頁1～52。
2 王明清在〔揮麈後錄〕中說：「祖宗開國以來，西北兵革既定，故寬其賦役，……人不思亂。政和間，謀利之臣建議，以為彼處減鼇稅賦，乃創置一司，號西城所。命內侍李彥主治之，盡行根剗拘催，專供御前支用。州縣官吏，無卹顧之心，竭澤而漁，急如星火。其推行為尤者，京東濟臣王宏、劉寄是也。人不堪命，遂皆去而為盜。胡馬未南牧，河北蜂起，游宦商賈已不可行。至靖康初，智勇俱困，有啟於欽宗者，命斬彥竄斥宏、寄以徇，下寬卹之詔，然無鄉從之心矣。其後散為巨寇於江淮間，如張遇、曹成、鍾相、李成之徒皆其人也。」（卷2，頁29下～30上）除上述外，此時則以宋江和方臘之亂最有名。

眞合作，收復燕雲十六州。但是，宋廷二次出兵，皆告慘敗，未
能依約恢復燕京，只好花錢贖回。另一方面，女眞自對遼作戰以
來，勢如破竹，在戰爭中掠得大量的戰利品，嘗到勝利的滋味，
不久，卽變成好戰的侵略者[3]。在滅遼戰爭中，宋人又一一暴露
其外交上、軍事上的弱點，更助長金人侵略的氣焰。因此，在滅
遼之後，宋不僅付出龐大的歲幣，只贖回燕京及薊、景、檀、
順、涿、易六州的空城[4]，雙方也僅能保持短暫的和平。不久，
就由於宋納遼降將張覺及不贈糧糧等事端，界予金人敗盟啓釁的
藉口[5]。徽宗宣和七年（1125）十月，金人正式頒佈伐宋檄文，
任命諳班勃極烈完顏杲（斜也）兼領都元帥，由粘罕（宗翰）與
斡離不（宗望）分率東西兩軍，從雲中、平州二路出兵，向宋興
師問罪。一路上宋軍望風披靡，常勝軍統帥郭藥師也投降金人，
並充任金人侵宋的嚮導。到這時候，沉緬於文閑武嬉及迷溺虛
無，專事苛斂的大宋君臣，才恍如大夢初醒，驚慌恐懼，計無所
出；經幾次遣使交涉不得要領之後，徽宗乃罷花石綱，下詔罪
己，召天下兵馬勤王，並在匆促間禪位給太子——欽宗，自己則
帶了一批佞倖，逃到南方。

　　欽宗卽位後，除了召募些許士兵外，君臣仍徬徨於和戰的爭
論中，毫無積極的作為。這時，斡離不所率領的女眞東路軍，乘

3　沈起煒：〔宋金戰爭史略〕（湖北人民出版社，1958年4月初版），第一章，金
　　是怎樣成為威脅宋朝的勢力的，頁15。參見陳樂素：「宋徽宗謀復燕雲之失
　　敗」，頁42～44。
4　〔宋史〕，卷22，「徽宗本紀」稱：「燕之職官、富民、金帛、子女，先為金人
　　盡掠而去。」（頁4）陳樂素以宋年納銀二十萬兩、絹三十萬匹、貸物一百萬
　　貫（另有綠礬二千㩙㸦）及一次過之銀十萬兩、絹十萬匹之西京勞軍賞賜，米
　　糧十萬石的代價收回燕地。前引文（頁31）。參見李季：「兩宋乞和的教訓」，
　　〔東方雜誌〕38卷9期（民國30年5月），頁29。
5　〔金史〕，卷74，「宗翰傳」，頁1696，「宗望傳」，頁1703～1704。參見徐玉
　　虎：「宋金海上聯盟的概觀」，頁67。張天祐：「論金的敗盟與北宋的覆亡」，
　　〔宋明史研究論集〕，頁63～65。李季：「兩宋乞和的教訓」，頁30。

攻陷燕京之餘威，揮師南下。各地守將紛紛迎降，及黎陽城破，
金人輕易渡河[6]，進圍開封。宋廷震恐，主和派勢盛，乃向金帥
乞和。金帥以西路軍未能如期會師，恐孤軍深入，退路斷絕，允
宋所請，乃在優厚的條件下，結束了汴京三十三天的包圍，金
人滿載而歸。當汴京被圍時，京城百姓自動捐輸錢米、募軍助
國[7]，各地勤王之師也相繼趕來，不到一個月的時間，便集結了
近二十萬的人馬[8]。如今，和議既成，在履行條約的前提下，
宋廷解散了所有的勤王義軍[9]，使這些滿懷忠憤的義軍，悲恨而
返[10]。

　　宋原欲依約割太原、中山、河間三鎮予金。卻由於民氣激
昂，加上朝臣極力反對[11]，因此，金兵撤出汴京後，宋廷竟改令
將帥固守三鎮，並謀勾結遼國降金的大將耶律余覩，就近圖謀粘
罕、斡離不，又與在西夏的遼王聯絡。這些違約的舉動，激怒金
主，成為金軍二度南下的口實。及金師南下，宋廷又詔起勤王之
師，於是各地義軍又相繼趕來救援。無如主和的唐恪、耿南仲當
權，於大力排擠主戰派之餘，又以京城財用匱乏，無力贍養數十
萬勤王兵為辭，禁止各地軍隊進京勤王，也不許義軍「妄動」；

6　〔南歸錄〕敘述金兵渡過黃河的情形說：「金人尋得小船子十餘隻，可載五、七
　　人，浮水過者，所損甚多。步兵尚未至，於上下流運大船遞渡，驍騎至 6 日方
　　渡畢，其步兵始至而老弱者留濬州。軍官補瑄曰：南朝可謂無人矣，若有一、
　　二千人守河，吾輩豈能渡哉！」見〔三朝北盟會編〕，卷27，頁 1。
7　同上，卷27，靖康元年正月 4 日條：「又有諸路州軍幹事公人單兵無所歸，亦
　　多應募。於是咸里勢貴之家，亦散賑自備錢米，募敢戰助國。」頁 3。
8　徐夢莘：〔三朝北盟會編〕，卷30，靖康元年正月20日條，頁17～18。
9　刑部侍郎王寓，建議將團結居民權令放散。見徐夢莘：〔三朝北盟會編〕，卷
　　36，頁 6。
10　徐夢莘：〔三朝北盟會編〕，卷49，引李綱奏文，頁 5。
11　宋欲割三鎮時，太原百姓堅不受詔，表示「吾屬與其為虜，則南向作賊，死且
　　為中原鬼。」見〔靖康要錄〕，卷 3，許翰奏文，頁14上。中山、河間二地的
　　民兵也「以死固守不肯下，張邦昌、肅王及割地使等躬至城下說諭，即以矢石
　　及之乃退。」見徐夢莘：〔三朝北盟會編〕，卷48，頁 2。

迫使這些忠義之士，流散各地，甚至淪爲盜賊[12]。二路金軍，就
在宋臣爲和戰問題爭議不決時，再渡黃河，包圍汴京了。汴京既
無勤王兵的救援，有如甕中之鼈，苦守四十一日之後，終被攻
克，潰卒四散[13]。欽宗率文武百官，向金帥獻上降表。金帥廢欽
宗，另立張邦昌爲帝——是爲僞楚，擄二帝暨宗室三千多人及無
數寶物北上，這就是歷史上的「靖康之變」。

　　與宋廷處置之遲疑，臨事之驚恐相比，各地的義軍就顯得勇
邁多了。當汴京告急時，各地勤王之師相繼奮起抗金，若非詔令
一再阻止，當可發揮制敵作用。太原被圍時，五臺山的寺僧龐僧
正，曾率僧衆救援太原統制官武漢英。雖然他們未能解除太原之
圍[14]。卻爲此後義軍抗金活動揭開了序幕。而太原、眞定軍民堅
忍、猛烈的抵抗活動，不僅使金人耗費不少時間，付出不少代
價，尤能振奮人心，一洗懦頑之風。甚至連汴京軍民抗金的意
志，也使得金人爲之氣沮。而金人在佔領區燒殺擄掠，更激起民
憤，堅定了義軍抗金的決心。靖康元年，李若水報告兩河殘破，
及淪陷區百姓立寨自保，誓不從敵的實況說：

　　　（河東、河北百姓）每見臣等，知來議和，口雖不言，
　　　意實赴愬，往往以手加額，吁嗟哽塞，至於流涕。又於
　　　山上見有逃避之人，連綿不絕，聞各收集散亡士卒，立
　　　寨柵以自衛，持弓刀以捍敵。金人屢遣人多方招誘，必
　　　被勦（剿）殺，可見仗節死義，力拒敵兵，真有戀君懷

12　徐夢莘：〔三朝北盟會編〕，卷65，頁15。參見村上正二：「宋金抗爭期にお
　　ける太行の義士(一)」，〔大正大學院研究論集〕第三號，昭和54年3月，頁16。
　　又見李綱：〔梁谿全集〕（漢華文化事業公司影印，民國59年4月初版）卷48
　　「論不可遽罷防秋人兵劄子」，頁13～16下。
13　徐夢莘：〔三朝北盟會編〕，卷70，頁8～9及卷73，頁9。
14　同上，卷48，頁7。

上之意[15]。

因此，金軍破眞定時，原被拘囚在眞定府獄中的馬擴，乘機脫身，逃到西山和尙洞的山寨，集結兩河義軍，展開其抗金活動[16]。義軍這種「義不帝秦」的精神，正是宋廷不惜以爵賞相誘，鼓勵兩河豪傑保城禦敵，匡復故土，及詔起勤王之師的動力[17]。

汴京二度被圍，宋金間締結了割地、尊金主爲皇伯的和約。宋派耿南仲、聶昌爲割地使，陪金使到衞州時，該地鄉兵要捕殺他們，嚇得二人狼狽而逃。聶昌到絳州，更被激憤的百姓所殺。而康王構與王雲奉命赴金軍前乞和，甫抵磁州，守將宗澤與當地百姓，卽斬殺王雲而婉留康王。康王便在百姓、土豪的擁戴下，組織大元帥府，正式起兵。一面傳檄天下，號召勤王，一面撫循潰散士卒和當地盜賊[18]，重整軍旅，力挽狂瀾。等徽、欽二帝被擄而北，張邦昌退位，康王更在臣民擁戴下，卽位於南京，是爲高宗。

靖康之變以後，中原的局勢非常混亂。表面上，金人佔據黃河以北的土地，而其所立的傀儡政權，則領有黃河以南的地方。

15　李若水：〔忠愍集〕（四庫珍本四集），卷1，「使還上殿劄子」，頁4上～下。又汪藻：〔靖康要錄〕，卷11，頁34下。又見徐夢莘：〔三朝北盟會編〕，卷57，頁5，唯字句稍有出入。

16　徐夢莘：〔三朝北盟會編〕，卷57，頁4～5。村上正二：「宋金抗爭期における太行の義士㈠」，頁20。趙儷生：「靖康、建炎間各種民間武裝勢力性質的分析」，〔文史哲〕，1956年11月，頁54～55。

17　宋廷在靖康元年10月18日，下詔河北、河東便宜行事（〔三朝北盟會編〕，卷58，頁3～4）。與靖康2年正月10日，賜河北軍民手詔（同上，卷74，頁9）及元年10月18日，下河北、河東清野詔（卷58，頁4～5），都不惜以高官厚祿來號召忠義。

18　靖康元年12月4日，大元帥府曾傳檄諸郡兵勤王說：「金人猖獗，再犯京城，攻圍未退，君父憂辱。臣子之心，當效死衛上，矧凡在職世受國恩，當此艱危，豈應坐視，宜勉忠義，戮力勤王。」同時招安到楊青、常景所率賊一萬二千餘人。見徐夢莘，〔三朝北盟會編〕，卷71，頁10～11。

實際上，無論金人或其所建的傀儡政權，都不能有效的統治這些地方。整個黃河南北的廣濶土地，實爲靖康之變後所衍生出來的無數義軍所控制著[19]。其中有盜賊、潰散的士卒、各地趕來的勤王之師、官吏、土豪，與農民等自動搏聚起來的團體。這些人中，尤其是河東、河北的百姓，一方面身受女眞兵焚殺擄掠的痛苦，潛藏著的民族意識受到激盪，發爲強烈的保鄉衞國的情操，而積極地抗金。一方面也在參與實際抗金活動中，體認到女眞兵實不足畏，只要心協力齊，必可克制。因此，紛紛集結，各據一方，像翟興兄弟、馬擴和邵興等人，就在這時期結納豪傑，奠下抗金事業的基礎，並開始向金人發動攻擊[20]。甚至被擄到燕京的漢人，也紛紛佈置抗金活動[21]。正由於這些義軍在中原的游擊活動，牽制了女眞兵馬，使其無力南下，高宗才能在南京從容卽位。不過，義軍在北方並無一共同領袖，形成羣龍無首，各據一方的局面。

　　高宗在政權初建時，一則軍力薄弱[22]，再則受到親近大臣，

19　見李綱在建炎元年4月上奏文。李心傳：〔建炎以來繫年要錄〕，卷6，頁1。
20　翟興在靖康2年3月，與族弟翟進率步卒數百，僞入洛陽，擒殺金人所立的高世由，以洛陽爲抗金據點。見徐夢莘：〔三朝北盟會編〕，卷86，頁4。馬擴出獄後，到西山和尚洞山寨抗金，4月戰敗被執。〔三朝北盟會編〕，卷90，頁12～13。邵興則據解州神稷山，大破金兵。見〔三朝北盟會編〕，卷104，頁8。另外薛廣在5月初奉命率兵過河，會合河北山寨義兵萬人，收復磁、相等州。張瓊則會合水寨義兵萬人，與廣相聲援。見〔三朝北盟會編〕，卷103，頁4。
21　趙子砥在〔燕雲錄〕中指出燕京之漢人的抗金組織有：
①張龔在建炎元年於獲鹿縣謀連結五馬山的馬擴、趙邦傑及中山府民兵。
②楊浩於建炎元年9月，與智和禪師招集萬餘忠義謀擧事。
③劉里忙在中山、易州界山間，招集萬餘人。
此外尚有建炎2年正月「數千人同謀山中，斫柴爲名，盡置長柯大斧，欲刲其主入山據險，結集南兵，迤南來，獻於本朝，復以爲質。無何，南人告變，於是根究情實，殺謀首者數十人，其事遂寢。」見徐夢莘：〔三朝北盟會編〕，卷98，頁15～16。
22　石文濟：「南宋初期軍力的建立」，〔史學彙刊〕第9期，民國67年，頁75～79。

如黃潛善、汪伯彥的影響，並無抗金或恢復故土的意念[23]。不過，爲了號召忠義，建立一個在氣勢上足以與金人相抗的政權，勢須起用一個負時譽、有重望的人充當宰相，於是高宗選了一向主戰，素著清望的李綱，作爲宋室重建後的首任宰相[24]。李綱認定料理河東、河北，維繫忠義人心，是鞏固政權、匡復故土的首要急務。乃成立招撫司於河北、經制司於河東，由張所、傅亮分任河北招撫使和河東經制副使，以宗澤爲東京留守，把二地的忠義之士，加以組織和控馭[25]。由於李綱、宗澤、張所、傅亮等人之努力招撫、聯繫，加以金人大量徵發漢人從軍，於是中原義軍紛紛響應招撫司或留守司的號召，加入抗金的行列[26]。數十萬所謂的羣盜，也在短期內接受招安。王彥就利用這些義軍，擊敗金兵，奠下了以太行山寨集結八字軍的抗金基礎[27]。接著宋廷又二次下詔，號召義軍，詔書稱：

> 近者使臣來自朔部，審聞兩路守臣，義不愛生，誓以死守。賊雖憑恃犬羊之衆，敢肆攻圍，而能卒勵士民，屢挫醜虜。其忠義軍民等，倡義結集以萬計，邀擊其後，功績茂著，朕甚嘉之。……兩路州縣官、守臣及忠義之

---

23 高宗受黃、汪影響，曾一度決定遵照以黃河爲宋金國界的和約，命令所有軍隊不准渡河。見徐夢莘：〔三朝北盟會編〕，卷102，建炎元年5月條。要錄，卷5，頁12上。又不把卽位的赦書發至河東、河北，準備派使臣向金求和，甚至不敢在卽位的赦書中詆斥張邦昌等人，以免得罪金人。見〔會編〕，卷102，頁7，卷108，頁3～4。

24 鄧廣銘：「南宋對金鬥爭中的幾個問題」，〔歷史研究〕，1963年第2期，頁21。

25 鄧廣銘：「南宋對金鬥爭中的幾個問題」，頁22。

26 建炎元年7月：「劇賊如湖北閻僅、黨忠、薛廣、祝靖等皆入宿衛。河北丁順、楊進等赴招撫司自效，餘皆赴東京留守宗澤納款，盜益衰止。」見〔宋會要輯稿〕兵一三之一，捕賊下。

27 徐夢莘：〔三朝北盟會編〕，卷113，建炎元年9月21日，10月29日條，頁11～12。

士，如能竭力捍禦，保有一方，及糾集師徒，力戰破賊
者，至建炎二年，當議酬其勳庸，授以節鉞。其餘官軍
吏兵等，第加優賞，應稅賦貨財，悉許移用，官吏將
佐，悉許辟置，朝廷更行量力應副[28]。
並把民間自衛性武力組織的忠義巡社的辦法，頒行全國。

　　然而，當義軍的招募有了初步基礎，組訓工作猶待開展之
際，黃潛善等人卻處處阻撓[29]。李綱見恢復計劃無法實行，憤而
辭職，主和派再度得勢，李綱的計劃全部被推翻，義軍的活動被
認爲是「假勤王之名，公爲聚寇之患」[30]。因此「諸路召募潰兵
忠義等人，及寄居官擅集勤王兵者」[31]，及京畿、京西、京東、
河北、河東、陝西諸路以外的忠義巡社，紛紛被罷[32]。對河北、
河東義軍的求援也不加理睬，殺害陳東和歐陽澈，遷都揚州。於
是，除宗澤仍在汴京，苦心積慮的籌劃、招撫和指揮義軍，維繫
著義軍與朝廷的關係外，與義軍聯繫的工作幾乎完全崩解。

　　儘管形勢對義軍不利，但在宗澤留守汴京期間，特別是李綱
被罷，高宗南幸，金兵第一次進兵南宋時。由於宗澤銳志復國，
盡力招降，內求戢安，外以防敵，義軍的活動反趨頻繁，也有顯
著的成就。所以造成這種現象，大致有下列幾種原因：

　　其一：宗澤爲元老重臣，素著威望。早在高宗任大元帥時，
即出任副元帥，加以公忠體國，向爲朝野所欽服。黃潛善與汪伯
彥等人，「雖嫉之深，竟不能易其任也」[33]。

28　徐夢莘：〔三朝北盟會編〕，卷108，頁4～5。
29　黃潛善等人既分招撫司的事權，責其設立後，河北盜賊反而增加。又以傅亮逗
　　留不進，撤其職。見〔要錄〕，卷8，頁8上。〔會編〕，卷112，頁11～12。
30　李心傳：〔建炎以來繫年要錄〕，卷14，建炎2年3月丙戌條，頁2上。
31　〔宋史〕，卷24，「高宗本紀」，建炎元年冬10月庚申條，頁449。
32　〔宋會要輯稿〕，兵二之五八，忠義巡社，建炎元年12月25日。
33　不著撰人：〔宋史全文續資治通鑑〕（文海出版社影印，民國58年5月初版，
　　以下簡稱〔宋史全文〕），卷16，頁31～32。

其二：宗澤以誠待人，感動義軍，賞罰分明，善於駕馭。如王善聚衆數萬，號稱河東巨寇，宗澤竟單騎赴善營，流著淚說：「朝廷當危難之時，使有如公一二輩，豈復有敵患乎？今日乃汝立功之秋，不可失也」[34]。王善爲其至誠所動，立卽歸附。又如他對丁進的態度，更使義軍感服，〔要錄〕說：

> 時進旣受閤門宣贊舍人、京城外巡之命，遂引所部屯京城，往參留守宗澤。將士疑其非真，主管侍衞步軍司公事閻（間）劼等，請以甲士陰衞。澤曰：「正當披心待之，雖木石可使感動，況人乎！」及進至，澤拊勞甚至，待之如故吏，進等感服。翌日，請澤詣其壁，澤許之不疑，進益懷感畏，後其黨有陰謀以亂京師者，進自擒殺之[35]。

其他像楊進、王貴及王再興等羣盜，都相繼受撫，先後集結了百萬大軍，積蓄半年糧糒，積極佈署。其法是：

> 據形勢，立堅壁二十四所於城外，沿河鱗次爲連珠砦，連結河東、河北山水砦、忠義民兵。於是陝西、京東西諸路人馬，咸願聽澤節制[36]。

這都是由於他「威惠兼著，民心悅服」所致[37]。

其三：汴京是南宋對金作戰的最前哨，這時主戰派旣已失勢，主和的君臣亟謀南幸之不暇，無法顧及北方。更無人敢去接替宗澤的職務，使他得以獨任其事，少受朝廷的牽制[38]。

其四：當時金兵南侵，澤以保鄉禦敵激勵民心，使其一致對

34 〔宋史〕，卷360，「宗澤傳」，頁11279。
35 李心傳：〔建炎以來繫年要錄〕，卷12，建炎2年正月甲辰條，頁11下。
36 〔宋史〕，卷360，「宗澤傳」，頁11280～11281。
37 見徐夢莘：〔三朝北盟會編〕，卷117，引林泉野記之文，頁8。
38 鄧廣銘：「南宋對金鬥爭中的幾個問題」，頁23。

外，形勢便於利用。譬如楊進與王善雖受招安，仍相鬥不已。一
日，各率千餘人相戰，澤諭之曰：「為國之心固如是邪！當戰陣
立功時，勝負自見」[39]。二人乃慚愧而退。況且義軍既有對金作
戰的經驗，稍減畏懼之心，因此，在宗澤經營期間，義軍乃能予
金兵甚大的心理威脅。如威震河北的太行山八字軍，就深深的削
弱了金兵的銳氣。〔中興遺史〕說：

> 金人時銳意中原，特以彥在河朔，兵勢張甚，未暇南
> 侵。一日虜帥召其眾首領，俾以大兵再攻彥壘。酋領跪
> 而泣曰：王都統寨，堅如鐵石，未易圖也，必欲使某將
> 者，願請死不敢行[40]。

　　由於宗澤有效的領導，當金軍南侵時，北方的義軍屢傳捷
訊。如翟興、翟進兄弟一再挫敗金兵，終於收復洛陽。王彥的八
字軍以太行山為據點，橫行河北。馬擴在五馬山奉信王榛為首，
結集了數十萬兩河忠義。李彥仙復陝州，邵興敗金兵於解州。這
一連串的軍事勝利，迫使金帥宗翰初放洛陽後，即屯兵該地，蓋
「時以宗澤守東京，恐澤邀其後，故自據西京與澤相持，使漢上
之寇，無後顧之憂也」[41]。這些牽制活動，竟使金兵無法達成覆
宋之志，怏怏退兵。從整個戰役中，宋朝官兵與義軍勇怯截然對
比，可見，義軍已成了宋對付金兵的一大助力，這正是宗澤苦心
經營的成果。故史稱：

> 宗澤一呼而河北義旅數十萬眾，若響之赴聲。實由澤之
> 忠忱義氣有以風動之，抑斯民目睹君父之陷於塗淖，孰

39　不著撰人：〔宋史全文〕，卷16，頁29下。
40　徐夢莘：〔三朝北盟會編〕，卷114，建炎元年11月9日條引遺史之言，頁2。
41　徐夢莘：〔三朝北盟會編〕，卷114，引張滙「金虜節要」之文，頁5。〔金
　　史〕，卷74，「宗翰傳」也說：「是時河東寇盜尚多。」（頁1697）

無憤激之心哉！使當其時澤得勇往直前，無或齟齬牽制
之，則反二帝復舊都，特一指顧間耳[42]。

然而宗澤雖有祖逖澄清中原的心志，其忠勤爲國，卻引起主和派
的恐懼和疑慮。乃以涉嫌謀叛爲辭，派郭仲荀爲副留守，加以監
視，竟使他憂憤而已。他死後，宋廷派了一個「喜功名、性殘忍
好殺，而短於謀略」的杜充，接掌東京留守的職務[43]。

宗澤一死，兩河民心士氣爲之一挫，主戰勢力大爲凌落，主
和派的氣焰益發熾盛。因此杜充上任時，宋廷不希望他效法宗澤
結納義軍，恢復河山的行動，而要他：「鎭撫軍民，盡瘁國事，
以繼前官之美，遵稟朝廷，深戒妄作，以正前官之失」[44]。從杜
充上任後的作爲看，他頗能遵循「深戒妄作」的朝旨，卻未做好
「鎭撫軍民」的工作。蓋他視義軍如盜賊，曾疑楊進據鳴皋山，
意圖僭竊，陰使翟興圖進[45]。對已受招安的張用，恐其難制，竟
令部衆圍攻，結果引起王善等人的不滿，一齊叛離[46]。這種做
法，自然令義士寒心，〔要錄〕即說：「杜充酷而無謀，士心不
附，諸將多不安之，馬擴、王彥旣還朝，餘稍稍引去」[47]。故史
稱：「澤在則盜可爲兵，充守則兵皆爲盜」[48]。

在杜充的打擊下，宗澤辛苦激勵團結的兩河豪傑之壯志雄
圖，消失殆盡，義軍原有之一致對外的羣體意識也爲之解體，再

---

42 〔宋史〕，卷360，「宗澤傳」，論贊，頁11295。
43 〔宋史〕，卷475，「叛臣傳」，杜充，頁13809。
44 李心傳：〔建炎以來繫年要錄〕，卷16，建炎2年7月甲辰條，頁13下。
45 杜充疑楊進意圖僭竊，特派使臣聯絡翟興：「使圖之，且撤報進悖逆顯著，責
　　興破賊。」見〔要錄〕，卷19，建炎3年正月庚辰條，頁1上。又〔會編〕，
　　卷120，頁1。
46 李心傳：〔建炎以來繫年要錄〕，卷19，建炎3年正月乙未條（頁3上）。又
　　見〔會編〕，卷120，頁3～4。
47 李心傳：〔建炎以來繫年要錄〕，卷18，建炎2年10月癸酉條，頁5上。
48 不著撰人：〔宋史全文〕，卷17，頁4上，引呂中大事記。另〔要錄〕，卷
　　16，建炎2年7月甲辰條亦引呂中大事記，唯詞句稍異。

加上東南忠義巡社的取消及金兵南侵等因素，使義軍發生了大變化。 結構上大團體分化爲許多獨立的小羣，如韓世忠在沭陽潰敗後，其部眾分化成分由李彥先、輔逵、李在等人領導的小團體[49]，義軍形態也趨於繁複；部分意志堅定的仍固守著孤城或山水寨，如邵興與翟興兄弟及李彥仙等人，仍在北方從事游擊，牽制金兵。部分受杜充打擊，或因巡社被罷，就食困難的義軍，則往往淪爲盜賊，騷擾江淮，如張用、馬友、王善、李宏、郭仲威等人。而且義軍領袖彼此的看法也產生歧異，〔要錄〕記載一段張用和王善的對話，可爲明證：

> （張）用以一騾送李寶歸京師，於是善整兵欲攻淮寧，用不可，曰：「吾徒所以來，爲乏糧耳，安可攻國家之郡縣。」善曰：「天下大亂，乃貴賤貧富更變之時，豈止於求糧而已，況京城已出兵來擊我，事豈無名乎？」用曰：「汝攻陳州，我當往蔡州，然兄弟之義，文字勿絕。」乃命諸軍束裝。翌日，善鳴鼓進雲梯天橋，逼城下，守臣馮長寧，命鎔金汁灌之，焚其天橋。用勸善勿攻，善曰：「安有小不利而遂止，當俟鴉頭變白，乃舍此城耳。」用引其軍去[50]。

後來這些人有的在飽掠之後又受招安，以致當時竟流傳著：「仕途捷徑無過賊，上將奇謀只是招」的俚語[51]。還有一部分潰散的義軍，則爲朝廷納入正規軍，如丁進餘部分隸韓世忠及劉正彥軍中，靳賽降於劉光世。

再則，宗澤既死，義軍分化，昔日維繫義軍團體的精神力量

49　李心傳：〔建炎以來繫年要錄〕，卷19，建炎3年正月丙午條，頁7下。
50　李心傳：〔建炎以來繫年要錄〕，卷19，建炎3年正月庚子條，頁6下。
51　莊綽：〔雞肋編〕，卷中，頁32下。

崩解，義軍與官軍及義軍與義軍之間的關係漸趨疏遠，遂常因些許小事爭鬥不已。如趙立與張榮、翟興兄弟與楊進、劉位與趙瓊、王維忠與史康民、韓世忠與丁進，便經常發生衝突。這些勃谿，不但降低了義軍間安危相伙的力量，削弱了抗金實力，更影響到義軍對南宋政府的向心力。而朝廷非但不思補益，反而多方打擊。如王彥率領部分八字軍面謁行在，力陳兩河民心可用，反對和議，得罪主和的大臣，旋被降職，乃憤而辭職；南下的八字軍納入正規軍，留在太行山的殘部，乏人領導，勢力漸殺。另一位義軍領袖馬擴，奉信王的命令趕赴揚州，向高宗求援。高宗怕信王得到北方義軍的擁護，對自己不利，雖讓馬擴領數千烏合之眾北伐，卻密令官吏監視馬擴的行動。等馬擴軍隊將抵黃河，又下達「一人一騎不得渡，聽諸路帥臣節制」的命令，阻其北進，擴知事不可為，乃屯留大名，靜待時機[52]。

　　宋朝這種自行削弱抗金力量的現象，被金人一一偵悉，乃以各個擊破的方式，來瓦解北方的義軍。先乘馬擴南下，猛攻五馬山諸寨，建炎二年（1128）七月，金兵攻破五馬山，消滅了北方義軍擁戴信王恢復故土的一點希望[53]。次年（1129）一月，金兵再克陝州，剷除了李彥仙等反金勢力[54]。邵興也被迫退軍廬氏縣。同時，金人又積極南侵，宗澤死後，金即第二次伐宋，迫使高宗由揚州遷都杭州。高宗急於求和，一面抑止邊將結納北方義

52　陶晉生：「南宋初信王榛抗金始末」，收入〔邊疆史研究集──宋金時期〕，
　　頁27～28。
53　徐夢莘：〔三朝北盟會編〕，卷117，建炎2年7月，頁5。
54　李彥仙在陝州抗金的事蹟及對金所造成的威脅，見洪邁：〔容齋隨筆〕五筆，
　　「李彥仙守陝條」。又見〔宋史〕，卷448，「忠義傳」，李彥仙。參見楊效
　　曾：「艱苦抗金的民族英雄李彥仙」，〔文史雜誌〕第2卷第1期（民國31年
　　1月），頁55～62。

軍從事興復，以示好金人[55]；又卑詞諂語，向金求和，表示願削去皇帝名號，自居爲南方藩屬。但金將被一連串的軍事勝利沖昏了頭，宋的乞和，非但不能贏得他們的同情，反而助長他們的氣焰。建炎三年（1129）十月，宗弼（兀朮）統軍三路，作更大規模的南侵，一路勢如破竹；以致兀朮從安吉進兵，過獨松嶺時，即喟然嘆曰：「南朝可謂無人，若以羸兵數百守此，吾豈能遽度哉！」[56]最後，高宗竟被逼得遣散官吏，與少數隨從狼狽逃到海中避難。不過，金兵在沿途的暴行，卻激起江淮百姓的憤恨，紛紛揭竿而起，滙聚成一股保國衞鄉的抗金浪潮。義軍活動的地區，遂由黃河擴展到江淮，遠及長江南岸，如趙立、張榮、邵清、薛慶、劉位等均是[57]。而一些自北南下的潰軍，其搶刼財物，騷擾百姓的作風雖與盜賊無異，卻始終能維持著對金兵敵愾同仇的心理與抵抗行動。其中也有些人接受招安，投效正規軍的，韓世忠、岳飛等人，就因招納義軍而軍力大增。另一些或因意志不堅，或困於衣食，或被宋廷視爲盜賊而加以打擊的，則憤而投金；或依違於宋金之間，時叛時降，像王善、李成等人就是顯例。

北方義軍雖曾受到金兵的打擊，但金兵南下後，其活動依然十分頻繁，也立下了不少的戰功。如邵興連敗金兵於陝州夏縣、

55　李心傳：〔建炎以來繫年要錄〕，卷20，建炎3年2月壬戌，「初（徐）徽言在晉寧間，河東遺民日望王師之至，乃陰結汾晉土豪，約以復故地則奏官爲守長，聽其世襲。會朝論與金結好，恐出兵則敗和議，折其所請不報。」頁12上。

56　李心傳：〔建炎以來繫年要錄〕，卷30，建炎3年12月癸未條，頁3上。另見〔金史〕，卷77，「宗弼傳」，頁1752。卷3，「太宗本紀」，頁60～61。

57　趙立、張榮、邵清、薛廣、劉位等人的抗金活動，徐夢莘：〔三朝北盟會編〕，卷134、135、136、139等。李心傳：〔建炎以來繫年要錄〕，卷23、29等。〔金史〕，卷3，「太宗本紀」，天會9年正月也記：「蒲察鶻、拔魯、完顏忑里討張敵萬於白馬湖，陷於敵。」（頁63）。

絳州曲沃縣、潼關等地，進克虢州，牛皋曾敗金人於宋村，擒其
大將，李彥仙也曾一再擊敗進襲的金兵。這些牽制金兵的行動，
配合義軍之各自爲戰，分散了金的兵力，使金人無法達到亡宋的
目標，反而遭遇不少挫敗。這幾次失敗的敎訓，讓金人認識到有
形的武力卽使再強大，也無法屈服中國人，乃改變政策。建炎四
年（1130）秋，金在「以和議佐攻戰，以僭逆誘叛黨」[58]的政策
指導下，一方面採取以華制華的政策，扶持劉豫，成立僞齊政
權，讓劉豫來對付南宋，以便專心穩定兩河的佔領區；另一方面
則暗縱秦檜逃歸南宋，以爲和議開路。

南宋政府經過幾次金兵的入犯，也意識到一向被忽視的義
軍，實爲抗金的主力。況且江淮及以北地區，朝廷並不能有效的
控制；乃聽從大臣的建議，承認義軍各據一方的事實，並加以利
用，使成爲南宋抗金的一道防線，而於建炎四年五月，下詔成立
鎮撫使[59]。鎮撫使位高權大：「除茶鹽之利，仍歸朝廷置官提舉
外，他監司並罷，上供財賦權免三年，餘聽帥臣移用，更不從朝
廷應副，軍興聽從便宜……特與世襲」[60]。不少義軍領袖被任爲
鎮撫使。盜賊也相繼受招安，位列高爵[61]，像崔增、戚方、桑
仲、張用、孔彥舟、邵淸、曹成等人，都先後受招安。義軍受到

58 宇文懋昭：〔大金國志〕，卷7，「太宗紀」，天會9年，頁2下。華山：
「南宋初年的宋金陝西之戰」，〔歷史敎學〕1955年6月號，頁21。
59 詔書說：「周建侯邦，四國有藩垣之助。唐分藩鎮，北邊無烽火虞。永惟涼眇
之資，履此艱難之運，遠巡南國，久隔中原，蓋因豪傑之徒，各異方隅之守，
是用考古之制，權時之宜，斷自荆淮，接於畿甸。豈獨植藩籬於江表，蓋將崇
屏翰於京師。欲隆鎮撫之名，爲輯按廉之使。有民有社，獨專制於境中，足食
足兵，聽專制於閫外。」見不著撰人：〔中興兩朝聖政〕（文海出版社影印，
民國56年1月初版），卷7，建炎4年5月甲子條，頁16。
60 馬端臨：〔文獻通考〕（新興書局影印，民國52年3月新一版），卷62，「職
官」一六，考五六四。
61 劉子健：「包容政治的特色——南宋政治簡論之二」，〔中國學人〕第五期，
（民國61年7月）頁1。

朝廷的重視與厚賞，活動也趨頻繁。江淮一帶的義軍，如趙立、
薛慶、李彥先、張榮等，即曾屢敗入侵的金兵。而一度受挫的
北方義軍，也重整旗鼓，繼續從事對金游擊活動。如太行義士
石子明，即曾在劉豫建國後，大敗金將韓常於眞定。紹興元年
（1131），五馬山也先後出現過假冒信王及沙眞所率領的義軍。
河東山寨，在王擇仁撫諭下，義軍領袖韋壽佺、李宋臣、馮賽等
人相繼響應，甚至山東的徐文、范溫也與南宋政府互通聲氣。

此時，義軍活動以翟興最爲重要。蓋自從太行山與五馬山被
金兵摧殘後，據守洛陽的翟氏父子，成爲維繫北方義軍的重要支
柱，其功業燦然可觀。〔三朝北盟會編〕說：

> 先是兩河陷没，興以京西與河東、河北接境。是時尚有
> 忠義之人，聚兵保守山寨，不願順番，興遣親信持蠟
> 書，取間道以結約之，如向密、王簡、王英等數十寨，
> 願聽節制。……興遣人作商販渡河，密齎撫諭。自是
> 并、汾、澤、潞、晉、絳、懷、衛、河陽等數州山寨首
> 領盧師廸、李吉、李彥隆、馬疚義、李遵、宋德睪，至
> 河陽見興矣[62]。

此外，橫山義士史準也來歸附，於是勢力大增，先後敗金兵於陽
城縣及洛陽外，爲持久計，又積極從事營田工作[63]，使金人及僞
齊深受威脅。

以上是義軍在僞齊初立時的活動。這些活動一方面是義軍對
建炎三、四年（1129、30），兀朮南侵的反擊，同時也是對金在
河北的苛政，及劉豫僞政權的一種有力反抗。這些牽制性的游擊
活動，頗讓金人與僞齊感到頭痛；特別是據守洛陽的翟興，對劉

62　徐夢莘：〔三朝北盟會編〕，卷141，頁11～12。
63　〔宋會要輯稿〕，食貨63之85、86。

豫而言，有如芒刺在背，亟欲去之而後快[64]。乃先遣人向翟興勸
降，無效，轉而收買其部下為內應，並以兵犯其寨，興力戰不
敵，墜馬死[65]。其子翟琮收拾殘部，扼守山寨，繼續抗金，一度
再入洛陽[66]。但一般說來，翟興死後，北方義軍的活動日趨消
沉；或全軍潰散，或據險自保，或突圍南歸，再難有所進取。南
方的活動，也因戰事停止，頓趨沉寂。只有王彥、李橫、董先、
牛皋等少數人在邊境上繼續活動而已。所以如此，約有下列幾種
因素：

一、翟興一死，北方義軍失去了一個聯繫中心，偽齊和金人
乘機對忠義山水寨，加緊進行剿除的工作。

二、劉豫以種種手段收攬人心。如對孔彥舟「訪得彥舟母妻
及子，厚給以祿，使其舅盧某持書招之」[67]。更建歸受館與招受
司，大事招徠[68]。廖剛就說：「臣聞劉豫在齊、魏間，省徭薄
賦，專務姑息，招徠人士，誘以為官，日以傾我為事」[69]。此
外，朱勝非和吳伸也曾如此指陳[70]。因此意志不堅的義軍領袖，

64　不著撰人：〔劉豫事迹〕（新興書局影印，〔筆記小說大觀〕六編三冊）說：
　　「……時陝西五路，盡為金所陷，割屬豫。豫居東平而興屯西京伊陽山寨，相
　　去不遠。又東西路阻，陝西道久為興所斷。豫每遣人之陝西，則假道於金，由
　　懷衛越太行，取蒲解渡河以往，豫深惡之。」（頁10）。

65　這是〔劉豫事迹〕和〔三朝北盟會編〕及〔建炎以來朝野雜記〕的說法，見事
　　迹頁10，〔會編〕，卷156，頁9。〔雜記〕甲集，卷19，頁5上。〔要錄〕則
　　以劉豫遣人以厚利誘楊偉，偉乃殺興，携其首奔豫，見卷52，頁8上。此處採
　　前說。

66　見〔宋會要輯稿〕，兵十四，兵捷四，紹興3年5月4日（兵一四之二四）。

67　李心傳：〔建炎以來繫年要錄〕，卷55，紹興2年6月壬寅條，頁6上。

68　參見外山軍治：〔金朝史研究〕，第三章，㈢「劉豫の齊國を中心としてみた
　　金宋交涉」，頁255〜258。

69　廖剛：〔高峰文集〕（四庫珍本初集），卷1，頁5下〜6上。

70　朱勝非說：「逆豫招誘山寨及知名賊二十項，彼雖得之，未必為用，我失之則
　　人心必去。」見李心傳：〔建炎以來繫年要錄〕，卷61，紹興2年12月丁亥
　　條，頁2下。吳伸上書文，見徐夢莘：〔三朝北盟會編〕，卷155，紹興3年
　　4月，頁9。

如李成、孔彥舟、劉忠、祝友、徐文、關師古、酈瓊、王世忠、靳賽、趙世臣、王師晟等都先後投順劉豫。紹興七年（1137），康淵也說：「朝廷素輕武臣，多受屈辱。聞齊皇帝折節下士，士皆爲之用」[71]。可見劉豫的措施，在初期不僅穩定了河北，也籠絡了不少意志不堅的士夫武將。

三、與南宋政策有關。高宗心存苟安，不願與金發生戰爭，秦檜南歸後，主和派的氣勢再盛，秦檜所倡的「南人歸南，北人歸北」的和議方針，一時雖無法實現，但宋金交戰中，雙方使臣依然來往不絕。因此一有和談的可能，宋卽不准邊將接納北人。紹興二年（1132）四月間，劉光世與葉夢得曾招納僞齊境內百姓南歸，宋廷卽以「事體非便，詔今後不許招納」[72]，降旨申飭，並且規定與僞齊接壤的鎮撫使「毋得擅出兵」[73]。三年（1133）六月，又禁諸路招納淮北人及中原軍來歸[74]。十一月，更詔「沿淮諸寨鄉兵，毋得輒擅侵擾齊國界分」。到四年四月，又恐接納北方義軍，妨害和議，竟擬遣回南歸義士，並處罰接納義士的徐宗誠[75]。種種做法，自然影響義軍的活動。

四、義軍南歸後，往往被納入正規軍。南歸的義軍與被招安的盜賊，相繼被整編爲正規軍。如張用部衆卽分隸曹成、張俊、岳飛、韓世忠，韓世忠納張遇、李寶、曹成等部，劉光世納酈瓊、郭仲威部。而崔增、李捧、邵清、趙延壽、李振、單德忠及

71　李心傳：〔建炎以來繫年要錄〕，卷113，紹興7年8月戊戌條，頁5上、下。
72　〔宋會要輯稿〕，兵一七之一九。
73　李心傳：〔建炎以來繫年要錄〕，卷53，紹興2年4月乙卯條，頁19上。
74　〔宋史〕，卷27，「高宗本紀」，紹興3年6月丁亥條，頁505。參見趙鼎：〔忠正德文集〕（四庫珍本四集），卷2，「奏乞應副李橫狀」，頁3下～4上。
75　李心傳：〔建炎以來繫年要錄〕，卷70，紹興3年11月乙丑條（頁6上）及卷75，紹興4年4月丙午（頁12下）。

徐文、趙琦、史康民、王林的部衆，分別納入御前忠銳軍[76]，范溫的部衆則隸神武中軍。再經南宋政府全力整頓，遂轉化爲正規國防武力，使南宋的戰力爲之大增。呂祉卽說：

> 方今諸將類多忠勇絕世，敢當大敵，則將不之矣。累年
> 巨寇如張用、曹成、李宏、馬友下，皆河北百戰忠義之
> 民，勇悍敢戰之士，今則盡歸諸將，是兵亦不少[77]。

正由於這些忠義之民、勇悍之士，相繼被吸收到張俊、劉光世、韓世忠、岳飛等部隊中，所以以後金和僞齊的入侵，宋就有了抵抗的資本，甚至打了一連串的勝仗；像王彥的軍隊在四川與吳玠、吳璘等川將合作，大挫金兵於仙人關，乘勝進克秦隴鳳州，而岳飛也連克郢州、襄陽、隨州等地。再如紹興四年（1134）秋，金與僞齊合兵南侵，竟被韓世忠敗於大儀鎮，被解元敗於高郵軍，被牛皋、徐慶敗於廬州城下，逼得金和僞齊軍狼狽退去。

有了這些戰果，宋主戰派的氣勢又盛。紹興五年（1135），張浚任宰相，努力籌措恢復中原的準備，北方義軍受此鼓勵；加上劉豫屢次伐宋無成，糜費民力，苛政日彰，北方義軍活動便又頻繁起來[78]。宋將紛紛與之聯絡，韓世忠派遣間諜到山東、太行各地，聯絡山寨，結納豪傑[79]，在淮東建立了一支軍隊。紹興六年（1136），太行山忠義巡社首領梁興，連結了百餘義兵，奪河逕渡，投奔岳飛[80]；岳飛就由襄陽派兵，長驅北上，直到洛陽西

76　李壆編：〔皇宋十朝綱要〕（羅雪堂先生全集四編十册），卷22，頁1。
77　李心傳：〔建炎以來繫年要錄〕，卷68，紹興3年9月壬戌條（頁7下）。
78　李邴說：「劉豫竭中國之力以奉夷狄，暴政苛斂，斯民怨恨，痛入骨髓，特逼於金人之勢，強服之耳。登、萊、沂、密閒，山林深阻，豪右大姓，自金人入寇以來，各聚徒黨，結爲山寨，以自保固。今雖累年，偽齊暴虐如此，勢必有未下者。」見徐夢莘：〔三朝北盟會編〕，卷174，紹興7年正月15日（頁3）。
79　〔宋史〕，卷364，「韓世忠傳」說：「約以緩急爲應，宿州馬秦及太行羣盜，多願奉約束者。」，頁11366。
80　〔宋會要輯稿〕，兵二之五九，忠義巡社，紹興6年正月5日條。又〔宋史〕，卷365，「岳飛傳」，頁11385。

南的長水縣境。這時，黃河北岸的義軍，蜂擁而起，擾亂金人的後方，準備接應岳家軍。於是，朝廷重臣紛紛主戰，北伐之聲震動天下。次年（1137）八月，金帥粘罕死，太行義士嘯聚蜂起，竟使金將每夜輾轉反側，不得安睡[81]。而繼粘罕掌握金政的完顏昌（撻懶），素與劉豫有隙，於是年冬，廢掉劉豫傀儡政權[82]。劉豫舊部，相率南附，中原鼎沸，李世輔（顯忠）也乘機南歸，這正是南宋大有爲的時機。然而，高宗與秦檜不顧羣臣的反對，與金進行和議。終於議定：宋對金稱臣、年貢銀二十五萬兩、絹二十五萬匹，金允把河南、陝西還給宋，送還徽宗梓宮和韋太后等條件。在議和的前提下，義軍的活動遂被迫停止。

　　宋金議和後，金廷內部又發生變化，主和的完顏昌以交通南宋的罪名被殺，主戰的兀朮當政[83]，撕毀和約，亟謀南侵。北方義軍的活動隨之再起，太行山義師蟻聚，以王忠植爲首的義軍就攻下石州等十一郡。紹興十年(1140)五月，金人傾全國之師，擬分兵四路大舉南犯，事爲河北義軍偵知，飛報義軍領袖李興。興在數日間，緊急召集了萬餘義軍專事抗金，李寶也敗金兵於渤海廟[84]。六月十一日，兀朮在順昌遭遇劉錡率領的三萬七千名八字

81　張滙：〔金虜節要〕說：「自粘罕死，穹廬內亂，太行嘯聚蜂起。（烏陵）思謀每夜輾轉無寐，或披衣而坐，喟然而歎曰：『可惜官人備歷艱阻，以取天下，而今爲數小子壞之，我未知其死所矣。』」見徐夢莘：〔三朝北盟會編〕，卷178，紹興7年8月，頁8。

82　陶晉生：「完顏昌與金初的對中原政策」，〔邊疆史研究集──宋金時期〕。文中指出完顏昌是廢劉豫行動的主持者，蓋昌認爲山東是他的地盤，王豫的功勞大半屬於宗翰，而豫對昌態度傲慢，又受到王倫的影響。頁39~40。

83　〔金史〕，卷77，「宗弼傳」，頁1754。參見宮崎市定著，鄭欽仁譯：「南宋政治史概說」，頁26。外山軍治：〔金朝史研究〕，四、「熙宗皇統年間における宋との講和」，頁335~344。

84　李寶敗金兵於渤海廟後，兀朮聚集了河南、河北軍降，想捉李寶。不遂，遷延了半個月才興師南下。徐夢莘：〔三朝北盟會編〕，卷200，紹興10年5月18日，頁7~9。

軍，由於義軍奮戰，兀朮大敗而逃，締造了有名的順昌之捷。另
一方面，韓世忠也敗金人於淮陽軍，攻克海州，王德則下亳州。
淮北土豪爭相備置錢糧，聚集忠義民兵，立山寨保鄉土，通款於
宋[85]。同時岳飛大敗金將韓常，收復潁昌、淮寧兩府，進取鄭
城，命梁興渡河，糾合各地忠義社，牽制金兵[86]。於是，梁興會
合太行忠義及兩河豪傑，敗金人於垣曲、沁水，復懷州、衞州。
金人大恐，各山寨首領同聲響應[87]，金將韓常等人甚至密約歸
降。就在這緊要時刻，宰相秦檜卻陰令各軍班師，而兀朮遣孔彥
舟、王伯龍、李成分兵南下，岳飛被迫班師[88]；部分義軍跟著南
下，收復之各地又失，中原豪傑大失所望。不久，岳飛被殺，宋
金間再度議定以下和約：宋向金稱臣，每年貢銀二十五萬兩、絹
二十五萬匹，二國國界東以淮水、西以大散關為界，雙方不受歸
正人[89]。

　　此後，金為了監視漢人，在華北創屯田軍，把女眞、奚、契
丹等部族移居中原，而南宋在秦檜主政下，於殺害岳飛之餘，又
殺義軍領袖。於是朝野忠義，殞首匿聲，恢復之議，頓告中斬，

85　〔宋會要輯稿〕，兵二之六〇，忠義巡社，紹興10年7月16日，「尚書省言：
　　淮北見有土豪自備錢糧，聚集忠義民兵，剗立山寨，保守鄉土。……詔遇有舉
　　衆前來，願就使喚之人，令楊沂中斟量功力高下，先次出給照劄。」
86　〔金史〕，卷77，「宗弼傳」說：「（天眷3年，1140）宋岳飛、韓世忠分據河
　　南州郡要害，復出兵涉河東，駐嵐、石、保德之境，以相牽制。」（頁1754）。
　　賴家慶、李光璧：「北方忠義軍和岳飛的北伐」，〔歷史教學〕，1954年3月
　　號，頁33～34。
87　章潁：〔宋南渡十將傳〕（芋園叢書本），卷2，岳飛傳說：「虜首動息，及
　　其山川險要，飛盡得其實。自磁、相、開德、澤、潞、晉、絳、汾、隰豪傑，
　　期日興兵，衆所揭旗，皆以『岳』為號。……自燕以南，虜之號令不復行。」
　　頁47下。參見〔宋史〕，卷365，「岳飛傳」，頁11390。
88　〔金史〕，卷77，「宗弼傳」，頁1754～1755。參見 Hellmut Wilhelm:
　　"From Myth to Myth: The case of Yueh Fei's Biography", *Confucian
　　Personalities*. p. 159.
89　參見 Herbert Franke, "Treaties between the Sung and the Chin", in
　　F. Aubin, ed. *Etudes Song Paris Meuton*, 1970.

義軍的活動，也就在宋金和約簽訂後，暫告沉寂。

第二節　初期義軍的組織與性質

宋金衝突以後，金兵大舉南下，連陷各地，汴京危殆，欽宗
下詔勤王，於是各地百姓紛紛加入抗金行列。靖康之變後，女眞
兵在佔領地區的種種暴行虐政，更激起百姓的憤慨，紛紛逃入山
水寨，據險自守，前仆後繼地掀起抗金護宋的熱潮。其情況正如
宗澤所說：

> 自賊虜圍閉京城，天下忠義之士，償憑痛切，感勵爭
> 奮。故自廣之東西、河之南北、福建、江淮，梯山航
> 海，越數千里，爭先勤王。……今河東、河西不隨順番
> 賊，雖強為薙頭辮髮，而自保山寨者，不知其幾千萬
> 處。節義丈夫，不敢顧愛其身，而自黥面，爭先救駕
> 者，又不知幾萬數人[90]。

其後，宋金戰事不絕，義軍在政府號召或招安下，在敵前抗拒，
敵後游擊，直到紹興十一年(1141)，宋金締結第一次和約，才暫
告停息，前後歷時十六、七年。在這段時間裏，投入抗金行列，
而有明顯事蹟可考的義軍領袖，不下百數十人，義軍卒勇，更不
下百餘萬人。這是南宋義軍抗金行動最活躍的時期。

本節末所附之表三是從靖康元年(1126)到紹興十一年(1141)
間，重要義軍歸正領袖及其活動概況。

從表三的觀察，雖無法瞭解義軍的全豹，仍可略窺其一般的
概況。就義軍領袖出身背景來說，可考的一百三十三人中，盜賊

90　徐夢莘：〔三朝北盟會編〕，卷115，建炎2年2月19日，頁10～11。

有三十一人，土豪（含巡社首領）有十九人，官吏十八人，義士十四人，平民（含漁、農）十二人，兵卒有十人，軍官十人，僧侶五人，金及偽齊降官四人，金賊四人，宗室三人，進士二人，無賴一人。上項身分由於史料敍述立場不同，常有出入，故其身分並非絕對不變。其中盜賊之產生，部分是北宋末年巨寇方臘、宋江之餘黨，當金兵南侵時，轉為抵抗異族侵略的義軍，如張榮、邵青、董平[91]。部分係宋廷罷勤王兵及忠義巡社，為求食而淪為盜賊，接受政府招安的潰軍，如楊進、王善、張用、戚方、輔逵等均是。他們既抗金也搶刼民財，活躍於靖康、建炎之時，正是天下不安，宋金政權草創之際，為求食而依違於宋金之間，時降時叛，「假勤王之名，為叛逆之賊」[92]。到紹興以後，宋金政權穩定，他們或降於金、偽齊，或受宋招安，投入正規軍，活動乃趨弱。土豪也是此時抗金的重要力量，他們所擁有羣眾雖不多，但多能發揮戰力，堅持抗金。徐宗誠即曾獨力養兵，捍衞國家[93]。到紹興五年（1135），還有結山寨自保，不肯降金的現象[94]。所以義軍實際上是以中產小康之家為主幹所形成的抗金團體，他們是戰爭破壞及女真兵掠奪、屠殺下，最直接的受害者。他們大多數為「力田之民，戀著鄉土」[95]，基於避難保鄉及同仇敵愾的心理，而自動組合，或由政府下令召集而成的[96]。有的則

91　余嘉錫：「宋江三十六人考實」，收入〔余嘉錫論學雜著〕（民國65年3月，臺北，河洛圖書出版社），頁378~382。趙儷生：「靖康、建炎間各種民間武裝勢力性質的分析」，〔文史哲〕1956年11月，頁55~57。弱舜徽：「論兩宋農民起義的社會背景和英勇事迹」，收入氏著，〔中國史論文集〕（1956，武漢湖北人民出版社），頁72。

92　歐陽澈：〔歐陽修撰集〕（〔四庫珍本〕四集），卷1，「上皇帝萬言書」，頁19上。

93　李心傳：〔建炎以來繫年要錄〕，卷75，紹興4年4月丙午條，頁13上。

94　這句話是李鄩說的，見李心傳：〔建炎以來繫年要錄〕，卷87，頁28上。

95　李光：〔莊簡集〕，卷9，「乞用河東土豪援太原劄子」，頁6下。

96　杜光簡：「抗金義軍勢力之消長」，〔責善〕半月刊2卷17期，收入〔宋遼金元史論集〕（漢聲出版社影印，民國66年12月臺一版），頁312~314。

是爲政府賜官賞爵、減稅輕徭等優待條件所動而參加的。其中也有懷著「求食」的經濟動機，甚至變「貴賤貧富」的政治慾望，而以護宋爲號召所組織、發展的抗金團體。

　　義軍抗金時間，由於史料多無明確之記載，故其切確時間有三分之一不可考。可考的，靖康元年十五次；建炎元年二十一次，二年八次，三年十五次，四年十二次；紹興元年六次，二年

圖一　靖康元年至紹興十年（1126至1140）年代可考之義軍活動曲線圖

三次,四年五次,三年、五年、九年各二次,七年、八年、十年各一次。合計九十四次,其曲線如圖一。不可確考者:靖康年間有十六次,建炎年間四十三次,紹興年間六次,合計靖康間共三十一次;建炎年間有九十九次,紹興年間共二十九次。靖康、建炎五年間,正是宋室陵替之際,而女眞初入中原,政權未固,漢人反抗最激烈的時候。紹興年間,金與僞齊極力穩定內部,招降義軍,義軍非降卽滅,非潛卽逃。而活動於南方者也在宋招安政策下,納入正規軍,故活動轉少。然在宋軍北伐時,仍有不少潛伏的義軍尙起而與宋呼應,旋因宋金議和而停止。

義軍的組成,除勤王兵被遣散而淪爲盜賊者外,均具有濃厚的地方武力的傾向。這與義軍通常係鄉人自動糾合一事,有密切的關係,如王維忠、孫暉、李興、王喜、黃捷等人,及江淮一帶以山水寨爲據點的義軍就是糾合鄉人組成的。這顯然承襲北宋地方自衞武力之「鄉勇義軍」及保甲的遺意[97],也跟南宋政府下令成立忠義巡社的鼓勵有關。忠義巡社原是「河朔之民,憤於賊虐」[98],自動集結的。原來在北宋時期,河北、河東、陝西等地百姓爲了防禦強敵遼、夏的侵犯,自動組織弓箭社一類地方自衞武力,發揮了相當的禦敵效果[99]。及金人入侵,三路自衞性的地方武力又相繼出現,曹勛在使金報告中指出恩冀之間的農民由於「心存田里,欲自保其土」而組織巡社自置弓劍,保護一方[100]。

97　村上正二:「宋金抗爭期における太行の義士」(一),頁5～8。佐佐木宗彥:「南宋初期の忠義巡社について」,收入〔鈴木俊先生古稀紀念東洋史論叢〕(鈴木俊教授還曆紀念會發行,昭和39年10月30日),頁209。
98　劉時舉:〔續宋中興編年資治通鑑〕(羅雪堂先生全集四編,臺灣大通書店),卷1,頁7上。
99　見脫脫:〔宋史〕卷190,「兵志」四;李綱:〔梁谿全集〕卷63,頁11下～12上。
100　曹勛:〔松隱集〕,卷26,「進前十事」頁4上。

後來，經李綱、張所積極鼓吹，再經張愨、許翰、權邦彥之建
議，宋廷於建炎元年（1127）八月，正式將忠義巡社的組織頒行
於全國，其組織是：

> 每一十人為一甲，互相保識，每一甲內推擇一名為甲
> 長。每五甲為一隊（原註：有馬者別為隊，並注籍），
> 於本隊內推擇一名為隊長。每四隊為一部，於本部內推
> 擇一名為部長。每五部為一社，於本社內推擇二人，內
> 上名為社長，次名為副社長。每五社為一都社，於內推
> 擇二人，內上名為都社正，次名為副都社正。若及二都
> 社，謂及一萬人以上者，社內推擇首領為忠義彊壯巡社
> 都總轄，副首領為副都總轄。遇逐階有闕，依格目資次
> 陞補。有勞績無過犯之人，應充甲長以上職名次人，並
> 免本家保甲身役[101]。

並且訂定了一套精審而詳整的訓練、獎懲、管理等辦法[102]。不過
它係「民自相糾率、保守鄉井」的團體，初「不許差出州界及諸
處勾押把隘」[103]，很明顯的是屬於地方自衞性的民間武力組織，
勢力所及不過一鄉一縣。其後才漸有出境從事抗金者。

巡社之組織如表二：

---

101 見〔宋會要輯稿〕，兵二之五〇。但與〔建炎以來繫年要錄〕所述內容不同，
〔要錄〕說：「五人為甲，五甲為隊，五隊為部，五部為社，皆有長。五社為一
都社，有正副二社，有都總統首（原註：二都社共為一千二百五十人）。甲
長以上免身役，所結及五百人已上借補官有差，即有功或藝強及都總首滿2年
無過者，並補正。犯陞級者杖之。歲多10月按試於縣，仍聽守令節制，歲中巡
社增耗者，守二令尉賦陟陞皆有差。」見卷8，頁5上，建炎元年8月丁卯條。
此處從〔會要〕。又〔宋史〕則把巡社之設置繫於建炎元年7月丙申。

102 詳細辦法見〔宋會要輯稿〕，兵二之五一～五七。參見佐佐木宗彥：「南宋初
期の忠義巡社について」，頁203～209。

103 這句話是知滁州向子伋所言，見〔宋會要輯稿〕，兵二之五九，原文誤作除。

表二　南宋忠義巡社組織表

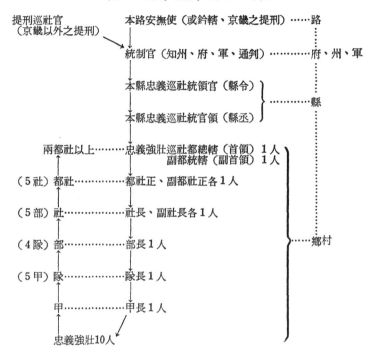

資料來源：佐佐木宗彥，「南宋初期の忠義巡社について」
（〔鈴木俊先生古稀紀念東洋史論叢〕，頁207）

　　巡社在建炎初的抗金活動中，頗著績效，蓋「西北俗尙強
悍，今遭敵兵侵掠，人思用命，皆有鬥志。今春（建炎二年），濱
州以八萬餘人力拒金人，殺獲頗衆，因此稍長國威」。不過東南
由於人多不願入社，而「州郡強使入社，亦非樂從，逼於官司驅
率，勢莫能免」[104]。權邦彥遂以巡社「利於西北而不利於東南」
乞罷之[105]。宋廷乃下詔：「除京畿、京東、京西、河北、河東、

104　李心傳：〔建炎以來繫年要錄〕，卷15，建炎2年4月己未條，頁2。
105　熊克：〔中興小紀〕，卷3，建炎2年3月，頁7上。

陝西路，依元降指揮，置巡社外，後來增置路分並罷」[106]。紹興
五年（1135），張浚進呈〔中興備覽〕時也說：「往歲巡社之舉，
無益於禦寇，衹以召亂，而況東南之人，其不可為兵也明矣，一
發其端，為害甚大」[107]。此後，東南各地除福建外均罷[108]。

除地方性的團體外，尚有宗族性的義軍，如南平李氏、平羅
藺氏、鶴壁田氏等是由同一宗族組成的。周、鄭聯軍是由二個宗
族聯合組成的。而劉位所領導的義軍團體，則是由劉姓家族與鄉
民聯合組成的[109]。

山水寨是義軍抗金的重要據點。女真兵擅長騎戰，宋金戰爭
初期，女真兵卽發揮攻城的長技[110]，而宋人城守的防禦技術卻不
講求，遂被金兵一一擊破。宋軍兵與土豪乃避入山水寨，恃其險
要，繼續抗金，頗能收禦敵之效。建炎初，宗澤在汴京城外，建
立山水寨的防禦網，尤著功效。因此，利用山水寨抗金成了義軍
的普遍現象。曹勛出使時，在相州以北就看到五十多處山寨，
「每寨不下三萬人，其徒皆河北州縣避賊者」[111]。山寨內可屯
田，自成獨立的經濟單位，加以形勢險要，女真騎兵仰攻困難，
恃險據守頗能持久。像慶源的五馬山、太行山，永寧的白馬山，
太原文水縣的西山寨、伊陽山寨等，直到宋金和議前夕，尚為義
軍所據。而紅巾活躍的中條山一帶，金人亦無法有效的控制。紹

106 〔宋會要輯稿〕，兵二之五八，建炎元年12月25日條。〔中興小紀〕，卷3，
    建炎2年4月乙未條（頁7）亦有記載。參見趙儷生：「靖康、建炎間各種民
    間武裝勢力性質的分析」，〔文史哲〕1956年11月，頁55。
107 張浚：〔中興備覽〕（涉聞梓舊叢書，別下齋校本第六冊），第一議民兵，頁
    7上。
108 福建仍存巡社，見李心傳：〔建炎以來朝野雜記甲集〕（適園叢書本），卷18，
    福建伍伍條說：「紹興初，言者以為擾民，遂罷，惟福建獨存。」頁16下。
109 尚重濂：「兩宋之際民眾抗敵史研究」，〔新亞學報〕5卷2期，頁213~214。
110 見李心傳：〔建炎以來繫年要錄〕，卷7，頁9下。
111 曹勛：〔松隱集〕，「進前十事」，頁4上~下。

與十年（1140），宋川陝宣撫副使胡世將，在向朝廷的報告中，還指出金人不敢放人入中條山，是怕人窩藏紅巾[112]，可見其活動時間之長遠。

義軍利用山水寨，不僅能持久抗金，尤能建立游擊的大本營，發揮了牽制金兵的作用。如石逴以文水的西山寨爲據點，「時抄虜游騎，且斷其運道」[113]，翟興父子據守伊陽山寨，尤能阻斷劉豫與金的通路[114]。紹興五年（1135），太行忠義「數出擾磁相間，金人頗患之」[115]。而張榮在通州縮頭湖擊敗完顏昌，張玘以白馬山破僞齊軍，均著績效[116]。由於義軍利用山水寨，不斷地游擊金與僞齊，金與僞齊爲避免義軍的搗亂，曾多次招安「山賊水寇」[117]。而宋朝受此影響，地方政府也常視需要而遷移到險要易守的山水寨。然而，山水寨受地形的限制，彼此聯繫困難，力量分散，只能從事游擊戰，局部的牽制金兵而已，無法凝聚成整體的抗金力量。不過，這種恃險拒敵的防守方式，後來成爲南宋防金的戰略之一，曾被廣泛的應用於襄漢、兩淮邊區，最後在四川的防守戰中發揮了抗拒蒙古兵的效果[118]。

糧食對義軍活動有重大影響。華北、華中之地，經過北宋末

---

112 李心傳：〔建炎以來繫年要錄〕，卷134，紹興10年正月，是月條，頁5下。
113 不著撰人：〔朝野遺記〕（〔筆記小說大觀〕第六編第三冊），頁9。
114 見不著撰人：〔劉豫事迹〕，頁10。
115 趙鼎：〔忠正德文集〕，卷8，「丙辰筆錄」，頁4上。
116 參見李心傳：〔建炎以來繫年要錄〕，卷43，紹興元年3月條。又見徐夢莘：〔三朝北盟會編〕，卷145，頁13上、下。〔宋史〕，卷453，「張玘傳」。
117 李心傳：〔建炎以來繫年要錄〕，卷59，紹興2年10月，是月條引朱勝非奏文，頁11上。
118 陶晉生：「南宋利用山水寨的防守戰略」，〔食貨月刊〕復刊第7卷第1、2期合刊（民國66年4月），頁3。姚從吾：「宋余玠設防山城對蒙古入侵的打擊」，收入氏著，〔東北史論叢〕（下）（正中書局，民國57年4月臺二版），頁364～375。及「余玠評傳」，收入〔宋史研究集〕第四輯（中華叢書，民國58年6月印行），頁95～148。參見金發根：〔永嘉亂後北方的豪族〕（中國學術獎助會出版，民國53年9月初版），頁76～110。

年的亂事與金人的侵掠，已成赤地；故義軍的糧食，除宋廷供應
及部分在山水寨屯田外，往往以刼掠爲生。義軍每以食糧要脅宋
廷，像李成卽以乏糧欲叛，經宋朝給予五萬石米才暫順服[119]。而
楊進、王善、戚方、張用等人，則到處掠奪「刈民麥而食」[120]；
所過州縣，均被其災，實與盜賊無異。部分據守山水寨的義軍則
倚屯田農耕爲生，像翟興、董平都曾實行屯田。胡交修卽說：

> 日者翟興連西洛，董平據南楚，什伍其人，爲農爲兵，
> 不數年積穀充仞，雄視一方。盜賊無賴，朝不謀夕，爲
> 苟且之圖以紓目前而已，乃獨能強水土之政，務農足
> 食，屹然自立於虜巢之中，而不可犯[121]。

不過山水寨被圍時間一久，糧食不繼，則其生存與發展面臨考
驗；像曹勛所提的五十多處山水寨，其中十餘寨卽以乏糧無援而
降金[122]。翟琮在紹興六年也因兵糧缺乏，朝廷供應不及，被迫南
歸，洛陽的游擊據點盡失[123]。紹興十年（1140），宋也以李興孤
軍守白馬山，糧餉不易運補，令其退師南歸[124]。而張榮在承州，
梗阻趙立的糧道，二人因此時常爭鬥，趙立亦以糧道受阻而不能
久守[125]。

　　義軍領袖的產生，由於各義軍團體構成方式之差異而有所不
同。一般說來，同族人組成的義軍，卽以該族輩尊而富才能者爲

119　洪适：〔盤洲文集〕（四部叢刊初編本），卷74，「先君述」，頁474～475。
120　徐夢莘：〔三朝北盟會編〕，卷130，頁10。
121　孫覿：〔鴻慶居士集〕（常州先哲遺書本），卷42，「宋故端明殿學士左朝散大
　　　夫致仕安定郡開國侯食邑一千戶賜紫金魚袋贈左中大夫胡公行狀」，頁5下。
122　曹勛：〔松隱集〕，「進前十事」，頁4下。
123　趙鼎：〔忠正德文集〕，卷8，「丙辰筆錄」，頁8。
124　李心傳：〔建炎以來繫年要錄〕，卷137，紹興10年9月，頁14。卷140，紹興
　　　11年6月，頁13下。
125　王洋：〔東牟集〕（四庫珍本初集），卷9，「論楚州事」，頁16下～17下。
　　　參見王明清：〔揮麈後錄〕，卷9，頁14～15。

領袖,如劉位即爲一例;僧侶則以住持爲首。其他盜賊、豪傑所
組成的義軍,有由發起者擔任的,有的則經由部衆推戴而任首領
的,像馬擴、談兗、信王榛都曾經過推戴的手續。此外,像楊進
死後,其餘衆曾先後推劉可、劉超繼續領導[126]。祝友原爲王善餘
黨,王善降金,被餘衆推爲領袖[127]。趙立與桑仲也是被潰軍推爲
首領的[128],這些都是經由部衆推戴的例子。依忠義巡社的組織來
看,其領袖也是由社內的人「推擇」出來擔任的,可見推戴的現
象是很普遍的。而翟興、翟進、翟琮與劉位、劉綱則是以父死子
繼或弟死兄繼的家族承襲方式來繼任領袖的。

　　義軍多半爲獨立的團體,若無一個強固的領導中心,則彼此
關係十分疏淡,甚至常爲爭奪地盤而發生爭戰。如王彥與桑仲、
劉位與趙琼、董先與李興、趙立與張榮,即不斷發生爭戰。義軍
也常有從屬關係存在,如趙瓊受趙立節制,邵興受李彥仙節制,
王維忠受劉位節制,李道從桑仲等均是。從屬關係成立後,彼此
卽有互救之義,如趙瓊受劉位攻擊時,趙立就曾出兵援助[129]。惟
這種從屬關係並不嚴密,如建炎四年(1130)八月,金人急攻楚
州,趙立以血書遣人向趙瓊求援時,瓊不應命,反接受完顏昌
(撻懶)的撫諭[130],卽是顯例。

　　義軍組織嚴密與否,與其領袖的能力有很大的關係,像馬

126　劉可被推爲首領,見〔會編〕,卷129,頁2,建炎3年5月12日條。〔宋史〕,
　　　卷25,「高宗」二,建炎3年5月是月條也說:「翟興擊殺楊進,餘黨復推其
　　　徒劉可,拒官軍。」到建炎4年正月24日,劉可被其徒黨所殺,繼擁劉超爲
　　　首,見〔會編〕,卷136,頁6。
127　徐夢莘:〔三朝北盟會編〕,卷143,建炎4年10月10日條,頁3。
128　桑仲被推戴,見〔要錄〕,卷18,建炎2年11月條。趙立被推爲長,見王明
　　　清:〔揮麈後錄〕,卷9,頁12。
129　徐夢莘:〔三朝北盟會編〕,卷137,頁14。卷138,頁13。
130　徐夢莘:〔三朝北盟會編〕,卷141,頁10、12。

擴、劉位、徐徽言、李彥仙深明駕馭之方，組織嚴密[131]。趙立在
楚州，團結鄉民爲兵，爲激勵士氣，與民歃血相誓，戮力平賊，
退者必斬，嚴肅軍紀，因此軍威頗振，他同時還重用土豪朱存
中、朱鉞，士人孔師錫、張驥千、顧伯起等[132]，這是他能長期抗
金的主要原因。而楊進、王善、戚方、張用、閻瑾等，紀律廢
弛，實與盜賊無殊。大致上說來，北方義軍在異族統治下，對金
人的壓迫較敏感，保鄉衞土、同仇敵愾心理較強烈，有明確的攻
擊目標，組織較嚴密，紀律較嚴明，他們在敵後，爲了持久抗
金，多以農耕爲生。像翟興在洛陽實行屯田，李彥仙爲鞏固陝
州，不僅「增陴疏塹，蒐軍繕鎧」，爲了足糧，更「廣屯田，訓
農耕作」[133]，這是他們能持久的要素。至於江淮一帶及流動性的
義軍，所受金兵威脅較小。除趙立外，求食的動機較爲迫切，故
組織較鬆散，紀律也較差，往往以搶奪爲生。甚至受招安後，接
受政府的補給，猶有不足，便據地徵索，肆意剝削；如馬友在潭
州徵收酒稅[134]，破壞國家的稅收制度。

　　除上述由領袖領導的義軍團體外，在河東一帶，尙活躍著一
種沒有明顯的領導者，以紅巾爲標幟的抗金團體，統稱「紅巾」。
自從金人初佔河東，紅巾的抗金勢力就隨之崛起。〔要錄〕說：

　　先是，河東之民心懷本朝，所在出攻城邑，皆用建炎年
　　號。金兵之在河東者，稍稍北去，金之兵械亦不甚精，
　　但心協力齊，奮不顧死，以故多取勝。然河東之人，與

131　尚重濂：「兩宋之際民眾抗敵史研究」，頁220～221。楊效曾：「艱苦抗金的
　　民族英雄李彥仙」，〔文史雜誌〕2卷1期（民國31年1月），頁55～62。徐
　　徽言事見〔范香溪文集〕，卷21，頁1下。
132　王洋：〔東牟集〕，「論楚州事」，頁14下～15下。
133　楊效曾：「艱苦抗金的民族英雄李彥仙」，頁57。
134　尚重濂：「兩宋之際民眾抗敵史研究」，頁224～225。

之諺熟，略無所懼，又於澤、潞間刼左副元帥宗維（翰）

寨，幾獲之，故金捕紅巾甚急。然真紅巾終不可得，但

多殺平民，亡命者滋益多，而紅巾愈熾[135]。

建炎四年（1130），紅巾曾犯均州。紹興元年（1131），紅巾渠

帥齊實、武淵、賈敢等降金，皆爲宗翰所殺[136]，氣勢一度受挫；

但活動仍未停止，前後持續達十餘年之久。

135　李心傳：〔建炎以來繫年要錄〕，卷9，建炎元年9月壬辰條，頁2下～3
　　　上。
136　李心傳：〔建炎以來繫年要錄〕，卷47，紹興元年9月，是秋條，頁14上。

表三　靖康元年 (1126) 到紹興十一年 (1141)

姓 名	丁 進	王 善	王 貴
起事時間	建炎元年12月	建炎元年元月	建炎元年
起事地點	蘇 村	濮 州	
兵力　初期	十 萬	數 十 萬	萬 餘
最盛			
出 身	兵 卒	民兵首領	盜
籍 貫	壽 春	濮 州	
活動事蹟	號丁一箭。初受宗澤招，以眾勤王。2年4月會韓世忠與金兵戰敗，9月叛去。10月降於劉正彥，其兵被分隸諸軍。3年1月王淵以其欲叛，遣張青誘殺之。	號王大郎。受宗澤招安，澤死叛去，據陝、蔡之間。建炎3年11月金寇淮西，善降。	宗澤招為義兵，紹興11年為鄂州都統制。
史源	〔要錄〕10，11，12，13，15，17，18，20，28。〔宋史全文〕16。〔會編〕115，117，118，121。〔宋史〕24，25，364，369，378，452。〔盤洲文集〕75。〔宋南渡十將傳〕5。〔中興小紀〕5。〔朝野雜記〕20。	〔會編〕102，117，118，120，134，144。〔宋史〕25，360。〔金佗粹編〕4。〔中興小紀〕2。〔金史〕15，77，80，81，82。〔要錄〕1，5，7，10，15，17，19，23，24，29。	〔要錄〕10，140。

重要義軍歸正領袖及其活動概況表

王　圭	王　八	王　明	王　喜	王　俊
建炎元年	建炎間	建炎元年	靖康初	建炎元年12月
眞　定	定　州	洺　州	滿城常樂鎭	汝州徹蓋山
數　萬		數　萬	十　八	數　萬
官			山寨首領	軍　官
眞　定	唐　縣	洺　州	滿　城	汝　州
金入汴,圭方持喪。率衆保山寨,屢與敵角,起復爲直秘閣提振民兵。	金石皐隨守定州,唐縣人王八謀爲亂。	與李洪、李民等討金人,爲金趙六舍人所殺。號王鐵槍。	號王萬年。王庶任爲成忠郎。不久歸吳玠,改任知同州。和尙原之戰,張俊抑其功,憤而降金。	建炎3年翟興入汝州與俊戰,敗之。後與金人戰於襄城縣,敗之。建炎4年復邴州。紹興10年敗金人於螯屋縣。11年告張憲謀據襄陽爲亂。
〔建炎進退志〕上之下。〔要錄〕7,9。	〔金史〕88。	〔會編〕117。	〔要錄〕48,73。	〔備要〕21,22,23,25。〔會編〕114,130,155,204,206,207,212。〔要錄〕11,23,25,31,32,34,43,129。〔宋史〕25,26,29。〔中興聖政〕26,27。

姓　　名	王　彥	王　進	王　義
起事時間	建炎元年	建炎間	建炎間
起事地點	太行山	登州界	密　州
兵　初期	七　百	二　千	
力　最盛	十餘萬		十　萬
出　身	土　豪	遞舖兵士	金　賊
籍　貫	河內高平		
活動事蹟	建炎元年9月，命將渡河復新興縣，不久兵潰，彥奔太行山，聚衆，號八字軍。宗澤命以官，2年赴行在。4年11月任金、均、房鎭撫使。屢敗金兵，復金州，敗桑仲及李忠兵。紹興9年10月死，享年五十。	本係登州界遞舖兵士，後爲兵官，嘗屠戮金人留在靑州者。	天會中，金軍經略密州，金將吾里補與宇太欲敗王義軍十萬於州南。
史源	〔會編〕113，114，118，130，132，142，143，148，149，151，155，168，169，177，198。 〔備要〕21，22。 〔朝野雜記〕18。 〔宋史〕26，27，368。 〔紫微集〕26。 〔會要〕「禮」62。「儀制」7。「選舉」31。「兵」19，29。 〔要錄〕8，9，10，15，18，21，25，28，33，99，103。	〔忠穆集〕2。 〔莊簡集〕13。 〔要錄〕35。	〔金史〕82。

王　　才	王　集 王　順	王　維　忠	王　再　興	王　忠　植[137]
紹興元年11月	紹興年間	靖　康　初	建　炎　元　年	紹興9年冬
宿　　州	淮　陽　軍 菱　角　山	鍾離韭山寨		石　　州
三　千　餘		數　　千	數　　萬	
		萬　　餘		
	巡社首領	土　　豪	盜	太行義士
	徐　　州	濠　　州		河東步佛山
紹興元年10月，才遣丁順圍濠州。11月葉夢得以詔招王才，降之。	紹興3年3月殺金人，領軍民向劉光世歸附。	號靜街三郎。聚衆守韭山，屢與張孝文、史康民戰，不用金年號。歸於劉位，爲左軍統領。	宗澤招爲義兵，後成張俊之將，招安戚方。	紹興10年復石州等十一郡。11月慶陽圍急，忠植奉命馳援。至延安爲叛將趙惟清所執，不屈死，諡號勇節。
〔宋史〕26。 〔要錄〕49。	〔會要〕「兵」15之2，3。	〔會編〕138。 〔要錄〕33。 〔宋人軼事彙編〕頁748。	〔要錄〕10，26，34。	〔會編〕204。 〔備要〕23。 〔中興聖政〕26。 〔宋史質〕67。 〔金史〕80。 〔宋史〕29，448。 〔要錄〕133，138。 〔會要〕「禮」58。

137　王忠植復石州十一郡，〔要錄〕置於紹興9年12月，卷133，〔會編〕置於紹興10年8月（卷204），〔十朝綱目備要〕作10年10月，卷23，此從〔要錄〕。

姓　　名	孔　彥　舟	牛　　皋
起事時間	紹興年間	建炎間
起事地點	開　德　府	汝南魯山
兵 力　初期		
最盛		
出　　身	盜	射　士
籍　　貫	相州林慮人	汝　南
活 動 事 蹟	靖康 2 年 2 月歸康王，3 月敗金人於開德府。建炎 3 年12月，自中原犯荆南諸州，受招安。4 年入澧州、鼎州，4 月破鍾相，7 月任辰沅靖鎮撫使。紹興元年叛，據衡州，爲馬友所敗。7 月據鄂州，8 月任蘄、黃鎮撫使。2 年 7 月降劉豫。	建炎 3 年金人犯東西，皋屢戰皆捷。4 年正月充京城留守司統制官。後任僞齊西京提點刑獄。紹興 2 年11月歸宋，3 年 2 月任蔡、唐鎮撫使，屢與金戰。4 年從岳飛。17年 3 月暴卒，或云爲秦檜所害。
史 源	〔會編〕85，102，137，145，147， 　148，151，200。 〔莊簡集〕11。 〔宋史〕25，26，27，28，363。 〔金史〕77，79，81。 〔備要〕21，22。 〔劉豫事迹〕。〔中興小紀〕12。 〔金佗稡編〕4。〔南宋書〕13。 〔要錄〕1，2，3，4，31，32，35，42 　，43，44，46，54，55，56，105。 〔揮麈三錄〕。〔梁谿全集〕90。	〔要錄〕31，32，69，77，83， 　87，90。 〔會編〕136，138，153，154， 　155，159，164，202，216。 〔備要〕22，23。 〔中興聖政〕26。 〔朝野雜記〕19。 〔宋史〕26，27，28，29，368。

史　準	史康民	石　䂖[138]	石子明	仲　諒	南平李氏
建炎４年10月	建炎初	靖康初	建炎４年	紹興４年12月	靖康元年
曲桓橫山	韭　山	文水縣 西山寨	太　行	承州馳潭水寨	相　州
					三　千
義　士	盜	保　正	義　士	民	大　族
絳　州	濮　州	太原府 文水縣		承　州	相　州
建炎４年10月以衆歸附翟琮之裨將李興，以所部屯商州。	紹興３年４月，宋廷以康民所部爲忠銳第九將。	粘罕圍太原時，聚民於西山，守8月。終爲粘罕所擒，被殺。	建炎４年敗金將韓常於眞定西山胭脂嶺。	遇金兵於山陽，獲七人，後爲韓世忠之將。紹興５年正月復楚州。	靖康元年11月聲稱助康王，實圖自利。及12月金人圍相州，降金。
〔會編〕143。〔要錄〕38。	〔要錄〕33，42，43，87。〔宋史〕26，27。〔金史〕80。〔會編〕144。〔南宋制撫年表〕。	〔會編〕143。〔南宋書〕26。〔朝野遺記〕〔金史〕80。	〔會編〕141。〔要錄〕32。	〔要錄〕83，84。〔備要〕21。〔會要〕「兵」14。	〔會編〕67，73。

138　石瓊，〔朝野遺記〕作石贇。

姓　　名	李　民	李　在	李　成
起事時間	建炎 2 年	建炎 3 年 1 月	建炎元年
起事地點		高　郵	雄州歸信縣
兵 初期	十　萬		數　萬
力 最盛			
出　　身	盜	兵	弓　手
籍　　貫	京　東		歸信縣
活動事蹟	建炎 2 年 11 月詣行在，請降。王淵虜其衆，留民爲將，後隸韓世忠。		勇聞河朔，建炎 2 年爲河北京東都大捉殺使，10 月叛，被劉光世所敗。3 年 9 月宋命爲知泗州，11 月與金人合兵犯建康府、舒州等。4 年 5 月任舒蘄鎭撫使。紹興元年 8 月降劉豫，屢率兵南寇，正隆間死。
史源	〔會編〕217。〔宋史〕25，364。〔宋南渡十將傳〕5。〔名臣碑傳琬琰集〕13。〔忠武王碑〕。	〔要錄〕19，20，21，22。	〔宋史〕25，26，27，28，29，363。〔備要〕21，22。〔盤洲文集〕74。〔金史〕71，77，79，80，82，84。〔毘陵集〕8。〔會要〕「兵」10。〔中興小紀〕9。〔會編〕118，120，129，132，133，135，136，137，144，145，147，215。〔要錄〕7，15，17，18，21，23，24，25，28，29，30，31，32，33，36，37，38，39，40，41，44，46，76，105，122。

李　　宗	李　　琮	李　　貴	李　　威	李　　涓
建炎2年	建炎初	建炎2年	紹興5年	靖康元年
洺州西山	磁　　州	潁　　上	南　　陽	鄂州崇陽縣
	五　　千			六　　百
民	義軍首領	盜	官	官
洺　　州	磁　　州		南　　陽	鄂　　州
在西山作山寨自守，建炎2年3月，金人圍洺州，宗嘗以兵救援。	建炎元年，宗室趙士㟂招募李琮等五千人，解洺州圍。	號李閻羅。由義兵淪為盜，受洪皓招降，任劉洪道之統制官，後為戚方將。於紹興31年11月復潁昌府。	紹興5年4月，率鄉民據守山寨，被偽齊知縣郭進所破而執之。	靖康元年，率所募兵六百人與金戰於蔡州，死之。
〔會編〕116。〔中興小紀〕4。	〔會要〕「兵」14。	〔要錄〕15，26，35，37，46。〔備要〕25。〔莊簡集〕13。〔盤洲文集〕74。〔會要〕「兵」9，14，29。	〔要錄〕88。	〔宋史〕447。〔十朝綱目備要〕19。

姓　　名	李　　道	李　　興	李　　齊
起事時間	建炎初	建炎元年	建炎初
起事地點	相　　州	孟州王屋	滄州沙門
兵　初期		萬　餘	
力　最盛		幾　萬	
出　　身	盜	民	
籍　　貫	相　　州	孟　州	滄　州
活動事蹟	李旺弟，宗澤以事斬旺，令道管其軍。其後領軍南下，寄桑仲，號寄軍。紹興元年3月，知隨州，以糧資守洪山僧慶預。	翟興部。建炎4年10月敗金人於陽城縣，進絳州。後降劉豫，又歸宋。紹興10年連敗金兵，知河南府。與李成相持。11年4月，以糧不繼，奉詔班師。	紹興元年降劉豫。
史源	〔要錄〕43。 〔北海集〕16。 〔宋史〕26，27，31，33。 〔會編〕145。 〔齊東野語〕11。 〔會要〕「兵」18。	〔會編〕129，143，200，204，206。 〔宋史〕29。〔金史〕79。 〔要錄〕23，38，127，135，137，138。 〔中興聖政〕26，27。	〔會編〕155。 〔要錄〕34，35，44。

李　震	李　橫	李　寶	李　彙
靖康初	紹興2年	建炎間	紹興元年12月
汴　京	郢　州	山東乘氏	海　州
三　百		三　千	
兵	盜	無　賴	
汴　京	高　密	乘　氏	
靖康初，率所部三百人與金戰，被執而死。	桑仲將。仲死收其餘衆，攻霍明。紹興2年6月任襄鄂鎭撫使。12月舉兵北伐，大敗金兵，復汝州等地。3年5月出兵失利，還襄陽歸趙鼎。11年2月與關師古敗金兵於巢縣。	號潑李三。脫身南歸隸岳飛軍中，紹興10年5月與金人戰於興仁府，獲捷。10月以其衆歸於韓世忠。11年6月班師回鄂州。31年10月抵海州，於膠西大敗金人。被任爲靖海軍節度使。	
〔宋史〕448。	〔會編〕150，151，154，155。〔備要〕22，23。〔宋史〕26，27，29，30，32。〔要錄〕43，50，62，63，67，69。〔紫微集〕26。〔北海集〕12。〔忠正德文集〕2。〔朝野雜記〕19。〔會要〕「禮」2。「職官」62。「兵」1，15。	〔備要〕25。〔會編〕200，204，206。〔宋史〕27，29，31，368，370，386。〔金史〕79。〔中興聖政〕26。〔清波志〕5。〔松隱集〕32。〔絜齋集〕15。〔東窗集〕14。〔要錄〕19，132，135，136，138，140，192。	〔要錄〕50。

姓　名	李宋臣[139]	李彥仙	李彥先
起事時間	建炎年間	建炎初	建炎3年正月
起事地點	太原西山	陝　州	海　州
兵　初期		數　萬	四十七
力　最盛			
出　身	義　士	尉	將
籍　貫		寧州彭原	
活動事蹟	河東陷時，與馮賽、韋壽佺等與金兵戰，並請兵渡河。紹興2年山寨不守，赴四川宣撫司。	原名李孝忠。嘗爲种師中部曲，金人犯邊，率士應募勤王，補官，後因罪改名。建炎2年3月，舉兵復陝州，屢敗金兵。4年正月陝州陷，死之，從死者甚衆。	爲韓世忠之將。兵潰聚衆入海州，不從金人之招降。建炎4年5月任海州淮陽鎮撫使，屢援趙立。9月，金攻彥先於淮河，彥先被殺。餘衆受劉光世招。安
史源	〔要錄〕24，36，53。〔會編〕148。	〔宋史〕25，448。〔會編〕115，119，136。〔備要〕21。〔容齋五筆〕6。〔會要〕「禮」20。〔要錄〕3，13，14，15，16，18，19，27，30，31，133。	〔要錄〕19，33，37，91。〔會編〕142。〔宋史〕26。〔南宋書〕15。〔會要〕「職官」42。

139　李宋臣，〔要錄〕作宋用臣，此從〔會編〕。參見陳振：「有關宋代抗金義軍首領李宋臣的史料及其他」，〔文物〕1973年，第11期，頁68～69。

李 顯 忠	沙 眞	宋 超
紹興 9 年 5 月	紹興 5 年	紹興 8 年 1 月
同 州	五馬山車股寨	壽 州
二 十 六		
僞 官	義 士	僞 齊 官
綏 德 軍		
原名世輔。幼隨父永奇出入行陣，後任金官。劉豫廢，欲執兀朮歸宋，未果。紹興 9 年以計執金帥撒里曷。後以二十六人奔夏，自夏歸宋，忠勇絕人，高宗撫勞再三，累立戰功。隆興元年，張浚開都督府，命顯忠督戰，幾復河南，爲邵宏淵牽制致敗。淳熙五年卒，年六十九，謚忠襄。	紹興 5 年 10 月，遣趙元與南宋朝廷聯絡。	僞齊知壽州，紹興 8 年 1 月率民歸宋。10年閏 6 月，張俊遣超敗金人於永城縣，又與王德會兵城父縣，復亳州。
〔宋史〕29，30，31，32，33，35，361，367，406。 〔會要〕「禮」59。「儀制」10。「職官」52，71。「食貨」21。「兵」9，14，24。 〔方舟集〕15。〔中興聖政〕26，54，57。 〔金史〕82，86，87，94。 〔會編〕195，197，205，212，213。 〔要錄〕129，136，147，157，164。 〔海陵集〕11。〔宋南渡十將傳〕3。 〔周文忠公集〕102，103，104，109，112。 〔四朝名臣言行錄〕上集11。 〔名臣碑傳琬琰集〕下集24。	〔要錄〕94。	〔宋史〕29。 〔會要〕「兵」15。

姓　　名	邵　青	邵　雲	邵　興[140]
起事時間	建炎 3 年	建炎初	靖　康
起事地點	楚泗間	蒲城龍門山谷	解　州
兵　力　初期	大小舟百餘　衆數萬	數　百	
兵　力　最盛			
出　　身	水　盜	民	
籍　　貫	濟　南　府	龍　門	
活動事蹟	建炎 3 年閏 8 月受招安，爲江東水軍統制，抗金兵，敗李成，得蕪湖縣。時叛時降。紹興11年 3 月，金陷濠州時戰死。	先從邵隆，繼從李彥仙抗金。陝州破，被執死。	人呼爲邵大伯。與金人戰。建炎 2 年 2 月歸於李彥仙，屢敗金兵。彥仙死，投張浚。紹興11年復商、虢、陝州。15年暴卒於知綏州任上，疑被秦檜毒死。
史源	〔會編〕127，132，134，135，147，149。 〔備要〕21，23。 〔宋史〕25，26，27，29，368，369。 〔金史〕79。〔丹陽集〕24。 〔要錄〕21，22，27，29，30，33，34，37，43，44，45，4^6，47，48，117，141。 〔會要〕「兵」10之28，29。 〔中興小紀〕10，12。	〔宋史〕448。	〔會編〕115，1178，119，120，136，147，155，205，206，208，214。 〔備要〕21，23。 〔忠正德文集〕 8 。 〔宋史〕25，26，27，28，29。 〔要錄〕 5 ，14，16，19，31，43，139。

140　邵興於紹興元年 6 月改名爲隆，見〔會編〕卷547，頁 8 。

吳　革	吳　翊	吳　給	吳　錫	岳　飛
建炎元年2月	建炎年間	建炎初	建炎中	建炎初
汴　京		徂徠山	德　安	
萬				千　人
數　萬				
官	攝　官		盜	民
華　州		須　城	河　東	相　州
	建炎4年5月任光、黃鎮撫使。8月翊以光州不可守，率軍民棄其城，東下道梗，無所向，往依李成，死於軍中。	與孫億不臣金，率民據徂徠山為寨，數下山與金戰。	建炎3年閏8月寇德安，陳規說之，乃降於趙宗印。紹興4年任湖南安撫司統制。	靖康末投效張所，繼為王彥將。為彥所疑，乃率軍千人投杜充，屢敗盜賊。建炎4年任通、泰鎮撫使。紹興年間敗曹成，拒李成，破劉忠，復郢、襄、鄧、隨、唐等州，功績顯著。11年12月死於大理寺獄。
〔宋史〕452。〔會要〕「運歷」1。〔要錄〕2，3。	〔宋史〕26。〔要錄〕33，36。〔會要〕「職官」42。	〔要錄〕2，6，18，25。〔中興小紀〕4。	〔要錄〕27，53，78。	〔備要〕21，22。〔會編〕120，141，207，208。〔要錄〕8，9，18，19，28，29，30，31，33，34，36，37，53，76，77，82。〔宋史〕26，27，28，29，356。〔會要〕「禮」25，44。「兵」9，13，18。

姓　　名	孟　　健	周鄭聯軍	祝　　友	祝　　靖[141]
起事時間	建炎年間	靖康初	建炎4年10月	靖康元年
起事地點	漣水軍南寨	白水鎮	龔家城	汴　　京
兵　　初期	數　　千	五　　百	數　　千	
力　　最盛				
出　　身	太學博士	大　　族	盜	盜
籍　　貫	海　　州			湖　　北
活動事蹟	建炎3年閏8月輔逢攻陷南寨，健與其家皆死。		王善餘黨。紹興元年2月受劉光世招安，2年10月降劉豫。	劉延慶部屬。延慶敗死，去爲盜。建炎元年6月，赴東京留守司納款。
史　　源	〔要錄〕14，27。	〔南燼紀聞錄〕上。	〔會編〕143，144，153。〔要錄〕39，42，43。〔宋史〕26。	〔宋史〕377。〔要錄〕1，6，7，16，25。〔會要〕「兵」13。〔方域〕6。〔會編〕70，73，76，109，118。

141　祝靖，〔會編〕卷70、卷76均作祝進。卷109則作祝靖，實爲同一人。

范　溫	胡　愈	韋壽佺[142]	高　才	宮　儀
建炎初	建炎間	建炎間	建炎元年3月	建炎元年
萊州福島	安肅軍	河　東		卽　墨
二千六百餘	五　千		二　千	數　萬
六　千				
民	將	義　士	軍　賊	兵
萊　州		河　東	河　東	博　州
紹興元年5月附宋，任官。2年8月食盡，南下駐秀州青龍鎭。3年正月赴行在，爲御前忠銳第四將。7月以溫統兵隸神武中軍，溫爲本軍統領。4年12月，任江南西路兵馬鈐轄、撫州駐劄。	宋將，降金。天會間，宗望伐宋，特离補攻拔安肅軍，降將胡愈陰結衆謀亂，特离補勒兵擒愈及其衆五千餘人。	建炎4年8月被封爲制置使司統制兼知太原府。紹興2年4月力屈降金，仍據險自保。	建炎元年3月以二千人歸正，出語不遜，康王（卽高宗）殺之，其衆爲苗傅所領。	建炎3年2月率衆離卽墨，犯密州。3月金人入山東，京東路安撫使劉洪道求援於宮儀。8月敗於密州，移屯眞州。後降劉豫。
〔要錄〕34，35，44，46，50，54，57，60，62，82。〔備要〕22。〔會編〕155。〔宋史〕27。〔忠穆集〕2。〔會要〕「兵」18之32，17之4。	〔金史〕81。〔會要〕「職官」61。	〔會編〕148。〔宋史〕26。〔忠正德文集〕8。〔要錄〕36，53，105。	〔要錄〕3。	〔要錄〕8，20，21，23，25，26，27，29，35。〔宋史〕24。〔會編〕123，131。

142　韋壽佺，〔要錄〕作韋忠佺或韋銓。依陳振之研究，認爲〔要錄〕有誤，此從〔會編〕。（見註139所引〔文物〕1973年，第11期）

姓　　名	袁　　溉	耿　　堅	桑　　仲
起事時間	建炎初	建炎間	建炎年間
起事地點	潁　　州	河　　北	
兵　初期			
力　最盛			
出　　身	進　　士	義　　士	盜
籍　　貫	潁州汝陰	河　　北	
活 動 事 蹟	袁家爲汝陰望族。建炎初,集鄉民保聚,與金人及羣凶抗,屢克。其衆謀奉之爲主,逃於金、房山谷間。	以義兵保護鄉井,既而率所部南下,後而爲李成所併。	种師道軍中小校。師道軍潰,被潰卒推爲首。建炎2年11月降於杜充。3年11月據襄陽。4年8月被任爲襄陽、鄧、隨、郢鎮撫使,屢與王彥戰。紹興2年3月被霍明所殺。
史 源	〔浪語集〕32。	〔要錄〕24。 〔盤洲文集〕74。	〔會編〕120,136,141,142,144,146,149,150。 〔要錄〕18,19,25,29,31,32,33,36,43,49,50,58。 〔備要〕21,22。 〔宋史〕25,26,27,368,382。 〔紫微集〕26,35。 〔中興小紀〕4。 〔會要〕「職官」42。「選擧」34。「方域」2。

馬　友	馬　擴	徐　文
建炎3年	靖康元年10月	建炎初
	慶源五馬山	密州靈山寺
數　萬	數十萬	五千人　海舟百五十
民	官	
大　名		密州披縣
以巡社結甲，夾河守禦，曾敗孔彥舟，任湖東副總管。紹興2年6月被李宏殺死。（〔宋史〕379記爲李植所殺）	靖康初募兵勤王，被囚。建炎元年4月在河北山寨與金人戰，被執。2年2月奔五馬山，奉信王爲首。10月攻清平不克，還行在。後歷任江西沿江制置副使、都督行府都統制、沿海制置使。紹興9年3月，任荊湖南路馬步軍副總管。	號徐大刀。建炎4年11月挾宗室趙士幹南歸。紹興元年9月，防邵靑海舟，駐明州。3年5月降劉豫，並獻攻宋之策。4年5月，率僞齊海舟謀襲定海縣。
〔梁谿全集〕66，72。 〔備要〕21，22。 〔宋史〕26，27，379。 〔要錄〕10，19，25，34，35，36，42，43，44，45，55。 〔會編〕130，142，147，151。 〔莊簡集〕11。	〔會編〕90，98，115，116，118，123，164，165，168，183，184，194。 〔宋史〕25，27，28。 〔備要〕21。 〔要錄〕4，13，14，15，17，18，21，22。 〔南宋書〕27。 〔朝野雜記〕19。 〔會要〕「兵」8。「方域」10。	〔會編〕143，148，155，245。 〔備要〕21，22。 〔宋史〕26，27。 〔金史〕5，74，79，81，89。 〔會要〕「兵」10。 〔要錄〕34，35，64，67，78。

姓　　名	徐潘　康通	徐　宗　誠	徐　徽　言	孫　億	孫　暉
起事時間	紹興 4 年	紹興元年	建炎年間	建炎年間	建炎 4 年正月
起事地點	承州水寨	泗　　　州	晉　寧　軍	徂徠山	安豐縣安豐塘
兵力　初期			數 十 萬		
兵力　最盛					
出　身	義　士	土　豪	官	官	土　豪
籍　貫	承　州	泗州吳城	衢之西安人	奉　符	霍　邱
活動事蹟	紹興 4 年 11 月，遣兵邀擊金兵，俘女眞數十。	募兵自養，不用縣官財賦。紹興元年 4 月，劉光世任之爲知泗州保義郎。4 年 4 月，因納爲齊官改添差婺州兵馬鈐轄。	陰結汾晉土豪，約以復故地。建炎 3 年 2 月，金人陷晉寧，死之。	與吳絤義不臣金，率軍民據徂徠山爲寨，數下山與金戰。	建炎 4 年正月率鄉兵保安豐塘。紹興 4 年 4 月攝壽春府，9 年 12 月，爲河南府副總管，10 年 5 月拒金兵，11 年正月敗兀尤於壽春府。
史源	〔要錄〕49，82。〔會要〕「職官」45。「食貨」65。	〔要錄〕43，75，98。〔會要〕「職官」47。「食貨」1，63。〔中興小紀〕16。	〔宋史〕25，447。〔要錄〕18，20。〔金史〕72。〔范香溪文集〕21。〔江湖長翁集〕31。〔會要〕「禮」58。	〔要錄〕18。	〔要錄〕31，75，133。〔會編〕143。〔備要〕23。〔會要〕「職官」34。「兵」15。「方域」6。

孫　韓	孫昭遠	常　景	陸　清	陶　甫
紹興 3 年	建炎元年	靖康元年10月	紹興 2 年 4 月	紹興 4 年12月
丹　州	伊　陽	林慮縣天平山	宿　州	光州石額山寨
	萬　餘	二　千		
三　千				
義　士	西京留守	盜	民	
丹　州	眉　州	相　州	宿　州	
紹興 3 年 6 月，金知慈州劉慶餘破丹州孫韓山寨，其卒三千人盡殺於平陽府獄。	在洛陽收集散亡，得義兵萬餘人。建炎元年多，被叛軍殺死。	靖康元年12月，以衆降大元帥府。	葉夢得招納之，宋廷以爲非便。	紹興 4 年12月山寨破，甫率遺民奔黃陂縣。
〔要錄〕66。〔大金國志〕8。	〔宋史〕453。〔要錄〕1，2，4，6，7，11，12。	〔要錄〕1。〔會編〕71。〔備要〕19。	〔要錄〕53。〔會要〕「兵」17之19。	〔要錄〕88。

姓　　名	曹　　成	郭　　永	郭 仲 威
起事時間	建炎 3 年	紹興10年	建炎 3 年11月
起事地點			通　　州
兵　初期	約 萬 人		五、六百
力　最盛	十 餘 萬		幾　　萬
出　　身	盜	官	盜
籍　　貫	外　　黃		
活動事蹟	紹興元年受招安，又反。後降韓世忠，隸吳璘。紹興10年 5 月，敗金人於天興縣。	在僞地結集忠義之人，被其徒儀端所告，被執。	號郭大刀。建炎 3 年 7 月據淮陽軍。10月降於周望。4 年在平江府抗金，6 月任眞、揚鎭撫使。8 月金兵陷揚州，奔於興化。紹興元年 4 月擬降金，劉光世派王德執之，被斬於平江。
史源	〔會編〕130，134，140，144，147，149，150，151。〔備要〕21，22，23。〔金佗稡編〕4。〔會要〕「兵」10。〔宋史〕26，27，365，377。〔宋南渡十將傳〕2。〔要錄〕19，25，34，35，41，43，46，48，49，50，52，53，54。〔莊簡集〕11。〔琬琰集〕。〔梁谿全集〕65，66，68。	〔要錄〕135。〔會要〕「禮」5。	〔會編〕130，132，137，140，141，146，147。〔宋史〕25，26。〔要錄〕25，28，29，31，32，34，36，37，43，44。〔備要〕21。〔中興小紀〕7，10。〔揮麈後錄〕10。〔南宋制撫年表〕。

陳　宏	陳　德	梁　興[143]	戚　方	崔　增
建炎末	建炎4年5月	紹興4年	建炎3年	建炎4年
嶧陽	建康	太行		巢縣焦湖水寨
四十萬		四千		舟百艘衆二千餘
				衆一萬一千二百
金賊	都團	忠義社首領	士卒	潰將
		懷衞間	建康	磁州
金天會間，金將王伯龍破陳宏賊衆四十餘萬。		號梁小哥。破金神山縣神山。紹興6年率百餘人歸岳飛，後岳飛以之糾合忠義社，累戰皆捷。10年9月復趙州。	建炎4年6月，詣張俊降，其兵隸王璵、李捧、陳思恭、張俊。紹興11年破金兵於合肥，31年復蔣州、潁昌府。	閻瑾將，瑾遁淪爲盜。建炎4年12月降呂頤浩爲統制官。紹興元年敗李成。3年受韓世忠節制。4年4月討楊么，戰死。
〔金史〕81。	〔要錄〕33。	〔要錄〕97，105，158。〔岳忠武王集〕。〔宋史〕365。〔金史〕79。〔備要〕23。〔中興小紀〕19。〔忠正德文集〕8。〔會要〕「兵」2之60。	〔備要〕21，23，25。〔要錄〕25，30，31，32，33，34，35。〔宋史〕25，26，31，32，33，34，363。〔會要〕「兵」18。〔金史〕79。〔山房集〕8。〔宋南渡十將傳〕2。〔會編〕135，137，138，140。	〔會編〕139，140，143。〔宋史〕26，27。〔備要〕22。〔要錄〕25，33，35，37，39，64。〔會要〕「職官」70。

143　梁興，與號梁小哥的梁青實同爲一人。見尚重濂:「兩宋之際民衆抗敵史研究」，〔新亞學報〕5卷2期（頁236～237）。

姓名	崔邦弼	張澤[144]	張用	張宗
起事時間	建炎間	建元炎年	靖康初	建炎2年2月
起事地點	青州	河東、西	湯陰	陝州南山下
兵力 初期		二千	數十萬	
兵力 最盛	三千			
出身	士卒	民兵首領	射士	士卒
籍貫			湯陰	
活動事蹟	與金人戰於青、濰州界。	後降劉豫，為知宿縣。紹興4年4月以二千人南歸。	號張莽蕩。受宗澤招安，澤死叛去，連寇淮西，時降時叛，並與馬友分兵。紹興元年5月任舒蘄鎮撫使。8月，張俊點揀其人馬，餘部散隸於岳飛、韓世忠及曹成。	
史源	〔忠穆集〕2。〔莊簡集〕13。〔要錄〕19，20，21，37，83，85，183，194。	〔要錄〕9，75，83。〔忠正德文集〕2。〔宋史〕376。	〔會編〕118，120，123，130，133，134，139，140，141，142，144，147。〔宋史〕25，26，365。〔會要〕「兵」9，16。〔金佗稡編〕4。〔宋南渡十將傳〕2。〔莊簡集〕11。〔要錄〕17，19，20，23，24，25，26，31，33，35，40，41，46。	〔要錄〕13。

144　張澤，〔要錄〕卷9、83均作劉澤，誤。

張 玘	張 俊[145]	張 昂	張 昱	張 振
建 炎 中	建炎3年8月	建 炎 初	靖 康 初	建炎年間
澠 池	潁 州	石額山寨	平陽境內山中	
數 千			數 千	百 餘
民	盜	土 豪	府 吏	民
澠 池	潁 州	光 州	平 陽	懷州河內
以兵屬翟興。紹興元年從董先屢敗金兵。後從岳飛復京西六州，平鍾子義。32年金人攻海州戰死。贈清遠承宣使，廟號忠勇。	受洪皓招安，爲統制官。紹興元年6月討盜張琪。後改名守忠。	紹興2年4月，敗劉豫兵於光州。	建炎元年7月率衆抗金，權知磁州，棄城走依王彥，瀀留昱治陝州。	兩河陷，振聚強壯得百餘人，徑太行趨襄陽，與桑仲合。仲死，屬李橫。後走枝江，歸解潛。潛罷鎭撫使，至行在。隷於張俊軍中。後爲統領官，參與采石之戰有功。
〔宋史〕453。〔會要〕「兵」14之24。「禮」20。〔要錄〕199。〔宋南渡十將傳〕8。	〔要錄〕26，31，45。〔莊簡集〕13。〔盤洲文集〕74。〔會要〕「兵」24。「方域」2。	〔要錄〕51，55，69，90。〔備要〕22。	〔會編〕111。〔要錄〕7，11，20。	〔會編〕239。〔宋史〕367。〔要錄〕154，194，195，199。〔宋南渡十將傳〕3。

145　即小張俊，後來高宗賜名守忠，見〔要錄〕卷27，建炎3年8月癸亥條。

姓　　名	張　　琪[146]	張　　遇	張　　遇	張　　榮
起事時間	建炎初	靖康年間	建炎元年	建炎初
起事地點	江　　東	眞定楊子橋	任城縣	梁山濼
兵 初期		二　　萬		舟數百　衆萬餘
力 最盛				
出　　身	盜	兵　卒	賊	土　豪
籍　　貫		眞　定	兗　州	泰　州
活動事蹟	建炎初歸宗澤，後爲盜，屯舒城。時叛降於宋金。紹興元年10月欲降劉豫，劉光世派靳賽殺之。	本眞定府馬軍，號一窩蜂。金入中原爲寇。建炎元年犯池州。2年正月焚眞州、江寧府、鎭江府等。降王淵，兵隸韓世忠。2年4月救世忠。3年正月韓世忠軍潰於沭陽，遇死於漣水軍。		號張敵萬。嘗刼金人，杜充任以官，建炎4年11月抗金，敗。紹興元年3月敗金將撻懶，任知泰州。
史源	〔宋史〕26，453。〔會編〕147，149。〔會要〕「兵」10之29,31。〔要錄〕36，43,45,46，47,48,49。	〔要錄〕1，7，9，10,11，12，13，15，18，19，28。〔備要〕21。〔宋史全文〕15。〔會要〕「職官」70。「食貨」50。〔宋史〕24，25，362，364，369。〔夷堅乙志〕12。〔丙志〕9。〔中興小紀〕3。〔會編〕212。	〔要錄〕1。	〔會編〕143，144，145。〔宋史〕26，448。〔東牟集〕9。〔要錄〕33，36，39，42，43，53，190，193，195。〔中興小紀〕9。〔揮麈後錄〕9。

146　擒殺張琪者，〔會編〕作靳賽，卷149，〔要錄〕作張賽，卷48，此從〔會編〕。

張　廣	張　橫	張　覺	張　龔	焦文通	馮　賽
紹興年間	靖康初	建炎間	建炎元年	建炎元年	靖康
憲　州	太　行	汾　州	眞定府獲鹿縣	河東、西	遼　州
	二　萬				
義　士			官	民兵首領	義　士
太　原	太　原	汾州介休			遼　州
太原義士。紹興5年9月破金人於憲州，執嵐州、憲州同知及岢嵐軍判官。	聚衆太行山保聚，金知州二次入山捕之，均遭敗。	聚黨亡命山谷，抄掠邑縣。金招之不肯降，命沈璋往招之，降金。	結集五馬山之馬擴、趙邦傑等，及中山民兵，先復眞定，次取燕山。建炎2年5月欲舉事，事洩，去職。	爲王彥統制官。紹興元年禦桑仲之犯。後與王彥同赴行在。	軍興，與其徒保聚山谷，數與金戰。建炎4年，邵興任爲知隆德府。紹興元年度河歸於邵興。2年，以衆赴四川宣撫司張浚處。
〔備要〕22。	〔中興小紀〕19。	〔金史〕75。	〔會編〕98。	〔要錄〕9，50，103，136。〔宋史〕368。	〔要錄〕36，43，53。

姓　名	馮長寧	黃捷淵	傅選	普倫瑾賓	雷仲
起事時間	建炎間	紹興年間	建炎元年	建炎4年	紹興年間
起事地點		承縣山寨	河東、西	長蘆楊家洲	
兵力　初期				小舟千餘 槳千餘	
力　最盛					
出　身	攝官	平民	民兵首領	禪院行者	
籍　貫		沂州承縣		長蘆	
活動事蹟	建炎4年6月，任淮寧、順昌及蔡州鎮撫使。後降劉豫，任戶部侍郎。	劉豫叛，捷、淵兄弟率鄉民守山寨，並數向南宋報賊事。紹興6年10月率衆南歸。	後爲岳飛統制官。曾敗楊么，戰金兵，屢著戰功。	建炎4年4月，應韓世忠之約，謀襲金兀朮。	復落水城。紹興11年正月與張暉敗兀朮於壽春府，2月復廬洲。
史源	〔宋史〕26。〔備要〕21。〔要錄〕33，34，105，113。〔會要〕「職官」42。	〔要錄〕106。〔備要〕23。	〔要錄〕9，29，31，90，141，145，183，192。〔中興聖政〕26。〔宋史〕26。〔莊靖集〕6。〔夷堅志甲志〕2。〔宋南渡十將傳〕2。	〔會編〕138。	〔備要〕21，23。〔會要〕「兵」14。

靳　賽	董　平	董　先	董　震	楊　青
建炎2年	建炎3年5月	紹興年間	紹興3年	靖康元年12月
光山縣	唐　州		虢　州	林慮縣 天平山
約二萬			萬　餘	一　萬
盜	土　豪	降　官	降　官	盜
	唐　州	洛　陽		相　州
建炎3年降張浚，又反。據揚州，降劉光世，爲淮東副總管。4年9月抗金兵。紹興3年11月拒偽齊兵，4年12月敗金兵於盧州。7年9月與酈瓊等降劉豫。	金陷唐州，平盡攬集強壯爲兵。建炎元年攻德安府，4年2月殺上官悟，4月爲鄉村把隘人所殺。	初從翟興軍，多戰功。紹興2年2月降劉豫。3年正月復歸李橫，與金人戰於朱仙鎮。5月任商、虢、陝鎮撫使，後隸岳飛。10年7月率兵援岳雲，敗兀朮軍於潁昌。	紹興3年正月，與翟琮入潼關，復西京。4月任虢、商、陝鎮撫使。	靖康元年12月降大元帥府。
〔中興小紀〕3，6。 〔會編〕121，130，132，149，155，178。 〔要錄〕15，20，21，23，24，25，27，84。 〔宋史〕25，26。 〔備要〕21，22。	〔要錄〕23，26，29，31，49。 〔會編〕137。 〔守城錄〕3。 〔宋史全文〕17。 〔宋史〕377，378。 〔鴻慶居士集〕42。	〔備要〕22，23。 〔宋史〕26，27，28。 〔宋南渡十將傳〕2。 〔會編〕150，155，159，207。 〔會要〕「職官」70。「兵」18。 〔要錄〕43，51，62，65，67，69，77。	〔宋史〕27。 〔備要〕22。 〔要錄〕62。 〔會要〕「職官」42。「兵」15。	〔備要〕19。 〔會編〕71。 〔要錄〕1。

姓　　名	楊　　進	楊麜麋	楊　　浩 智和禪師	楊可發
起事時間	建炎元年10月	紹興元年	建炎元年	靖康元年
起事地點	光　　州	五馬山	玉田縣山中	五台山
兵　初期	三十萬	千　餘	萬　數	千　餘
力　最盛				二　萬
出　　身	盜		遺和 官尚	將官
籍　　貫		鄧　州		太原
活動事蹟	號沒角牛。原隸王淵，軍於應天府，屢敗金兵，淵忌之，乃叛去。就宗澤招安。澤死，其軍難取。殺翟進，建炎3年5月與翟興戰，被殺。	偽稱信王，被翟興所殺。	楊浩於建炎元年9月，與智和禪師結集忠義壯士，謀舉大事。至2年3月已招到萬人。	號楊麻胡。以五臺山僧杜太師、呂善諾爲先鋒，與金人戰，敗。可發走孟縣，自殺。
史源	〔會編〕117，118，129。 〔備要〕21。 〔宋史〕25，362，377。 〔要錄〕4，7，10，12， 13，15，16，18，19， 21，23。 〔宋史全文〕16，17。 〔會要〕「討叛」3。 〔中興小紀〕2。	〔宋史〕246。 〔會編〕147。	〔會編〕98。	〔會編〕51。

葛　　進	僧　慶　預	僧　寶　眞	輔　　逵	齊　博　貴 游　貴
建　炎　初	紹興元年	靖　康　中	建炎3年	靖　康　間
	隋州洪山		漣　水　軍	眞　定　府
數　　萬	一千六百		數　　百	五　　千
			數　　千	
潰　　軍	洪山寺主持		兵	金　賊
濱　　州	郢州京山縣[147]		慶　　源	眞　　定
掠濱、棣二州，其衆皆面刺「不負趙王，以示忠赤」。自金寨中救宋臣劉洪道，寇青州。3年2月與金人戰，死之。	守洪山拒篢賊。紹興元年北僧來投者有一千六百餘衆，寺中不能贍，知隨州李道資其糧。		慶源陷，率數百人渡淮，隷韓世忠。建炎3年2月，世忠沭陽潰師，逵聚衆於漣水軍，擾淮河之南北，漸有衆數千，號爲悍賊。閏8月，降王燮，11月援王燮。	金將田顥招降齊博、游貴等賊衆五千餘人，已而貴復叛去。顥遣齊博僞叛從貴，因令伺間殺之，降其衆，賊壘悉平。
〔要錄〕12，14，16，19，20。 〔會編〕120，121。 〔金史〕81。	〔要錄〕43。 〔會編〕145。	〔要錄〕149。	〔要錄〕19，20，27，29。 〔宋史〕25。 〔會編〕123，131。	〔金史〕81。

姓　名	翟　冲	翟　進	翟　琮
起事時間	建炎初	建炎初	紹興2年
起事地點	西平縣西陵	伊　陽	伊　陽
兵　初期		數　百	
力　最盛			
出　身	土　豪	土　豪	土　豪
籍　貫	西平縣	伊　陽	伊　陽
活動事蹟		靖康2年3月，與金人戰於潼關，復西京。建炎2年3月又入西京。10月與楊進戰，死。	翟興子，紹興2年2月敗金兵於絳州。7月任河南府孟、汝、鄭鎮撫使。3年正月復西京，8月突圍至襄陽，12年6月卒。
史源	〔會編〕115。〔要錄〕13。	〔宋史〕25，452。〔要錄〕3，11，14，15，18，52。〔會編〕86，103，104，114，115，116，117，118。〔劉豫事迹〕。〔朝野雜記〕19。〔會要〕「儀制」12。〔宋史全文〕17。	〔會編〕150，155，208。〔宋史〕27，452。〔要錄〕19，23，36，38，52，62，67。〔建炎筆錄〕中。〔朝野雜記〕19。〔會要〕「職官」42。「兵」14。

翟　　興	趙　　立	趙　　霖	趙　　雲
建 炎 初	建 炎 3 年	建 炎 4 年	紹 興 4 年
伊　　陽	徐　　州	和　　州	河　　東
數　　百	數　　千		
	數　　萬		
土　　豪	將　　校	攝　　官	土　　豪
伊　　陽	徐州張益村		河　　東
建炎 3 年擊殺楊進，復西京。4 年 5 月任河南府、孟、汝、唐鎮撫使。紹興 2 年 3 月劉豫借金人來攻，戰死。	建炎 3 年正月權知徐州事。11 月敗金人於淮陰，入楚州。4 年 5 月任楚、泗、漣水鎮撫使。9 月金人攻楚州，中砲死。年三十七，諡忠毅。	嘗爲直徽猷閣，坐贓廢。建炎 4 年 5 月援和州，被任爲和州、無爲軍鎮撫使。	屢與金人戰。紹興 4 年 11 月，父被殺，母被囚，奔岳飛軍中。
〔宋史〕25，26，27，452。 〔忠正德文集〕8。 〔朝野雜記〕19。 〔鴻慶居士集〕42。 〔要錄〕3，5，12，18，19，23，25，27，33，34，36，43，47，48，52。 〔會編〕86，103，104，115，116，117，118，120，129，130，141，143，144，147，148，149，150。	〔會編〕120，134，136，137，139，141，142。 〔定齋集〕14。 〔要錄〕19，21，29，30，31，32，33，34，36，37。 〔宋史〕25，26，448。 〔江湖長翁集〕27。 〔東牟集〕9。 〔會要〕「禮」20，41。「兵」28。 〔揮麈後錄〕9。	〔要錄〕33，34，42。 〔宋史〕26，453。 〔會要〕「職官」42。「食貨」63。	〔要錄〕82。

姓　　名	趙　瓊	趙不尤	趙士珸	趙士跂	趙邦傑
起事時間	建炎4年	靖康間	靖康元年	建炎初	靖康元年
起事地點	宿遷縣	相州	武安縣	邢州	慶源 五馬山寨
兵　　初期		萬人	百餘		
力　　最盛			數萬		
出　　身		宗室	宗室	宗室	官
籍　　貫			汴京		
活 動 事 蹟	先降金，趙立使人說降之。屢與劉位戰。建炎4年8月降金。紹興元年2月又刼金人舟船於清河口。	靖康之難走相州，與岳飛善，聚兵萬人，將迎二聖，稱雄河南北。高宗立，以衆歸御營，後從飛至武昌。飛死，秦檜奪其兵，抑守嶺外而没。	建炎元年7月以義兵復洛州。2年金兵再犯洛，以糧盡援絕，衆擁之出城，赴行在。紹興5年卒，年四十六。	金人驅宗室北行，士跂得間道遁去，居邢州。結土豪將舉事，事洩，被殺。	武翼大夫，聚忠義鄉兵保五馬山。
史 源	〔會編〕137，138，141，144。 〔要錄〕31，36，43。	〔水心文集〕21。	〔宋史〕24，247。 〔宋史全文〕16。 〔要錄〕7，12，15，165。 〔會要〕「帝系」2。「兵」14。	〔宋史〕452。 〔要錄〕35。	〔會編〕117。 〔要錄〕13。

趙延壽	劉位	劉忠	劉泰	劉和尙
紹興元年5月	靖康元年	建炎間	建炎間	建炎2年
分寧縣	招信	山東	壽春	濟南
			三百	數千
五千		三萬		
盜	土豪		義士	和尙
	招信		壽春	濟南
建炎4年9月犯德安府，焚鄖州。紹興元年5月就呂頤浩招安，其兵分隸各軍，任榮州團練使。	集鄉民保守鄉井，建炎2年11月任知濠州。後屢與趙瓊戰。4年5月爲孫濠鎮撫使，6月爲張孝文所殺（戰死）。	號花面獸。嘗與兀朮轉戰，頡頏而南，據祁陽之白綿山。紹興2年爲韓世忠走淮西，又爲解元敗，降劉豫。3年4月被王林殺死。	以私財募兵三百，金人犯壽春，泰率所部赴援，戰死。	
〔要錄〕35，37，44，54。〔備要〕21。〔宋史〕26，27，362。〔會編〕142，151。	〔會編〕139。〔宋史〕26，28。〔要錄〕29，30，33，34。〔會要〕「禮」20。「職官」42。	〔宋史〕25，26，27，369。〔梁谿全集〕66，70，72。〔琬琰集〕13。〔會要〕「職官」62。「兵」15，19。〔會編〕140，151。〔要錄〕19，29，38，45，56，58，64。	〔宋史〕453。	〔會編〕128。

姓　　名	劉文舜	劉里忙	劉紹先	劉黑龐	閻　皋
起事時間	建炎2年2月	建炎年間	建炎3年	建炎4年3月	建炎2年
起事地點	合　肥	中山與易州界山中	光　州	蔚　州	濰　州
兵力　初期	萬　餘	萬　餘	數　千		二　萬
最盛					
出　身	和　尙	盜		民	兵
籍　貫	濟　南			蔚　州	
活動事蹟	聚黨徒保舒州投子山。建炎初，就胡舜陟招。建炎4年4月14日，被王德殺於饒州。	聚集黨徒於山中，謀邀擊金人，與宋結好。建炎2年3月金集兵圍捕，而其勢愈盛，忠義投效者愈多，已及萬餘人。	閻瑾婿。守光州。後走九江，知江州，納孔彥舟之將陳彥明及郭諒。		建炎3年正月金人退濰州，閻皋與張成鼓衆佔濰州。7月爲金所敗，南下歸宋。紹興元年隨韓世忠平范汝爲。
史源	〔要錄〕10，13，22，25，26，31，32，33，36。〔會編〕128，137。〔宋史〕25，26，368，378。	〔會編〕98。	〔要錄〕25，36，55，58。〔會要〕「兵」29。	〔要錄〕32。	〔要錄〕19，23，25，26，60，168。〔會編〕120，130。〔宋史〕26。〔會要〕「討叛」4。「兵」10。〔中興小紀〕5。

閻 瑾[148]	閻先生	霍 明	盧師迪	薛 廣
靖康元年	靖康間	紹興初	建炎初	靖康元年
汴 京	石 州		澤 州	東 京
	數 萬			三 千
	金 賊	盜	義 士	
湖 北	石 州		澤 州	
建炎元年6月赴東京留守司納款。京師失守遁去，後任永州防禦使。3年正月與金戰，不利，棄泗州。2月爲其將姚端所殺。	石州賊閻先生衆數萬，至汾州城下。金將郭企忠率吏民城守，會金援至，合擊破之。	紹興2年3月知郢州時，殺桑仲。5月任襄、隨、郢、郊鎮撫使。	建炎4年8月，翟興任之爲知澤州。紹興2年3月，與其徒赴行在，請兵收復河東州縣。	建炎2年9月，與金人戰於相州，敗死。其衆皆散，復爲盜。
〔會編〕109，120。〔要錄〕6，7，19，20，25，33。〔會要〕「兵」13。	〔金史〕82。	〔會編〕150。〔備要〕22。〔宋史〕27。	〔要錄〕36，52。〔會編〕141。〔會要〕「兵」18。	〔會編〕70，73，76，109，118。〔宋史〕24，25。〔要錄〕1，5，7，16，17。〔會要〕「兵」9之6。

---

148 閻瑾，〔會編〕卷109、120均作閻僅，此從〔要錄〕。

姓　名	薛　慶	罕羅闍氏	竇防禦	龐僧正
起事時間	建炎3年5月	靖康元年	紹興七年	靖康元年3月
起事地點	高　郵	相　州	沂　州	五臺山
兵力 初期	數　萬	三　千		
兵力 最盛				
出　身	盜	大　族	金　官	僧
籍　貫		相　州		五臺山
活動事蹟	建炎3年降張浚，4年5月任高郵、天長鎮撫使，8月與金人戰於揚州城下，死之。（〔宋史〕448「趙立傳」，作轉戰被執死）	靖康元年11月，聲稱助康王，實圖自利。及12月，金人圍相州，降金。	天會15年，沂州竇防禦叛。金將烏孫訛論敗之，獲竇防禦。	統制武漢英率兵援太原，以兵少說龐僧正刦金人之軍，途中與金人戰，不勝。
史源	〔宋史〕25，26，361，448。 〔會編〕128，129，141。 〔要錄〕20，22，23，24，33，36，37，50。 〔盤洲文集〕74。 〔東牟集〕9。 〔中興小紀〕6。 〔會要〕「職官」42。「方域」6。	〔會編〕67，73。	〔金史〕82。	〔會編〕48。

嚴　起	鶴壁田氏	酈　瓊	龔　楫
建炎3年3月	靖康元年	建炎3年	建炎4年
泰興縣	相　州	固始縣	和　州
	三　千	七　百	二　千
		十餘萬	
	大　族	盜	進　士
泰興縣	相　州	相州臨漳	和　州
金犯泰興縣，起率軍民拒之，賴以免者甚眾。	靖康元年11月，聲稱助康王，實圖自利；及12月，金人圍相州，降金。	建炎4年7月受劉光世招安，隸其部。紹興5年正月復光州。後與王德交訟。7年8月執呂祉叛降劉豫。	建炎4年6月，金將宗弼策新塘遏和州之援。楫率民丁二千人襲之，歸途遇金兵，戰敗被執死，年二十二。
〔要錄〕21。	〔會編〕67，73。	〔會編〕169，178。〔要錄〕28，31，84，113。〔宋史〕25，26，27，28，29。〔金史〕77，79，81。〔中興小紀〕9。〔中興聖政〕26。〔備要〕21，22，23。	〔要錄〕34。

第三節　宋廷關於拒納義軍的爭執

　　宋金交戰，汴京被圍以來，義軍紛起勤王。及中原淪陷，宋室南渡，義軍更在敵前抗拒、敵後游擊，發揮了牽制金兵的效果。然而當中原板蕩，神州無主之際，義軍卻也有四處刼掠，形同盜賊者，引起朝臣的重視。而宋金和戰迭變，宋廷拒納義軍政策不定。因此，宋之朝臣在爭論和戰時，對義軍之拒納及處理，曾提出許多不同的意見，茲分項討論如下。

一、接納問題

　　李綱曾比較義軍與東南之人的優劣說：

> （西北之人)比之起東南勤王之兵，其利害不同者有三：
> 東南之人柔弱，不耐勞苦一也；不伏水土，類多疾病死
> 亡二也；屯駐稍久則有思歸之心，往往逃亡潰散三也。
> 而募西北之人以爲兵，則無三者之患，團結訓練，積以
> 歲月，皆爲精兵。與夫起烏合之衆，暫聚復散，豈不相
> 遠哉[149]！

這句話可代表主張接納忠義、歸正，招安盜賊的人的看法，他們認爲義軍勇武，可以復故土，招義軍可以繫中原人心，不招則將遺後患。茲歸納他們的意見，分述如下：

　　㈠義軍勇武，可以復故土：北宋經歷百餘年的承平，軍政不修，一旦與新興的女眞兵交戰，軍隊的缺點完全暴露，因此連遭敗績。章誼卽說：「虜人嘗渡江而南矣，望風奔潰者，往往皆官

149　楊士奇編：〔歷代名臣奏議〕（學生書局影印，明永樂14年內府刊本，民國53
　　年12月初版），卷222，頁8。

軍也」[150]。以致二帝被俘，山河變色。相反的，平日力田之民，
雖未受正規的軍事訓練，但自王安石立保甲法以來，民間紛紛組
織了自衞性的地方武力，「自團成保甲，守護鄉閭」[151]，當金兵
南侵時，他們各自團聚，揭竿抗金。由於熟悉山川險易、人情風
俗，反能屢敗金兵，而這些人平素身受異族壓迫，都有爲宋效死
之心[152]。因此，早在汴京告急時，張所就建議：以蠟書募河朔民
兵入援[153]。李綱也建議「取財於東南，募兵於西北」。至建炎二
年（1128），黃潛善等主和派當政，指義軍「遂假勤王之名，公
爲聚寇之患」時。宗澤卽指出，忠義節義之士，保守山寨，奮身
救駕者不計其數，若指爲盜賊，則人心解體；苟能收拾人心，則
王室再造，大宋中興將可一舉而成[154]。馬擴也建議：招集義兵，
屯布上流，扼守形勢之地，密約河南諸路豪傑，作爲屏障[155]。後
來，義軍納入正規軍中，成了南宋捍禦金人的主力，呂頤浩卽
說：「今之戰兵，其精銳者皆中原之人」[156]。范浚乃建議，命邊
將選擇來降及俘獲之人，隨才授任，命以爵秩，一旦有功，則加
優賞[157]。金廢劉豫時，韓世忠也認爲北伐機會不可失，請招納歸
附，爲恢復計[158]。李邴甚至建議利用習知北方形勢的義軍北伐，
他說：

　　　今偏將中如牛皋、王進、楊圭、史康民，皆習京東風

150　楊士奇編：〔歷代名臣奏議〕，卷222，頁24。
151　李光：〔莊簡集〕，卷9，「乞用河東土豪援太原劄子」，頁6下。
152　鄧肅：〔栟櫚集〕（清道光萬什圍鍋板），卷12，「辭免除左正言第十三劄子」，
　　　頁18下。
153　李心傳：〔建炎以來繫年要錄〕，卷7，建炎元年7月丙辰條，頁17下。
154　宗澤：〔宋宗忠簡公集〕，卷1，「乞回鑾疏」，頁21下。見李心傳：〔建炎
　　　以來繫年要錄〕，卷14，建炎2年3月丙戌條，頁2上。
155　李心傳：〔建炎以來繫年要錄〕，卷21，建炎3年3月己卯條，頁2上。
156　李心傳：〔建炎以來繫年要錄〕，卷60，頁6上。
157　范浚：〔范香溪文集〕（四部叢刊續編本），卷13，「用人」，頁9。
158　〔宋史〕，卷364，「韓世忠傳」，頁11366。

土，熟其人情，知其山川險易。臣謂可各配以部曲三、
五千人，或出由徐、淮陽，或出由宿、泗。彼土之民，
固吾赤子，懷累聖德澤，涵養之仁，厭偽朝殘虐不道之
政，必有應者。然後因其豪傑，俾其自守，因利乘便，
進取京東可也[159]。

　　(二)招撫義軍，維繫中原人心：兩河山東百姓，都是宋的子
民，久受趙宋德澤，雖淪於異族統治，卻未曾忘宋。況且金人
「強據燕趙，吾民橫被驅率，革面左衽」[160]，故「三河之民，怨
敵深入骨髓，恨不殲殄其類，以報國家之仇」[161]。范浚也說：
「彼陷賊生靈，思我宋德，日夜謳吟而望官軍」[162]。因此，葉夢
得建議「與山東兩河素自結集，不屈於虜者，皆賜以官秩，他日
大軍過河，以兵援之」[163]。韓肖胄也說：「當以安集流亡，招懷
歸附爲先」[164]。辛次膺也建議要厚待中原歸附之人，「以堅中原
徯后之心」[165]。到劉豫偽政權成立後，偽官羅誘曾說中原民心日
夜殷望故主[166]。張守乃呼籲：「兩河、山東之民，皆陛下赤子，
驅迫以來，豈得已哉！且諭以恩信，貸之使歸」[167]。趙鼎也說：
「河東山寨，……今雖屈力就招，然未嘗下山，……一旦王師渡
河，此曹必爲我用」[168]。李邴卽以山東大姓猶密結寨自保，建議
朝廷募有力之人，密往招諭[169]。此外，常同在批評宋金議和不納

159　徐夢莘：〔三朝北盟會編〕，卷173，紹興7年正月15日，頁9。
160　楊士奇編：〔歷代名臣奏議〕，卷223，頁8。
161　〔宋史〕，卷363，「張愨傳」，頁11347。
162　范浚：〔范香溪文集〕，「用人」，頁8。
163　楊士奇編：〔歷代名臣奏議〕，卷223，頁8。
164　〔宋史〕，卷379，「韓肖胄傳」，頁11692。
165　〔宋史〕，卷383，「辛次膺傳」，頁11801。
166　李心傳：〔建炎以來繫年要錄〕，卷78，紹興4年7月丁丑條，頁13上。
167　〔宋史〕，卷375，「張守傳」，頁11614。
168　趙鼎：〔忠正德文集〕，卷8，「丙辰筆錄」，頁4上。
169　徐夢莘：〔三朝北盟會編〕，卷174，頁3。又見李心傳：〔建炎以來繫年要
　　錄〕，卷87，頁28上。

義軍的失當之餘,指出宋金雖和,兩國人互相往返,未曾有禁,偽齊甚至專設歸受館以招誘宋人;同時又遣李成侵襄鄧,宋自可招義軍,否則「人心自此離矣」[170]。

㈢不招義軍,將貽後患:義軍勇武,又受金人壓迫,若不招納他們,反逼使他們甘心事敵,恐為敵所用[171]。紹興四年三月,趙鼎也說,不納則「進不能不為偽齊所戮,退則聚為淮甸之寇,必至誅殺而後已,如此則淮北之人絕望矣」[172]。而有些義軍領袖都是被遣散後淪為盜寇的,他們擁眾數萬,跨州連邑,荆土騷然,其實他們非有仇主嫉上之心,只為求食。如今朝廷兵力寡弱,只要撫循有道,駕馭得法,自可化阻力為助力,成就中興大業。李光乃顧請朝廷「勿以多殺為功,而以招納為本」[173]。汪若海也說:「為國家者,當化盜賊為我用,不可失英雄為國患」[174]。李綱也說:「今日盜賊,正當因其力而用之,如銅馬、綠林、黃巾之比」[175]。

反對接納義軍者的態度則較消極,傾向於思患預防,他們的意見亦可歸納成三點,茲分述如下:

㈠招納耗財,義軍難防:靖康間,唐恪、耿南仲主和時,卽認為招納義軍耗財,乃以「今日百姓困匱,調發不及,養數十萬兵於京城下,財何以給之」為辭,要求義軍還屯原駐地[176]。曹勛也說:「遠人平日強暴桀驁之性尚存,廢法自任,莫能訶治」[177]。

---

170 李心傳:〔建炎以來繫年要錄〕,卷75,紹興4年4月丙午條,頁13上。
171 胡寅:〔斐然集〕(四庫珍本初集),卷16,「上皇帝萬言書」,頁16下。
172 趙鼎:〔忠正德文集〕,卷2,「乞收留宿遷官吏狀」,頁14上。
173 李光:〔莊簡集〕,卷11,「論招降盜賊劄子」,頁14上。
174 〔宋史〕,卷404,「汪若海傳」,頁12218。
175 李心傳:〔建炎以來繫年要錄〕,卷7,建炎元年7月庚寅條,頁1下。
176 徐夢莘:〔三朝北盟會編〕,卷65,頁15。
177 曹勛:〔松隱集〕,卷23,「上皇帝書十四事」,頁7下。

況且他們「知吾山川險易，他日叛亡，恐爲敵人鄉道」[178]。到紹興十一年(1141)，洪皓也以爲歸附之人難期其復故疆、報世仇，且恐有侯景之禍。他說：「所取投附人，只欲保守江南，歸之可也，獨不監侯景之禍乎？若欲復故疆報世讐不宜與」[179]。

㈡招義軍壞和議：唐恪、耿南仲在靖康議和時，以「今朝廷講和，不務用兵，使金人知朝廷集兵闕下，志不在和，豈不激怒」爲辭，要求義軍不得妄動[180]。紹興九年(1139)，方廷實也怕沿邊州縣官招納叛亡，破壞和約，建議高宗「明詔官吏兵民，各守封疆，務相輯睦」[181]。廖剛也認爲邊將招納敵境的叛亡分子，是「將以小而害大，其不體國甚矣」，而應當效法昔日眞宗恪守澶淵之盟不納盜賊亡命的成例，才能使和平持久。特建議「約束諸將，自今毋或誘致彼界之民，其有盜賊遭迫逐而入吾境者，自合捕還，毋得容匿，敢有違者，必寘之罪」，蓋「不如是之嚴，則不足以昭示大信，而堅和議之約也」[182]。

㈢招安政策，無法消弭盜賊：南宋初年，潰軍盜賊雖然以抗金爲號召，往往四處刼掠，氣焰甚爲囂張。朝臣有議招安者，而李正民、岳飛、翟汝文均表反對。李正民說：「今日之兵，招安於寇盜之餘，強刺於驅虜之後，皆非節制之兵也。如是而欲遏虜寇、弭盜賊，人皆知其難矣」[183]。岳飛說：「比年……多命招安，故盜玩威不畏，力強則肆暴，力屈則就招」[184]。翟汝文也說：

178 李心傳：〔建炎以來繫年要錄〕，卷34，建炎4年6月己丑條，頁11上。
179 洪适：〔盤洲文集〕，卷74，「先君述」，頁476。
180 同註176。
181 李心傳：〔建炎以來繫年要錄〕，卷129，紹興9年6月壬申條，頁8上。
182 廖剛：〔高峰文集〕，卷2，「乞約束邊將劄子」，頁14下～15上。
183 李正民：〔大隱集〕（四庫珍本四集），卷4，「論時事劄子」，頁27上、下。
184 章顥：〔宋南渡十將傳〕，卷2，「岳飛傳」，頁15下。

「朝廷專以官爵誘人爲盜，獎其叛逆，非所以訓也」[185]。

　　由上述朝臣對接納義軍的爭議，可以看出主接納者態度較積極，反對者則較消極。由此亦可窺知南宋初期正規軍力之弱，及對義軍倚伏之深了。若將朝臣的意見與南宋拒納義軍的史實相證，可見南宋朝議之烈固不遜於北宋，但對實際政策的影響力則不及北宋；蓋此時宋廷處理義軍的態度，主要取決於皇帝、權相的決定及宋金和戰之影響。當金圍汴京時，宋廷號召勤王，而激起義軍抗金之熱潮。南宋初期，基於穩定基業的信念，接納歸附，招安盜賊，鼓舞義軍，高官厚賞無所不至。可是，當宋金和議進行時，朝廷又下令遣散義軍，拒絕歸正；如靖康和議時，朝廷卻遣散義軍，坐視其淪爲盜賊。紹興八年，僞齊的壽春府知州宋超率兵民歸順時，高宗也曾下令拒絕，並說：「……方遣使人與虜議事，可行下沿淮諸處，不得遣人擅便過淮招納，引惹事端」[186]。並處罰接納的地方官吏。到紹興十一年（1141），宋金和約既定，和約中有不收逋亡之人的規定，南宋爲了履行條約，先後下詔嚴禁邊將收納私自渡淮之人[187]。因此，邊將有坐視饑民餓死而不恤之事[188]。

185　羅汝文：〔忠惠集〕（四庫珍本初集），附錄，「羅汝文理銘」，頁11下、12上。

186　〔宋會要輯稿〕，兵一五之六。

187　李心傳：〔建炎以來繫年要錄〕，卷144，紹興12年3月丁未：「詔兩淮漕臣，嚴切禁止私渡過淮之人，毋得少有透漏。」卷152。紹興14年7月壬戌：「右奉議郎李觀民新知濠州，入見。上戒令毋招集流亡，恐致生事，仍命秦檜，以此語之。」卷157，紹興18年3月乙酉：「詔私擅渡淮，及招納叛亡之人，並行軍法。後詔，津載及巡防之人，故縱與同罪，失察者減一官。」

188　不著撰人：〔皇宋中興二朝聖政〕，卷28曾記載鄭剛中爲履行宋金不招納流民的禁約，坐視飢民餓死而不恤的事說：「初陝西連歲不雨，至是涇、渭、灞、滻皆竭，五穀焦槁，秦民無以食，爭西入蜀。川陝宣撫副使鄭剛中，以誓書所禁不敢納，皆散去餓死，其壯年北人多買爲奴婢，郡邑蕭然矣。」

二、處理問題

　　宋金戰爭爆發以後，為數近百萬的勤王兵馬，風起雲湧地起而抗金，及靖康之變後，高宗南渡，中原無主，義軍有隨政府南下，活動於江淮宋金緩衝界上。他們既抗金又擾民，造成南宋政治、社會上的嚴重問題。而此後相繼招安的盜賊，歸附的北人，也為宋廷帶來困擾，如何處理這些人，也形成朝臣間爭論的問題。宋朝甚至以此為題，徵詢應試的士子之意見，以便「搜其雋良，黜其尪瑣，收恤其鰥寡、介特之無告者；使之安其居、樂其業，而無羈旅流落之歎」[189]。而朝臣的議論也極踴躍，茲分述其意見於後：

　　㈠寵以官，散其衆：李綱、李光、李邴等人，都主張為了堅定義軍效忠宋朝之心，應任其領袖為官，若恐其人多難馭，則宜分散其部衆，即賈誼衆建之策。李綱建議：「其首領皆命以官，分隸諸將」[190]。張守也說將義軍「分置軍伍中，每隊留一、二人，豈能遽叛？」[191]李誼也建議：「自來招安之人，必須裂其隊伍，易其將佐，異其居處」[192]。

　　㈡優待義軍歸正：為激勵義軍效宋之心，呂頤浩建議對「破陷州軍及鄉村人戶，避兵而南來者，令州縣優加存恤」[193]。當時言官也建議，對為國捐軀的義軍領袖，除立廟外，並應明詔其忠義事蹟於天下，凡「死事之人，悉令載之祀典」，以激昂英雄忠勇之心[194]。

189　朱松：〔韋齋集〕（四部叢刊續編本），卷 8，「策問八首」，頁11下。
190　同註175。
191　同註178。
192　楊士奇編：〔歷代名臣奏議〕，卷91，頁 5。
193　呂頤浩：〔忠穆集〕，卷 1，「上邊事備禦十策」，收民心，頁 2下。
194　李心傳：〔建炎以來繫年要錄〕，卷91，紹興 5 年 7 月癸酉條，頁 2下。

㈢設僑寓法以安義軍歸正：李誼和汪藻均持此議。李誼建議在淮南、荊襄僑建西北州郡，分處歸正人，給閒田貸以牛具，「使各遂其耕種之業，而又親戚故舊同爲一所，相愛相恤，不異於閭里。將見中原之人，同心效順，敵人之謀，當不攻而自屈」[195]。汪藻也說：

> 莫若因此時用六朝僑寓法，分浙西諸縣，悉以兩河州郡名之，假如金壇，權謂之南相州，許相州之人皆就金壇而居。……父兄骨肉，親戚故舊皆在，其有無足以相通，禍患足以相救，與鄉居無異[196]。

㈣屯田：宋金間的戰爭，造成耕地荒蕪，人民流散的景象，加以軍用浩繁，入不敷出的現象極爲嚴重。劉長源卽指出這種現象說：

> 今殘破州縣，不耕之田豈可勝計，流民散徙而爲盜賊，盜賊招安而爲官兵，官兵復仰給於縣官。田野半空，賦入甚微，耕者旣寡，而食者愈衆，上下困竭，職由此也[197]。

那麼，要達成「地無遺利，人無遺力」的辦法莫過於屯田了。胡寅與耿自求都建議讓歸附義軍從事屯田，以資中興之業。胡寅說：「以京西淮南荒廢無主之地爲屯田，招集兩河山東及本路流徙之人，略依古法均節之，擇強武者訓習，使且耕且戰」[198]。紹興五年（1135），耿自求論營田利害時也說：

> 荊湖江南與兩浙，上腴之田，彌亙數千里，無人以耕則地有遺利。中原士民，扶攜南渡，不知其幾千萬人，則

195　李心傳：〔建炎以來繫年要錄〕，卷118，紹興8年3月戊申條，頁20上。
196　汪藻：〔浮溪集〕（四部叢刊初編本），卷2，「論僑寓州郡劄子」，頁16上。
197　李心傳：〔建炎以來繫年要錄〕，卷103，紹興6年7月乙未條，頁10下。
198　胡寅：〔斐然集〕，卷16，「上皇帝萬言書」，頁13下。

人有餘力。今若使流寓失業之士民，許佃荒閑不耕之
田，則地無遺利，人無遺力，可以資中興之業[199]。

從南宋處理義軍歸正的政策來看，宋臣的建議都經宋廷交互
採用著。為了鼓勵義軍向宋之心，減少為禍之力，宋人不惜以
高官厚祿招納義軍領袖與盜賊；甚至寵以鎮撫使之位，擁有軍
政、財政及世襲大權，以致時人有「要高官受招安，欲得富須胡
做」[200]的俚語。為鼓勵義軍從事農業生產，亦以優厚的條件，讓
歸附人參與營田、屯田、墾田的行列[201]。並規定徵收租課若干年
後，可以取得土地的所有權。如紹興五年(1135)七月，詔令「歸
附人民令所至州計口，以提刑司錢人給一千，所給田免稅五年，
未就緒者，更與寬展年限」[202]。因此，在部分地方長官的努力推
行下，淮南、荊襄、關外相繼恢復生產，減輕了宋財政負擔，
也收到轉移部分稅源的效果[203]。然而宋廷又怕義軍聚集，勢力太
大，威脅朝廷，乃又採取眾建的方式，分散其勢力，作消極的防
範。如張用之部分隸曹成、張俊、岳飛、韓世忠等。建炎二年
(1128)八月，宋廷也恐李成部眾太盛，「命成分所部三千人往
應天府及宿州就糧，餘赴行在」[204]，都是遵循眾建政策的例子。

第四節　義軍與南宋偏安政權

北宋晚年，為了恢復燕雲十六州，湔雪累朝恥辱，不惜背棄

---

199 李心傳：〔建炎以來繫年要錄〕，卷86，紹興5年閏2月壬戌條，頁11上。
200 徐夢莘：〔三朝北盟會編〕，卷140，頁6。另沈與求也有一首詩「開招寇」記招安盜賊之事，見所著〔龜谿集〕(四部叢刊續編本)，卷1，頁13。
201 梁庚堯：〔南宋的農地利用政策〕(臺大文史叢刊之四六，民國66年2月初版)，第二章，第二、三節，頁72~94。
202 李心傳：〔建炎以來繫年要錄〕，卷91，紹興5年7月戊子條，頁11上。
203 梁庚堯：〔南宋的農地利用政策〕，第二章，第四節，南宋荒田開墾政策的成效，頁100。
204 李心傳：〔建炎以來繫年要錄〕，卷17，建炎2年8月辛未條，頁6上、下。

盟約，聯金攻遼，不料卻弄巧成拙，自樹強敵，失去半壁江山。
此固由承平日久，軍備廢弛，士氣低落[205]所致；而一般大臣雖關
心國事，雅好議論，卻不免流於偏陂固執己見，黨同異伐，亦有
以致之。兼之對外政策屢變，遷延時日，以致「議論未定，兵已
渡河」。各地守臣、將領也毫無抗敵之心。其情形正如時人周紫
芝所說：

> 猖狂之虜，得以自肆，入關而來，渡河而去。兩年之
> 間，盤旋往返，如在無人之境，寶玉貨貝，嬪御女子，
> 盜攘驅逐，如探物而取諸懷。諸將堅壁而不進，守臣開
> 門以納寇，築壘京師，數月之間，殘虐萬狀[206]。

終造成二帝蒙塵，王室南渡的殘局。這是宋本身國力太弱，無力
控制「以夷制夷」政策發展出來的情勢，而自食惡果。不過，大
難方起，各地深受女眞侵陵與暴行之苦的百姓，凜於義憤，競以
保鄉衞國相號召，組成義軍，與金兵相周旋。再加上各地勤王之
師、反正的盜賊及各地官府所創立的忠義巡社，遂使義軍的活動
更爲蓬勃，其勢之盛卽連慓勇善戰的女眞兵，也無法加以撲滅。
這些義軍在宋金戰爭醞釀期間，深入敵境，喚起民眾抗敵決心，
擾亂敵後治安，瓦解金人士氣。迨宋金戰爭爆發，他們更與宋軍
互通聲息，爲其前驅[207]。其於宋金勢力之消長，實具關鍵性的作
用。除此之外，義軍的活動對南宋政府而言，尚有二點重要貢

---

205 宇文虛中說：「今邊圉無應敵之具，府庫無數月之儲，安危存亡，係玆一舉。
　　……以百年怠惰之兵，當新銳難抗之敵，以寡謀安逸之將，角逐於血肉之林，
　　臣恐中國之禍，未有寧息之期也。」見〔宋史〕，卷371，「宇文虛中傳」，
　　頁11526~11527。

206 周紫芝在建炎3年3月2日上書文，見徐夢莘：〔三朝北盟會編〕，卷124，
　　頁6。

207 尚重濂：「兩宋之際民眾抗敵史研究」，〔新亞學報〕第5卷第2期 (1963)，
　　頁234~235。

獻：

　　其一：由於義軍牽制金兵，使南宋政權得從容建立，奠定
偏安的局面。女眞滅宋，據有中原之時，義軍據險相抗。時日旣
久，作戰經驗增加，又熟習地理形勢及金兵優劣，一掃畏怯之
心。建炎二年（1128），就有人撰文貼在關羽廟中，指陳金人有
五易殺，要求鄉民齊心協力，說：

> 敵兵擾亂甚久，百姓因而破家者皆當復讎力戰，若不能
> 此，枉作男兒，雖活何益。去歲敵來，百姓巳錯，今年
> 防敵，不可怯懦。汝若怕敵則敗，不怕則勝；況敵有五
> 事易殺：敵連年戰，辛苦易殺；馬倒不能走，易殺；深
> 入重地，力孤，易殺；多帶金銀，易殺；虛聲嚇人，易
> 殺。各宜齊心協力，共保今歲無虞[208]。

因此，據守各地的義軍，像王彥率八字軍據太行山，馬擴、趙邦
傑奉信王於五馬山，李彥仙在陝州，翟興兄弟、父子守洛陽，邵
興在解州等。紛紛在敵後游擊金兵，以致金兵無法一舉滅宋，快
快旋師。趙立在楚州抗拒，使金人「未敢渡江」[209]。因此，義軍
在敵前、敵後之牽制金兵，不僅使南宋政權能在兵馬倥傯之際，
從容建立，也確立了宋金南北對峙的形勢，奠下宋室偏安江左的
基礎。

　　其二：由於義軍的納入南宋正規軍中，增強宋軍的戰鬥意志
及作戰能力。北宋末年，承平日久，軍備廢弛，士卒旣乏訓練，
又無作戰經驗。一旦面對強悍的女眞兵，自然望風遁逃，每戰輒
北，這是北宋覆亡的因素之一[210]。及高宗開府南京時，兵不滿

---

[208] 熊克：〔中興小紀〕，卷3，建炎2年春正月，頁1下～2上。參見李心傳：
〔建炎以來繫年要錄〕，卷12，頁3上。
[209] 陳造：〔江湖長翁集〕，卷27，「上趙丞相劄子」，頁13上。
[210] 朱偰：「宋金議和之新分析」，〔東方雜誌〕第33卷第10號（民國28年10月），
頁65～66。

萬，南宋初建，正規軍亦不及十萬，而且成員駁雜[211]，人心不
齊，以致屢遭敗績。後來，北方的義軍與金兵周旋既久，缺乏奧
援，先後被金兵敉平，殘衆突圍南歸。而江淮一帶的盜賊，也陸
續接受招安，相繼被納入正規軍中[212]。由於他們久歷沙場，經驗
豐富，了解敵情，戰鬥意志又高，能有效的發揮戰力，再經南宋
政府的整頓，戰力大增。因此紹興八年後（1138），南宋軍隊漸
能扭轉頹勢，獲致幾場大戰的勝利；像劉錡在順昌府挫敗兀朮
的女眞精騎，劉錡所率三萬七千名八字軍，在「平時人欺我八字
軍，今日當爲國家破賊立功」[213]的激昂情緒下，作死中求生的奮
戰，才能締造輝煌戰果，金將遂有「南朝用兵，非昔之比」的感
慨了。〔要錄〕中有一段金將韓常與宮菌的對話，值得注意：

> 知澧州韓常嘗與防禦判官宮菌夜飲，論及江淮川陝用兵
> 等事，菌盛言金兵之強，官兵之弱。常曰：「君知其
> 昔，未知其今。今之南軍，其勇銳乃昔之我軍，其怯懦
> 乃昔之南軍，所幸者南方未知耳[214]。」

所以王夫之說：「紹興諸大帥所用之兵，皆羣盜之降者也。高宗
渡江以後，弱甚矣。張浚、岳飛受招討之命，韓、劉繼之。於是
而范汝爲、邵青、曹成、楊么之衆皆降而充伍，乃以復振。……

211　石文濟：「南宋初期軍力的建立」，〔史學彙刊〕第9期（民國67年10月），
　　　頁75～81。林瑞翰：「紹興12年以前南宋國情之研究」，〔大陸雜誌〕第11卷第
　　　6、7期。
212　石文濟：「南宋初期寇亂」，收入中華學術與現代文化叢書第三冊，〔史學論
　　　集〕（華岡出版社，臺北，民國66年4月初版），頁306。金毓黻：「宋代兵
　　　制考實」，國立中央大學〔文史哲季刊〕第1期（民國31年7月），頁179。
　　　劉子健：「背海立國與半壁山河的長期穩定——南宋政治簡論之一」，〔中國
　　　學人〕第4期（民國60年7月），頁8。
213　〔宋史〕，卷366，「劉錡傳」，頁11401。
214　李心傳：〔建炎以來繫年要錄〕，卷133，紹興9年12月己巳條，頁13。

不然，舉江南廂軍、配囚脆弱之衆，惡足以當巨寇哉！」[215]這是
義軍納入正規軍後，增強正規軍的戰鬥意志與作戰能力所造成的
現象，也是奠定中興機運的重要因素。

　　儘管義軍對南宋的建立有如此大的貢獻，然而義軍本身沒有
嚴密的組織與計劃，又不爲朝廷所重，宋朝始終不肯賦予恢復故
土的重任。在宋金和議後，宋廷爲遵守條約，甚至迫義軍停止活
動；結果，義軍或自動解散，或爲金人所消滅，終不能一償驅逐
敵人，匡復故土的宿願。其中原因很值得注意，以下試加分析，
作爲本章的結論：

　　㈠受宋朝和戰更迭的影響：宋聯金滅遼以來，對外政策實與
宋朝國運息息相關，然而，宋朝內部政爭時起，對外和戰不定，
政策屢更，連帶影響到宋廷對義軍的態度。當金兵入侵，或在
朝的主戰派得勢時，南宋政府卽下詔鼓勵義士興師勤王或敵後游
擊，並主動與義軍聯繫，甚至給予種種優惠條件，寵以爵賞以
示招徠。如紹興四年 (1134) 十一月，「賞承州水砦首領徐康等，
要擊金兵之功，轉官有差，仍蠲承、楚、泰州水砦民兵賦役十
年」[216]。紹興十年 (1140) 六月，金人敗盟，樞密院亦曾檄書呼
籲忠義豪傑抗金建功，都是明顯的例子。反之，主和派得勢，或
宋欲對金求和時，義軍則被視爲和議的障礙，往往棄之不顧，任
其沉浮。如靖康年間罷勤王之師，高宗卽位時，不頒赦文於河
東、河北；紹興年間，不納南歸義軍等皆可爲佐證。又如僞齊壽
春府知州宋超，於紹興八年 (1138) 率軍民南歸時，高宗便說：
「此事於朝廷無毫髮之益，但如人子來歸，爲父者豈可卻而不

215　王夫之：〔宋論〕（三人行出版社影印，民國63年3月初版），卷10，「高
　　宗」，頁181~182。參見趙儷生：「靖康、建炎閒各種民間武裝勢力性質的分
　　析」，〔文史哲〕1956年11月，頁62。
216　〔宋史〕，卷27，「高宗本紀」，頁513。

受。然已遣使人與金議事，可下沿淮，不得擅遣人過淮招納，引
惹事端」[217]。紹興十一年（1141），川陝宣撫副使胡世將，先後派
人到陝西、河東結約忠義首領為內應，也因和約的簽訂而作罷。
此後宋為堅守和約，屢次下令川陝、兩淮邊將，禁止招納南歸的
義軍；杜充甚至派兵攻擊軍勢浩大的義軍領袖張用。可見由於宋
廷和戰政策變易不常，對義軍的態度也因而游移不定，使義軍不
知所從。若金人或劉豫乘機利誘，或全力攻擊，那麼，他們為求
生存可能轉而降敵，或因孤立無援而被殲滅。這種隨和戰更迭而
反覆無常的態度，更嚴重的打擊了中原人民對宋的向心力，所以
後來黃河一帶的漢人，許多已經服從金人[218]。

　　㈡人事因素的影響：義軍多半由無賴、土豪所組成，有濃厚
的江湖豪氣，及英雄崇拜的傾向。其與宋政府間的聯繫，建築在
幾個聲名顯赫的大臣身上；如宗澤、李綱、張所、王彥、岳飛、
韓世忠等人，能以摯誠感動義軍，有計劃的領導義軍，因此，成
績斐然。一旦這些人去世或離職，後繼者就很難得到義軍的信賴
而繼續領導。譬如宗澤任東京留守時，盜賊王善、楊進、張用、
丁進等人先後歸誠領命。等宗澤一死，「數日間，將士去者十
五」[219]。像李綱任宰相時，積極招納義軍，並建議仿唐代藩鎮體
制以獎勵豪傑，因此詔書中一再強調不惜「授以節鉞」來鼓勵
「力戰破賊」的義士。等李綱被罷，汪、黃上臺後，整個政策改
變了，藩鎮的制度也不了了之。一直等到建炎四年（1130），才
有鎮撫使的出現。可見政策上「人存政舉，人亡政息」的現象非
常明顯。不幸的是宋臣和戰的爭議不決，和戰政策瞬息萬變，這

217　李心傳：〔建炎以來繫年要錄〕，卷118，紹興8年正月辛丑條，頁3下。
218　劉子健：「靖海立國與半壁河山的長期穩定」，頁9。
219　李心傳：〔建炎以來繫年要錄〕，卷16，建炎2年7月甲辰條，頁13下。

些主政的大臣，不僅參與和戰的爭議，也捲入政爭的漩渦中，地
位常常變動。如此一來，不僅宋朝失去聯繫義軍的媒介，無法有
效地掌握義軍的動態，善加利用，義軍也容易迷失方向，淪爲打
家刼舍的盜賊。王夫之就說：「汝霖卒，而復散爲盜，流入江、
湘、閩、粵，轉掠數千里。不待女直（眞）之至，而江南早已糜
爛，非韓、岳亟起而收之，宋必亡矣」[220]。

　　㈢義軍之間缺乏聯繫：義軍多半是自發性的游擊團體，其基
礎建立在領袖個人的威信上，而義軍領袖的個人英雄主義色彩強
烈，往往自以爲是，不肯與其他義軍作有效的配合。因此在女眞
背後，只能作局部的牽制，很難擴大爲全面性的戰爭，甚至與政
府軍密切配合，以爭取更大的勝利。而且不少義軍領袖仍有據地
自雄的觀念，常爲私利而爭戰不已；如劉位與趙瓊、馬友與曹
成、李橫與霍明、王彥與桑仲等，卽時常發生戰爭。這麼一來，
等於自己削弱有限的實力，也給予金兵或僞齊兵各個擊破的機
會。

　　㈣義軍分子駁雜，立場不一：義軍中固然有不乏基於保鄉衞
國的義憤起而抗金，始終一致地效忠趙宋的。像文水縣的保正石
勔及王忠植所領導的義軍等；他們雖不久都歸失敗，而其至死不
屈的忠烈精神，遺式萬代，永爲後人景仰[221]。但有部分義軍，則
誠如張用所說的：「吾徒所以來，爲乏糧耳。」其起事動機純爲
經濟上的需求，因此他們的作爲實與盜賊行徑無所軒輊；軍紀敗
壞，到處攻城掠地，搶掠財物，難怪南宋政府亦視之如盜賊，而
不完全信任他們。因此，招安他們的目的，以饜縻息亂的成份居

220　王夫之：〔宋論〕，卷10，「高宗」，頁168。
221　䔞伯贊：「南宋初年黃河南北的義軍考」，收入〔中國史論集〕（文風書局，
　　　民國32年初版）。

多，藉其光復故土的成份較少。另有部分義軍的心態則一如王善所說：「天下大亂，乃貴賤貧富更變之時，豈止於求糧而已。」是另有圖謀，效忠宋室的觀念則甚缺乏，立場游移，凡利之所在，則趨之若鶩；如紹興二年（1132），知光州的許約和知壽春府的陳卞都並用南宋與僞齊的年號[222]。義軍中更有時降時叛者，像李成、孔彥舟、徐文等人，不僅降劉豫，獻攻宋策略，更成爲僞齊南侵的先鋒，使高宗爲之寒心。更有利用宗室（甚至假親王、妃姬等）爲傀儡，圖謀舉事的；如楊進雖受宗澤招安，任營州防禦使，知河南府，卻不肯赴任。宗澤死後，不僅縱其部衆大肆剽掠，更「擅置官吏、凶暴日熾」[223]。在所據的鳴皋山「深溝高壘，儲蓄糧餉」，甚至有僭竊之意，「詐言遣兵入雲中府，復奪淵聖皇帝及濟王歸，欲搖動衆心，然後舉事」[224]。韓世清也欲立趙令俊及擁僞柔福帝姬[225]。李在曾詐稱五台山信王部下據高郵[226]。紹興元年，仍有義軍假信王名號，在河北結納將士「動搖邊境」[227]。這些行動對於以小宗入繼大統，又未經正當繼承手續的高宗而言，自是一大威脅。在劉嶸所上萬言書中就曾指出高宗嫉視並蓄意剷除宗室：

今陛下之族，被虜而去者衆矣，所存亦無幾何？黃潛善、鄭慤小人之見，本無遠識，謂陛下以支子入繼，又

222 李心傳：〔建炎以來繫年要錄〕，卷51，紹興2年2月，是月條，頁20上。
223 徐夢莘：〔三朝北盟會編〕，卷118，建炎2年10月26日條，頁13。
224 徐夢莘：〔三朝北盟會編〕，卷120，建炎3年正月條，頁1。
225 韓世清原名雋，爲苗傅部將。劉苗敗，受劉光世招降，建炎3年11月1日欲立趙令俊不成。同月敗劉忠，得僞柔福帝姬。見〔會編〕卷133，頁10，卷134，頁10。關於僞柔福帝姬，參見李心傳：〔建炎以來朝野雜記〕，及宮崎市定著，鄭欽仁譯：「南宋政治史概說」六，金、南宋和議的餘波（頁27）。
226 李心傳：〔建炎以來繫年要錄〕，卷20，建炎3年2月癸酉條，頁19上。
227 假信王誘結將士，是鄧州楊餓檿之子，於紹興元年4月21日，被翟興派統制官董先所殺。見徐夢莘：〔三朝北盟會編〕，卷147，頁2～3。

　　　不緣傳付之命，國步方梗，恐肺腑之間，不無非望之

　　　冀。考其行事，必曾進言，恫疑虛喝，以恐動聖心。故

　　　自南都以至淮陽，誅竄之刑，疑忌之意，相尋繼見[228]。

高宗對其親弟信王的抗金活動，都蓄意破壞，使其功敗垂成；對
這些忠君觀念淡薄，擁兵在外而挾宗室爲號召的義軍，自然更如
芒刺在背，亟欲除之而後安，遑論支持他們共事匡復任務之大業
了。品類太雜，難期有成，王夫之說：「定大略、戡大難、摧大
敵、成大功者，無所恃於此焉！」[229]實一語道破義軍失敗之重要
癥結。

228　事在紹興2年10月6日，見徐夢莘：〔三朝北盟會編〕，卷153，頁1。
229　王夫之：〔宋論〕，卷10，「高宗」，頁193。

第三章 高、孝宗年間的義軍

第一節 叛金意識下的義軍活動

紹興十一年(1141)，宋金和約簽訂後，南宋在高宗支持下，以秦檜爲首的主和派得勢，爲了履行和約，下令各地守將固守疆圉，不得出兵或招納叛亡[1]；並訂定罰則，懲治擅納歸正的邊將[2]，遂使宋將與北方義士聯繫的工作被迫停止。而投歸南方的義士，也在主和聲勢高漲下，紛遭罷黜，無所作爲[3]，甚至遭到毒殺的命運[4]。紹興十五年 (1145) 三月，金人來索避入南方的北人，高宗曾說：「交鄰之道，以守信爲主。」據說秦檜在這個原則下，遣還了五萬人[5]，更有些人爲避免被遣回北方而逃亡[6]。同時，熙宗統治下的金朝，有元老重臣爲之輔弼，文治武功均盛。他更創設「屯田軍」，將多達六萬的女眞人和契丹的猛安謀

---

1 李心傳：〔建炎以來繫年要錄〕，卷142，紹興11年11月條，頁15下。
2 同上，卷157，紹興18年3月乙酉條，頁4下。
3 同上，卷157，紹興18年5月癸未條，頁9。卷158，同年閏8月庚申條，頁5上。
4 邵隆與牛彥二位義軍都是暴死，時人疑爲秦檜所害。見徐夢莘：〔三朝北盟會編〕，卷214，頁1。卷216，頁1。
5 李心傳：〔建炎以來繫年要錄〕，卷153，紹興15年3月甲子條，頁6下，所引林泉野記。
6 宋汝爲怕被遣還，逃到青城山中，化名爲趙復。見〔建炎以來繫年要錄〕，卷156，紹興17年4月己未條，頁9下。

克戶，移徙中原，和漢人雜處，以監視及鎮壓漢人[7]。因此，儘管熙宗有過虐殺漢人的文字獄，晚期也不免有酗酒肆虐，濫殺貴族、宗室等種種暴行，但大體上，對漢族百姓尚稱仁厚，頗能收攬民心。崔淮夫就說：

> 淮北陷番百姓，昨在東昏時，撫存頗厚，小民無知，偷生苟活，久而俱化，其心未易動搖[8]。

北方義軍既不易鼓煽百姓，又得不到南宋政府的有效支持，抗金活動遂日漸消寂。宋金間邊防無犬吠之警，雙方維持著相當和平的局面。

　　金熙宗晚年的濫殺宗室，引起女眞貴族的恐懼與離心。紹興十九年(1149)，熙宗爲其堂兄完顏亮所殺，亮僭竊自立，是爲海陵帝。他有統一天下的野心，不過，在他繼位之初，還沒有能力去實現他的大志。他先著手剷除反對勢力，從事科舉制度、軍事措施的改革，改訂官制，變革社會經濟制度，實行中央集權以提高皇權[9]。並在紹興二十二年（1152），將都城從松花江中游的上京，遷移到燕京。迨政治步上軌道之後，乃逐步實施統一天下的計劃。大體上說，在紹興二十八年（正隆三年，1158）以前，海陵帝雖曾屠殺宗室，廷杖大臣，並未嘗以苛政暴行加諸百姓[10]。

　　海陵帝加強了中央集權的統治後，便積極籌劃南侵宋朝。紹

7　徐夢莘：〔三朝北盟會編〕，卷244，頁7。參見蔡美彪、朱瑞熙等著：〔中國通史〕第六冊，第五章，頁278。
8　同上，卷230，頁6。參見三上次男：〔金史研究〕㈢，第十一、金の世宗と漢人統治，頁408～409。
9　見姚從吾：〔姚從吾先生全集〕㈡，〔金朝史〕，第六講，海陵帝的遷都燕京與對宋用兵的失敗，頁131～134。陶晉生：「金代政治結構」，〔史語所集刊〕四十一本第四分，頁573～574。蔡美彪、朱瑞熙等：〔中國通史〕第六冊，頁287～292。
10　陶晉生：〔海陵帝的伐宋與采石戰役的考實〕（臺大文史叢刊之五，民國54年6月再版），二、海陵帝伐宋的決策及其準備，頁38。

興二十九年（1159），頒佈嚴禁百姓私自越境的法令[11]，接著營建汴京，大興土木。據說此役發動了民夫八十萬，兵弁四十萬，「作治數年，死者不可勝計，地皆古墳塚，悉掘棄之」[12]。此一數字或不免誇張之嫌，但也可反映工程的浩大。就在營建汴京的同時，又徵調工匠、民夫建造戰艦，脅迫「灌園種稻取漁之人」為水手；命各路總管府督造兵器，並將各路舊存兵器全部集中於中都。各地製造兵器所用的材料，悉自民間徵索，因而村落間，往往要牢殺耕牛來供應筋革。又廣括民間私馬，簽調各路壯丁。而為了支付龐大的軍需，更搜括民糧，提高賦稅，甚至預借了五年的稅錢。這一連串的簽差和徵歛，使中原的人力、物力和財力大量耗損，真到了民不堪命的程度。而金朝的政治既轉為暴虐[13]，契丹、女真遂相繼發動叛變[14]，趙開山也於紹興二十八年（1158）起而叛金[15]，於是平息已久的義軍抗金活動，乃再度掀起高潮。

　　紹興三十年（1160），不堪暴政的華北漢人，蜂擁而起，先後發動多次的反金活動；像山東東路東海縣民徐元、張旺及李秀，盤踞滕陽軍與沂州間蒙山的來二郎，起於太行山的任契丹等均屬此類。其中徐元、張旺尊奉宋朝正朔，海陵帝派了大將徐文等率領戰艦九百艘，費時三個月才將其敉平[16]。這些義軍都渴望南宋

11　脫脫修：〔金史〕，卷5，「海陵本紀」，頁109。

12　徐夢莘：〔三朝北盟會編〕，卷245，頁3。

13　同註10。

14　參見蔡美彪、朱瑞熙：〔中國通史〕第六冊，頁295～299。外山軍治：〔金朝史研究〕，一、金朝治下の契丹人，頁91～96。札奇斯欽：「契丹對女真的反抗」，〔趙鐵寒先生紀念論文集〕，頁466～474。陶晉生：〔海陵帝的伐宋與采石戰役的考實〕，頁54～58。

15　趙開山後來改稱開道，詳見下節表四所列趙開山條。

16　〔金史〕，卷5，「海陵本紀」，頁111。徐夢莘：〔三朝北盟會編〕，卷230，頁2。

的支援，但宋朝在主和派當權的情勢下，對義軍的活動不但不予
支持。甚至懷疑他們歸附的誠意，而拒絕接納他們[17]，使得金朝
有充裕的時間來撲滅義軍。

　　宋高宗主和的態度，並沒有因秦檜的去世（秦死於紹興二十
五年）而有所改變。紹興二十六年（1156），從北方南逃的東平
進士梁勛，上書指陳金人必將舉兵敗盟，卻被送到千里外州軍
編管[18]。二十九年（1159），歸朝官李宗閔也指出金人有南侵意
圖，宜未雨綢繆[19]，高宗仍不以爲意。甚至在張浚、張道夫、王
剛中、杜莘老、黃中、洪邁、葉義問等大臣，相繼上言金人必定
敗盟，宜早防備時[20]，高宗明知戰事已不可免，依然存著苟安之
念，始終未作應戰準備。三十一年（1161）五月，張闡上疏，批
評遣還歸正人政策之不當，高宗仍說：「遣人北歸，已載約書，
朕不忍渝也」[21]。同年七月，魏勝克海州，欲上報宋廷，邊將竟
以完顏亮未渝盟，不予轉達[22]。一直到八月，海陵帝抵汴京，積
極佈署南侵行動，敗盟形勢昭然若揭，宋朝始行接納困於女眞暴
政而相繼南歸的淮北義士崔淮夫、董臻等人。

　　紹興三十一年（1161）八月後，海陵帝南侵之謀愈發積極，百
姓所受壓力愈大，反金的活動日趨頻繁。先有魏勝克復漣水軍、
海州，招降金東海知縣高敏、高禹父子和支邦榮[23]。繼有杜奎攻
擊單州城，樹幟叛金[24]。孫一、李坤、韓先等人紛紛向宋朝提供

17　李心傳：〔建炎以來繫年要錄〕，卷184，紹興30年3月丙申條，頁19上～下。
18　同上，卷172，紹興26年3月乙丑條，頁5下。
19　同上，卷181，紹興29年3月是月條，頁17上～20下。
20　見陶晉生：〔海陵帝的伐宋與采石戰役的考實〕，三、南宋的備戰，頁62～66。
21　〔宋史〕，卷381，「張闡傳」，頁11746。李心傳：〔建炎以來繫年要錄〕，卷
　　190，紹興31年5月丁亥條，頁3下。
22　章穎：〔宋南渡十將傳〕，卷4，魏勝，頁2上。
23　同上，頁1上～下。
24　〔金史〕，卷5，「海陵本紀」，頁114。

金的軍事情報[25]，而在盱眙軍從事貿易的夏俊，也號召義軍攻佔泗州[26]。

在華北漢人抗金的浪潮中，海陵帝仍照原訂計劃南下侵宋。紹興三十一年(1161)九月，金兵四路並舉南侵，海陵親率三十二總管，「兵號百萬，氈帳相望，鉦鼓之聲不絕」[27]。遠近大震。宋廷才大夢初醒，倉皇應戰，並一改昔日消極作風，於九月二十九日，下詔獎勵中原義軍起兵抗金。詔稱：

> 中原百姓，見為簽軍，想未望（忘）祖宗德澤，痛念二聖不還，豈肯從蕃，反攻舊主。榜到各宜相率從便歸業，內有願立功效來歸人，當議優加爵賞。……一、中原諸路州縣官吏軍民，有能以一路歸者除安撫使，以一州歸者與知州，以一縣歸者與知縣，餘見任官更不改易。一、諸路忠義豪傑山寨首領，能立功自效者，並依前項推賞[28]……。

並訂下招納歸附的獎賞條例，鼓勵邊將招納歸附[29]。十月初再次下詔，招諭忠義起而抗金。

然而，自宋金第一次和約以後，宋朝經歷了二十年的和平，軍政不修，將士驕惰。一如權戶部侍郎兼侍講汪應辰所說的：

> 自講和以來，諸將坐擁重兵，初無尺寸之功。而高爵厚祿，極其富貴，安享優佚，養成驕惰，無復激昂奮勵之志。兵籍雖多，初不閱習。……行路之人，皆知其不可

25　李心傳：〔建炎以來繫年要錄〕，卷192，紹興31年8月壬戌條，頁8下。徐夢莘：〔三朝北盟會編〕，卷231，紹興31年8月28日，頁3。

26　徐夢莘：〔三朝北盟會編〕，卷231，頁8。

27　李心傳：〔建炎以來繫年要錄〕，卷192，紹興31年9月是月條，頁21下。

28　同上，卷192，頁19下、20下。

29　同上，卷193，紹興31年10月戊申條，頁9上。徐夢莘：前引書，卷232，頁3～4。

用也。已而，敵騎奄至，曾不一戰，望風遁逃，浹辰之
間，而兩淮之地，蹂躪幾遍。方且怙不忌憚，恣為誕
謾，列上戰功，誑惑聖聽。急危之際，被旨應援，乃或
游辭詭計，顧望不進[30]。

加以宋承襲強幹弱枝及猜忌武將的家法，處處干涉大將的統帥
權，失去因時制宜，制敵機先的機動性[31]。即使是面對士氣低落
的金兵，宋人除了在川陝、襄漢勉能相持之外，金兵主力所攻的
兩淮則連遭敗績[32]。十月八日，海陵率軍渡淮，進逼廬州，守將
王權逃遁，廬州失陷。十九日，邵宏淵潰於眞州，接著王權棄守
和州，揚州亦陷，劉錡倉皇渡江。至十一月四日，瓜洲兵敗，淮
南地區盡入金人之手。這一連串的敗訊，竟使得江南人心惶惶，
朝臣大吏率「預遣其奴，而繫馬於庭以待」[33]，做逃亡準備。高
宗也備好船隻，欲再演航海避敵之行，南宋情勢岌岌可危。

　　幸而就在海陵帝進逼廬州時，女眞人禍起蕭牆，反對海陵無
道的女眞人在遼陽府發動了政變。海陵帝南侵時，也徵發了女眞、
契丹、奚族壯丁隨軍出征，已定居於中原農業區的猛安謀克戶不
願南下[34]，相繼北逃。萬戶完顏福壽乃率領一萬名女眞兵逃回遼
陽，與完顏謀衍發動政變，擁完顏雍為帝，改元大定，是為金世
宗。一般不願南侵的金兵相率投奔[35]，嚴重威脅著完顏亮的後方。

30　汪應辰：〔文定集〕（叢書集成初編），卷2，「應詔陳言兵食事宜」，頁15。
31　陶晉生：〔海陵帝的伐宋與采石戰役的考實〕，三、南宋的備戰，頁80～86。
32　宋兵在兩淮戰敗的因素很多，不外乎：㈠宋將未戰先遁；㈡宋兵懦弱；㈢金兵
　　多；㈣海陵帝戒殺，而宋官軍擾民。參見徐夢莘：〔三朝北盟會編〕，卷234，
　　頁6；卷235，頁2～3。
33　〔宋史〕，卷434，「儒林，薛季宣傳」，頁12883。
34　陶希聖：「金代猛安謀克的土地問題」，〔食貨〕半月刊1卷8期（民國24年
　　3月16日），頁35。
35　陶晉生：〔中國近古史〕（臺北，東華書局，民國68年10月初版），第十三章，
　　宋金和戰，頁150。

當時，海陵帝既傾國南侵，北方又發生政變，華北遂成眞空。原來就不滿異族統治和海陵苛暴的中原豪傑，得此良機，乃高舉反金旗幟，大肆活動。正如張棣在「正隆事迹」所記：

> 是時，中原之民知褒雖立，尚在沙漠，度亮雖存，駐軍淮上，中原無主，皇皇如也。其間豪傑羣，不待本朝之命，誅殺守令，遵本朝之命，改虜正朔爲本朝正朔[36]。

一時之間，義軍風起雲湧，王友直、王任起於大名，耿京、辛棄疾、僧義端起於濟南，賈瑞起於蔡州，陳俊起於太行等。其中王友直一軍「所至盜賊蜂起，大者連城邑，小者保山澤，或以十數騎張旗幟而行，官軍莫敢近」[37]，聲勢相當盛大。而沿邊守將也開始招納義軍、歸正，並在他們的引導下，恢復了分失土。如吳璘在四川招納蘭州千戶王宏，收復了秦州、蘭州、隴州、洮州；王彥也收復商州、虢州、華州。襄漢方面則武鉅招納了杜海、咎朝等數萬義軍，收復鄧州。另由辛傅收復朱陽縣，吳拱招納了孫傳等老小三千多口，壯丁千餘，復汝州；趙撙收復了蔡州；陳亨祖和范邦彥亦舉陳州和新息縣歸宋[38]。兩淮方面則有楊春募民復廬州，崔定復巢縣。而魏勝和李寶在山東的活動成就更大，他們復海州後，招納了山東豪傑如開趙（卽趙開山）、明椿及王世隆、滕玼、王彥、于宜等人，滙成一股抗金洪流。又得到金水師的降附，殲滅金在膠西的艦隊，締造了陳家島的大捷。不僅紛碎海陵帝從海道進攻南宋的計劃，更大大地提高宋人的士氣[39]。

36　徐夢莘：〔三朝北盟會編〕，卷242，頁14。
37　〔金史〕，卷5，「海陵本紀」，頁115。
38　〔宋史〕，卷32，「高宗本紀」，頁602～610。賈興宗：〔九華集〕（四庫珍本初集），卷24，「西陲筆略」，頁1～21。西岳：「從采石之戰到隆興和議」〔史學月刊〕（1958年6月），頁23。
39　章頴：〔宋南渡十將傳〕，卷4，頁6。李心傳：〔建炎以來朝野雜記〕乙集，卷20，「李寶膠西之捷」，頁3。

李寶，魏勝的奏捷，已使金南侵軍有後顧之憂 。及采石一戰，金兵主力潰敗，士氣渙散，各地義軍乃益發活躍，在背後牽制金兵。而金世宗在遼陽府的自立，更使海陵帝有芒刺在背之感，亟欲重整旗鼓，早日渡江滅宋，以便凱旋北歸，專心討伐金世宗。乃急發軍往揚州，卻由督責太急，爲諸將所殺，其統一天下的夢想遂告破滅。

海陵帝死後，金兵潰敗之餘，紀律蕩然，所過騷亂，「士卒掠淮南，百姓苦之」[40]。金世宗初期時，亦以經費不足，向百姓預借租稅[41]，這一措施同樣激起沿邊人民對金政權的不滿。洪适建議利用忠義軍，乘時恢復[42]。邊將乃對忠義歸正極盡招納之能事，於是沿邊義士如秦弼、強震、強霓兄弟、孟昭以及倪震等都相繼叛金附宋，宋守邊將領在義軍的支持下，展開收復失地的行動。川陝方面，先後收復河州、原州、大散關、德順軍、環州、會州、熙州。襄漢方面則收復了蔡州（後又失）、河南府、汝州（後又失）、順昌軍。兩淮方面，則盧州、泰州、楚州、泗州、和州以及壽春府等地，都次第收復[43]。正如葉適所說：

> 顏亮兇狂，離其巢窟，跳躑一戰，鼓聲所震，常、潤之
> 屋瓦幾無寧者。……然而胡人篡之，華人叛之，卒殞其
> 首。於是中原響合，殆將百萬，而我以素無紀律之兵，
> 聲勢不接，猶能所向有功[44]。

---

40 〔金史〕，卷88，「移剌道傳」，頁1967。
41 胡聘之輯：〔山右石刻叢編〕（新文豐出版公司影印），卷20，「龍巖寺記」，頁16。
42 洪适建議：「宜多遣有膽力人，密傳詔檄，使中原義士，各取州縣，因以禪之。……遲以歲月，必有機會可乘，恢復故地，何雪破仟。」見〔盤洲文集〕，卷50，「條陳恢復事宜奏」，頁335。
43 同註38。
44 葉適：〔葉適集〕（河洛圖書出版社影印，民國63年5月臺初版），二、水心別集，卷15，「應詔條奏六事」，頁839。

於是，主戰派逐漸抬頭，宋的聲勢大振，迫使急於結束戰爭的金世宗遣使議和。

金世宗爲了專心對付契丹的亂事，並穩定金內部的局勢，決定對宋講和。對內一改海陵帝時代的苛暴，進行一連串的安撫措施，如遣使撫循、救濟山東百姓[45]、遣散河北、山東、陝西等路南征軍。同時，下詔赦免義軍：「亡命山澤，聚爲盜寇，赦書到處，並限一百日，經所在官司陳首，與免本罪」[46]。以前叛亡舉事，一概不問。中原百姓既受金撫循，又惑於議和之說，認爲恢復無望，紛紛解散，抗金義軍缺乏羣衆支持，漸漸解體。義軍領袖王友直、王任、賈瑞、任契丹、辛棄疾、開趙、王世隆等，見事不可爲，除魏勝仍留山東，繼續招納忠義豪傑，與金相抗外[47]，其餘諸人紛紛南下奔宋。金廷甚至收買投機分子，殺害義軍首領，如耿京即爲叛將張安國所殺。在世宗恩威並濟的政策下，義軍活動又趨沉寂。等到契丹亂事平定，金後顧之憂既除，對宋的態度轉趨強硬，乃調派大軍，攻陷淮寧府，殺陳亨祖，駐屯河南，揚言進取兩淮。

紹興三十二年(1162)六月，高宗內禪，孝宗繼立，銳意恢復。乃極力救濟兩淮流民及山東歸正忠義，以激勵義軍的歸向，次年二月，甚至以封王世襲等優厚條件，鼓勵中原豪傑起兵叛金[48]。同時在朝臣對和戰問題的爭論中，支持主戰派的張浚的主張，不

45　〔金史〕，卷84，「耨怨溫敦謙傳」，頁1884；卷88，「移剌道傳」，頁1967；卷89，「蘇保衡傳」，頁1974。

46　徐夢莘：〔三朝北盟會編〕，卷233，頁5。

47　章穎：〔宋南渡十將傳〕，卷4，頁7～8。

48　〔宋史〕，卷33，「孝宗本紀」，頁621。蠟書說：「朝廷今來敦大信，明大義於天下，依周漢諸侯及唐立藩鎮故事，撻定中原，不貪土地，不利租賦。除相度於唐、鄧、海、泗一帶，置關依函谷關外，應有據以北州郡歸命者，卽其所得州郡，裂土封建。大者爲王，帶節度鎮撫大使，賜玉帶金魚塗金印。其次爲郡王，帶節度鎮撫使，賜犀頭金帶金魚塗金銅印，仍各賜鐵券旌節，門戟從

經宰相，逕行降詔北伐[49]，並命李顯忠、邵宏淵率兵分道出擊。李顯忠自紹興九年（1139）率義軍歸正後，曾被貶官，到海陵帝南侵時，再蒙起用。孝宗即位，他建議由宿州出兵，收復河東。受命北伐後，隨即收復靈壁縣，接著與邵宏淵合兵收復宿州，聲勢頗壯，頗有一舉光復中原之勢。而淮北人民「朝夕延頸跂踵，以望王師之來，至有一戶而磨麥七十石，養豬數十口，造酒三、二十甕，以備壺漿之迎者，又有朝夕沿淮探伺及請旗榜者」[50]。不幸，北伐的宋兵卻到處殺掠，引起中原民眾反感[51]，加上李、邵二將各自為政，不能通力合作。興隆元年（1163）五月，金兵大舉反攻，宋兵遂潰於符離，北伐乃告失敗。

　　符離師潰後，宋孝宗依違於和戰中，態度猶豫。主和派一度抬頭，派使向金求和，由於金要求過苛，如遣還歸正人的條件，

物。元係蕃中姓名者，仍賜姓名。各以長子為節度鎮撫留後，世世襲封，永無窮已。餘子弟聽奏充部內防圍刺史，亦令久任將佐，比類金人官制升等換授。其國置圖相一員，委本國選擇保奏，當降真命，餘官準此，七品以下，聽便宜辟除。土地所出，並許截留充賞給軍兵祿養官吏等用，更不上供。每歲正旦一朝，三年大禮一助祭，如有故聽留後國或相代行。天申會慶節止遣國官一員將命。應刑獄生殺，並委本國照紹興勑令參酌施行，更不奏案，合行軍法者自從軍法。四京各用近鄰大國廉充留守。朝廷惟於春季遣使陵，餘時止用本處官吏侍祠。每遇朝貢，當議厚給茶、綵、香、藥等充回賜，以示撫存。遇一國有警急，諸國迭相救援，如開斥生地，俘獲金寶，並就賜本國，仍永不置監司帥臣及監軍等官。候議定，各遣子弟一人入覲，當特賜燕，勞畢，即時遣回。機會之來，時不可失，各宜勇決，以稱朝廷開納之意。」見陸游：〔渭南文集〕（四部叢刊初編本），卷3，「蠟彈省劄」，頁45～46。又見史浩：〔鄮峰真隱漫錄〕（四庫珍本二集），卷6，「撫定中原蠟告」，頁19～21。詔文殆由陸游撰寫，史浩改定。

49　李心傳：〔建炎以來朝野雜記〕甲集，卷20，頁5下～13上。葉紹翁：〔四朝聞見錄〕丙集（知不足齋書本），「張史和戰異議」，頁15～16。王德毅：〔宋孝宗及其時代〕，〔宋史研究集〕第十輯，頁245～302。

50　王之道：〔相山集〕（四庫珍本初集），卷20，「申三省樞密利害劄子」，頁11下～12上。

51　周麟之：〔海陵集〕（四庫珍本七集），卷4，頁12上。王十朋：〔梅溪王先生文集〕，卷3，頁33。

即爲孝宗所不能接受，幾經折衝，終無所成[52]，於是，孝宗又於二年三月，命張浚視師，並且下了一道「撫諭歸正將士人民詔」，鼓勵忠義抗金。詔書說：

> 朕遣使約和，首尾三載，北帥好戰，遂執不移，自盧仲賢初議，則有畫定數事；叔姪通書之式，唐、鄧、海、泗之地，歲幣、銀、絹之數，及緣邊歸附之人。朕志存好生，寧甘屈己，書幣土地，一一曲從。唯念名將貴臣，皆北方之豪傑，慕中國之仁義，削去左衽，投戈來歸，與夫軍士人民厭厭腥羶，喜我樂土。朕知其設意，欲得甘心，斷之於中，決不復遣。前後書辭，再三峻拒，故彼逞怒無厭，入我邊境。若朕利於和好之速成，不顧招懷之大信，依隨所欲，驅迫北歸，則與淮北之民同爲漁肉矣。爾等當思交兵釁隙，職此之由，視彼如讎共圖掃蕩。高官厚賜，自有明科，傳之子孫，永保寧泰，天地鑒照，朕不食言[53]。

張浚加強戰備，招納來自山東、淮北的抗金義軍一萬二千人，編入建康、鎮江兩軍[54]，並派人與在汴京的司馬朴之子司馬通國聯繫，暗通聲氣，以相呼應。通國在汴京結納了三萬義軍，準備起義，以配合張浚的北伐之師，不幸事洩被殺[55]。不久，孝宗命張浚還師、罷招納[56]。主和派急於謀和，私下撤除兩淮守備，撤退海、泗、唐、鄧戍兵。金人聞悉，再度舉兵南侵，宋軍全無戒備，大敗。知楚州魏勝率義軍迎戰，兵寡勢孤，派人向都統制劉

---

52 〔宋史〕，卷33，「孝宗本紀」，頁624～630。
53 洪适：〔盤洲文集〕，卷12，「撫諭歸正將士人民詔」，頁121。
54 〔宋史〕，卷361，「張浚傳」，頁11310。
55 葉紹翁：〔四朝聞見錄〕，丙集，「司馬武子忠節」條，頁12～14。
56 〔宋史〕，卷371，「湯思退傳」，頁11531。

寶求救，寶以和議方興，按兵不動；魏勝孤軍奮戰，中箭而死。
金兵渡淮，宋藩籬盡失，只得再遣使議和，最後雙方議定：㈠宋
金關係從君臣變成叔姪，宋對金不再稱臣。㈡疆界恢復紹興原
界。㈢歲幣減為銀、絹各二十萬。㈣宋對金的表與金對宋的詔都
改為平等的國書。㈤歸還被俘人，不還叛亡人[57]。

　　和約簽訂後，義軍大規模的抗金活動已不復見，蓋宋在和約
的束縛下，對義軍不能作有效的支持或招徠。而金世宗由外藩入
繼大位，深知民間疾苦和吏治得失，在位期間，躬行節儉，與民
休息，尚能維持著「上下相安，家給人足，倉廩有餘」的新景
象[58]；民心粗定，不復思亂，亦有以致之。

　　不過，金世宗一朝雖未見漢人大規模的抗金活動，但小規模
的亂事不絕如縷。根據金史等的記載，世宗在位期間，約有二十
三次漢人叛變、謀叛和犯亂言罪[59]，有「小堯舜」美譽之稱的大

57　不著撰人：〔宋史全文續資治通鑑〕，卷24，頁22上。
58　〔金史〕，卷8，「世宗本紀」贊，頁204。
59　根據〔金史〕及當時史籍，世宗時期叛變、謀叛、犯亂言罪等事件列舉如下：

目次	時　　　間	事　　　　　蹟	史　　　源
1	大定3年2月25日	趙景元以亂言伏誅。	〔金史〕「世宗本紀」
2	3年2月29日	東京僧法通以妖術亂衆，都統府討平之。	同上
3	4年正月19日	徐州民曹珏討賊江志。	同上。〔金史〕，121，曹珏
4	4年	長山縣土寇未平，一旦至城下幾萬人。	〔金史〕，95，張萬公
5	8年2月	海州民侍旺叛於漣水軍密款於宋，稱結約山東12州豪傑起義，以復中原。9年2月為金所獲，其徒渡淮而南者甚衆，金縣取俘獲人，陳俊卿持不可。	〔宋史〕，34、402。〔九華集〕五（侍旺有作時旺）
6	9年6月5日	冀州民張和等反伏誅。	〔金史〕「世宗本紀」
7	11年4月3日	歸德府民臧安兒謀反伏誅。	同上
8	12年3月29日	北京曹貴等謀反伏誅。	同上
9	12年9月21日	蔚州李方謀反伏誅。	同上

定時代，竟有「亂民獨多」的現象[60]。這種現象形成的原因，大致有以下數端：㈠金世宗馭下嚴苛，官吏對較小的案件也不敢隱瞞，甚至以輕報重[61]。㈡金朝經歷海陵帝後期的暴政後，世宗改施寬容政策，百姓勇於發洩對異族統治者不滿的情緒[62]。㈢世宗個人的種族歧視，加重對漢人的剝削。㈣推行通檢推排辦法，與猛安謀克散處中原各地，製造事端，激起民怨[63]。若從亂事本身來觀察，則與沿邊宋吏的暗中招納、策動也有關係。蓋孝宗志在

10	12年11月17日	同州民屈立等謀反伏誅。	同上
11	12年12月3日	冀州王瓊等謀反伏誅。	同上
12	12年	河東、河北大飢，流人相枕死於道。冀、莫、澤、潞、絳、解州賊盜大起，詔元帥僕散忠義討之，嘯聚山谷而復合，有連十數村，屠之戮及無辜，而強壯逬逃，竟不能制。	〔大金國志〕十七
13	13年閏正月28日	洛陽縣賊眾攻盧氏縣，殺縣令李庭才亡入於宋。	「世宗本紀」
14	13年9月21日	大名府僧李智究等謀反伏誅（〔金史〕卷88，石珪傳則作李智究謀以大定11年11月起義）。	同上。〔金史〕，88
15	16年	恩州民郎四謀不軌，事覺，逮捕千餘人。	〔金史〕，126〔遺山文集〕一六
16	18年3月15日	歙州人殷小二等謀反伏誅。	「世宗本紀」
17	19年7月17日	宻州民許通等謀反伏誅。	同上
18	19年8月21日	濟南民劉漢忠謀反伏誅。	同上
19	21年3月19日	邃州民宋忠等亂言伏誅。	同上
20	21年閏3月3日	恩州民郎明等亂言伏誅。	同上
21	23年3月11日	潞州涉縣人陳圓亂言伏誅。	同上
22	（不詳）	縣尉獲盜，得一旗，上圖元宿，詰之，有謀叛狀，誅連幾萬人。	〔金史〕，92，大懷貞傳
23	（不詳）	海州捕賊八十餘人，賊首海州人，其兄今爲宋之軍官。	〔金史〕，89，魏子平

60 趙翼：〔廿二史劄記〕（華世出版社，臺北，民國66年9月新一版），卷28，「大定中亂民獨多」條，頁620。

61 同上。參見陶晉生：「金代的政治衝突」，〔史語所集刊〕四十三本第一分，頁149，註[64]。

62 陶晉生：「金代的政治衝突」，頁148。

63 參見姚從吾：〔金朝史〕，第七講，「所謂金世宗的小堯舜時代」，頁197。華山：「金世宗一代的政治和漢族人民起義問題」，〔文史哲〕（1956年11月號），頁148。蔡美彪、朱瑞熙等：〔中國通史〕，第六冊，頁338~345。

恢復，這時雖受到和約的限制，不能公開招徠[64]，但邊吏仍有暗中鼓動的現象。像〔金史〕「魏子平傳」中所述海州亂賊中，賊首之兄是宋軍官。契丹人烏林荅刺徹勾結李顯忠的例子，也可爲例證。世宗曾說：「宋之和好，恐不能久」[65]。乾道四年（大定八年，1168），爲了侍旺的黨羽歸宋的事件，便引起宋金之間外交上的糾紛[66]。此外，災荒與宗敎的蠱惑也有關係，像大定十二、十三年間（1172、73）的亂事，顯然與災荒有關。而李智究和僧法通則謀藉佛敎煽惑民心，發動叛變[67]。然而，由於金世宗的統治相當穩固，起義者之間沒有聯繫，也缺乏有力的外援，往往很快就被敉平，始終不能滙成洪流，只能算是海陵暴政後所遺下的盪漾餘波吧！

第二節　日趨消寂的地方性自衛組織

紹興二十八年（1158）以後，金海陵帝爲統一天下，逐步推動侵宋戰爭，不僅使紹興十一年(1141)，宋金締和以來，雙方所維持的和平關係，面臨嚴重的挑戰；更使金朝入主中原以後，致力收拾人心，安定社會秩序的成果，也面臨考驗。蓋海陵帝任意徵歛民財、簽差役夫、民兵，百姓窮困，無以爲生，不堪之餘，遂掀起叛金的浪潮。或歸宋以避禍，造成「渡淮之人晝夜不止，漣水爲之一空，臨淮縣民亦源源而來不絕」[68]的景象；或招攬豪傑，進行抗金活動。到海陵帝簽軍南侵時，義軍制其後路，大舉攻

64　孝宗在乾道9年12月曾下令邊將「毋輒遣間探，招納叛亡」，見〔宋史〕，卷34，「孝宗本紀」，頁656。
65　〔金史〕，卷89，「魏子平傳」，頁1977。
66　參見註59所引第四次叛變事蹟中所引史源。
67　見註59。
68　李心傳：〔建炎以來繫年要錄〕，卷191，紹興31年7月丙戌條，頁4下。

略；或據險自保，形成一股龐大的抗金勢力。其後「葛王新立，國未定，兵民疲幣，遠近離心。山東、河北豪傑蠭起，耶律諸種兵數十萬，據數郡之地，自燕以南，號令幾不行。太行山患（忠）義士耿京、王世隆，陳、蔡如：陳享（亨）祖輩，倡義響應，皆欲進取擊地以還本朝，虜之君臣患之」[69]，活動之熱烈，實不遜於高宗初年。直到宋金再締和約以後，義軍的活動雖不復昔日盛況，然仍餘波盪漾，未曾中輟。節末所附表四是從紹興二十八年（1158）到隆興二年（1164）間，重要義軍、歸正領袖及其活動概況。

　　由於史料的不足，無法從表上完全了解義軍的活動，但從其中所顯示的資料，仍有助於對義軍活動的觀察。

　　從出身背景來看，這時期的領袖有十三人是豪民，六人是金的官吏，三人是平民，金進士、商人、士卒和金賊二人，僧侶和宋官各一人，身分不詳者八人。

　　起義或歸正的地區：南京路有十五人居首，山東（東西兩路）十四人居次，大名府路和太行各二人，淮南東西路合計有三人，而鄰近四川宋邊境的秦鳳路、慶原路、京兆府路與臨洮路各有一人。

　　由上面簡單的歸納，可以知道除大名府路和太行外，義軍多在宋金接鄰的邊境上活動，尤以南京、山東路爲多，這一方面與旱蝗爲災有關[70]。一方面與北宋末年以來，山東義軍反金傳統有關，辛棄疾說：「山東之民，勁勇而喜亂，虜人有事，常先窮山

69　章穎：〔宋南渡十將傳〕，卷3，「李顯忠」，頁24下。
70　當時華北旱蝗爲災，情形很嚴重。洪适說：「山東仍年旱蝗，耕者無所得食」（見〔盤洲文集〕，卷50，頁336），張浚也說：「……東北今歲蝗蟲大作，米價踴貴。」（見〔宋史全文續資治通鑑〕，卷22，頁1829）。紹興32年，宰臣所得探報也說：「黃河南北，蝗蟲爲災，今已數年」。見李心傳：〔建炎以來繫年要錄〕，卷199，頁16上。

東之民，天下有變，而山東亦常首天下之禍」[71] 乃是實情。諸領袖中，豪民和金官吏不僅人數多，也集中於邊境各路，這可能是在金的賦稅制度下，豪民迫於海陵帝暴斂的壓力，以及海陵帝遷猛安謀克到中原後，爲安定其生活，實施括田政策，爲害到豪民的利益[72]。爲維護自身利益，又得到南宋政權的鼓勵和支持，較易掀起抗暴活動。豪民和官吏一樣，在宋優厚的招納條件下，爲逃避戰禍，往往主動歸正。其中至少有九人，南下歸正後，便不再參與抗金的活動。

　　起義和歸正的起事時間：仍以領袖而言，紹興三十一年（1161）有二十九人，三十二年（1162）有五人，三十年（1160）有三人，二十八年(1158)、二十九年（1159）及隆興二年(1164)各一人。由義軍活動的頻率，證諸史實，可以反映出宋金情勢的發展。如紹興三十一年（1161）九月、十月、十一月的三個月裏，有十七人領導起事，參與的羣衆也最多。這是海陵帝發動南侵到被殺的時間，正是義軍活動最頻繁的時刻。九月，金北有契丹之亂，海陵帝又大肆簽軍，發動南侵；十月，金將發動政變，擁世宗自立；十一月，海陵帝在采石戰敗及被殺，這三個月是中原眞空，金統治力鬆弛的時期，有助於義軍的活動。章穎描述這三個月裏義軍活動的情況說：

　　　　是時，太行山之東，忠義之士蠭起。開趙起於密州，有
　　　　衆十餘萬以助膠西之師，王世隆起兵援海道，夏侯（俊）
　　　　取泗州來歸，耿京起濟南取兗州，陳亨祖復陳州，孟俊

71　辛棄疾著，辛啟泰輯，鄧廣銘校補：〔稼軒詩文鈔存〕（長安出版社影印，民國64年9月初版）「美芹十論」久任第九，頁21。
72　〔金史〕，卷86，「李石傳」說：「山東、河南軍民交惡，爭田不絕。有司謂兵爲國根本，姑宜假借。」頁1914。參見陶希聖：「金代猛安謀克的土地問題」，頁38～39。

焚虜舟而守順昌，李雄復鄧州而抗劉豫，王友直復北

京。潼關以東，淮水以北，奮起者不可殫紀[73]。

眞是最好的寫照。

從上述義軍起事地點、時間，證諸上節所述義軍活動情形，可知義軍的活動，實知金內部經濟壓榨及政治暴虐之後，接著舉兵侵宋，對內統治力鬆弛，以及宋金戰爭的爆發等，關係較爲密切，領袖身分亦以豪民與金官吏爲多。大陸學者所強調的義軍的農民革命與民族意識之性格，就本期義軍而言，實缺乏史實根據。

義軍大體都是由領導者召募或招集而成的。召募的例子有二：一是楊春曾在中派河召募民兵，克復廬州；而魏勝也曾在海州召募忠義士[74]。其餘多半是由爲首的人招集而來的，例子很多，像耿京「怨金人徵賦之騷擾，不能聊生，乃結集李鐵鎗以下得六人」[75]，另外咎朝、陳亨祖、王友直、趙開山、孟晞、胡彬、僧義端、辛棄疾、來二郎等都以這種方式結集羣衆。而義軍領袖的產生也不外乎自任和推戴二種；像趙開山卽是在招集羣衆時，被兵衆擁戴爲首領。王友直、魏勝則自任領袖。

不過，這時淮南抗金的義軍還有民社、鄉兵等團體，屬於地方性的自衞組織，可能與前期的忠義巡社性質相近，唯組織詳情已無從稽考。他們多半以山水寨爲禦金據點，但由於當時宋朝官吏在措置兩淮的山水寨時有擾民的現象[76]；相反的，金海陵帝則極力安撫兩淮百姓，故在海陵帝率金主力南侵時，宋官軍竟因得不到山水寨的支持，而無法發揮戰力，一敗塗地。

山水寨是淮南及山東一帶抗金的重要據點，像楊春在中派河，卽以召募的民兵組織山水寨，收復了廬州；滕茂的十萬義軍

73　章頴：〔宋南渡十將傳〕，卷4，魏勝，頁6上～下。
74　同上。
75　徐夢莘：〔三朝北盟會編〕，卷249，頁5。

也以沂州的蒼山爲根據地。另外像王彥、于宜在即墨的牢山，來二郎在蒙山，任契丹、陳俊在太行山等都是以山水寨建立游擊據點的例子。然而山水寨受地形的限制，彼此聯繫困難，力量分散，只能從事游擊戰，局部牽制金兵而已，而難以形成整體的抗金力量，發揮全面的制敵的效果。

義軍活動的時間，維持最久的是趙開山和魏勝，前後四年，任契丹二年，其餘的活動時間都很短，加上文獻不足，除魏勝外，義軍如何籌措餉械，已不得而知。魏勝在海州抗金之初，「無州郡糧餉之給，無府庫倉廩之儲」，爲了充裕糧食戰備，乃藉「經畫市易，課酒榷鹽，勸糴豪右」的辦法以維持生計；同時組訓義軍，嚴肅紀律，加強築城浚濠等防禦工事，自製了數百輛戰車、砲車、弩車，以及可以打二百步遠的砲彈[77]，這是他所領義軍能夠持久壯大，發揮戰力的重要因素。

本期義軍活動的目的在抗暴，因此在作法上與一般的盜賊不同。像魏勝所到之處，「蠲租稅，釋罪囚，發倉庫，犒戰士」；

---

76 留正認爲兩淮水寨之民，在南宋初頗能擊金人，故高宗賑恤甚渥。後來「或聞當時淮上有司不能奉行太上之旨，至招其小過，而責償官帑之所失，以是苦之。故甲申之警，皆棄其寨柵，載其器具漂流於江南者久之。」見李心傳：〔建炎以來繫年要錄〕，卷82，頁3下。紹興31年，尤袤任泰興令時，也有詩紀淮南宋地方官措置山水寨擾民的情形說：「東府買舟船，西府買器械；問儂欲何爲，團結山水寨。寨長過我廬，意氣甚雄麤；青衫兩承局，暮夜連句呼。句呼且未已，椎剝到鷄豕；供應稍不如，向前受笞箠。驅東復驅西，棄却鉏與犂；無錢買刀劍，典盡渾家衣。去年江南荒，趁熟過江北；江北不可住，江南歸未得。父母生我時，教我學耕桑；不識官府嚴，安能事戎行。執槍不解刺，執弓不能射；團結我何爲，徒勞定無益。流離重流離，忍凍復忍飢；誰謂天地寬，一身無所依。淮南喪亂後，安集亦未久；死者積如麻，生者能幾口。荒村日西斜，破屋兩三家；撫摩力不給，將奈此擾何。」見〔梁谿遺稿〕（常州先哲遺書本），補遺，頁1。又見徐夢莘：〔三朝北盟會編〕，卷240，頁8。王正己也有類似的說法，見樓鑰：〔攻媿集〕，卷99，「朝議大夫秘閣修撰致仕王公墓誌銘」，頁964。

77 〔宋史〕，卷368，「魏勝傳」，頁11458。參見全漢昇：「宋金間的走私貿易」，收入氏著〔中國經濟史論叢〕(香港，新亞研究所出版，1972年8月)，頁213。

對來歸的人「與之同臥起，共飲食，示以不疑；周其賽貧，使之
感激」[78]。而任郎君和李川的情形也大致相同，「雖號爲賊，而
不侵擾百姓，客旅缺用者厚與之金，但入城取官物而已，由是往
往百姓安之」[79]。在暴政壓榨下，百姓都歡迎義軍的到來[80]。

　　義軍領袖中，除了魏勝能組訓義軍，統御部衆外，王友直和
耿京也略具組訓軍隊的規模[81]，但績效不詳；其他義軍的組訓情
形均不可考。義軍似以獨立作戰爲主，彼此甚少聯繫。不過，在
紹興三十一年（1161）的抗金活動中，一度互相聯結，凝聚成
二股勢力。其一是王任、王友直、辛棄疾、僧義端、王世隆、賈
瑞、張安國與耿京聯爲一氣，由耿京領導，聲勢頗大。他們甚至
派遣賈瑞、辛棄疾等人奉表南下，與南宋政府取得聯繫。其二是
李寶、魏勝在山東聯結了滕昃、趙開山、王彥、于宜、明椿、劉
异、李機、李仔、鄭雲等。這二股力量都略具正規軍隊的形態，
原可形成龐大的勢力。但耿京那股的聯結並不嚴密，先有義端叛
之於前，到紹興三十二年（1162）金世宗進行招安時，部衆又紛
紛散歸田里。閏二月，耿京且爲叛將張安國所殺，聯結的勢力遂
告潰散，前後竟不及半年。魏勝部衆也在紹興三十二年（1162），
宋金和議進行中，由於李寶率領部分義軍領袖南下而告瓦解，只
餘魏勝孤單的繼續從事抗金的工作。

78　同上。
79　徐夢莘：〔三朝北盟會編〕，卷230，頁2～3。
80　〔金史〕，卷129，「李通傳」云王九（卽王友直）叛亂，「所過州縣開刼府庫
　　物置於市，令人攘取之，小人皆喜賊至，而良民不勝其害。」頁2786。
81　〔宋史〕，卷370，「王友直傳」，頁1497。又徐夢莘：〔三朝北盟會編〕，卷
　　249，頁5。

表四　高、孝年間（1158至1164）

姓　名	趙開山	任契丹	李　秀
起事時間	紹興28年	紹興29年	紹興33年3月
起事地點	沂　州	太　行	東海縣
兵　　初期	萬　餘		
力　　最盛	十萬餘		
出　身	豪　民		豪　民
籍　貫	沂州臨沂		東　海
活動事蹟	完顏亮苛虐，開山聚衆山澤間爲盜。亮南侵，宋遣李寶招之，會攻城陽軍，改爲開趙。寶任之爲修武郎，後隨寶南歸。累官武略大夫，英州刺史。	紹興30年，任契丹出沒太行。破濬之衞縣、磁之邯鄲等，雖號爲賊，而不侵擾百姓。31年12月歸宋。	山東之民怨金暴虐，會歲飢，東海縣民因起爲盜。首領李秀密詣淮東副總管宋肇納款，願歸附，宋廷卻之。
史源	〔建炎以來朝野雜記〕乙集20。〔宋南渡十將傳〕4。〔會編〕237。〔盤洲文集〕50。〔要錄〕193。〔江蘇金石志〕13。〔絜齋集〕15。	〔中興小紀〕39。〔會編〕230，249。〔要錄〕185。	〔要錄〕184。

重要義軍歸正領袖及其活動概況表

徐　　元 張　　旺	來　二　郎	崔　淮　夫[82]	董　　臻
紹興30年3月	紹興30年	紹興31年6月	紹興31年7月
東　海　縣	滕陽軍沂州間蒙山	淮　　北	漣　水　縣
		萬　　餘	數　　百
民		（金） 進　士[83]	士　　卒
東　　海	滕陽軍沂州間	應　天　府	漣　水　縣
不堪金虐政，殺其縣令，用宋年號，願歸宋而宋不納。金遣徐文、張弘信、李惟忠率舟師九百，浮海討之。六月破之。	苦金侵擾，聚衆爲亂。後黨徒散，他尙在蒙山，無所歸，深悔之。	祖陟官朝奉郎，元祐末坐上言入黨籍。淮夫於紹興31年7月歸宋。	先是，臻渡淮見徐宗偃，言山東人久因暴歛，日欲歸正。31年7月，率老幼數百人來歸，後補承節郎。
〔會編〕230。 〔金史〕5,77,129。	〔會編〕230。	〔宋史〕32。 〔要錄〕192。 〔會編〕230。	〔宋史〕32。 〔要錄〕191。

82　〔建炎以來繫年要錄〕作梁淮夫，誤。
83　〔三朝北盟會編〕作平民，此從〔要錄〕。

姓　　名	魏　　勝	杜　奎	高　敏禹
起事時間	紹興31年7月	紹興31年8月	紹興31年8月
起事地點	潁　水	單　州	濟　南
兵力　初期	三　百		
最盛	數　千		
出　身	商	（金）賊	（金）官
籍　貫	淮陽軍宿遷縣	單　州	濟　南
活動事蹟	字彥威，善騎射，應募爲弓箭手。紹興31年，金人將南侵，乃聚義士三百，北渡淮，取漣水，遂取海州，任權知州事。募忠義以圖收復。與李寶敗金兵於膠西陳家島。隆興2年死於楚州，年45，諡忠壯。	據城叛，金遣耶律湜、大磐等討之。	禹父敏知胸山縣。魏勝得海州，敏與知東海縣支邦榮等歸之。禹將其家之淮甸，頗能言金利害。封右廸功郎，揚州司戶參軍。
史源	〔建炎以來朝野雜記〕甲集20。〔絜齋集〕15。〔攻媿集〕17。〔會編〕232。〔水心文集〕18。〔中興小紀〕40。〔江湖長翁集〕27。〔宋史〕32，33，368。〔金史〕87，92。〔宋會要〕「兵」9，「禮」21。〔要錄〕192，193，198，199。	〔金史〕5。	〔要錄〕192，193。〔會編〕231。〔會要〕「職官」72。

王 宏	王 友 直	張 政 夏 俊
紹興31年9月	紹興31年9月	紹興31年9月
蘭 州	大 名	泗 州
	數 萬	百八十人
	數 十 萬	
豪 民	豪 民	商[84]
蘭 州	博州高平	盱 眙 軍
本民家子，爲蘭州千戶。部署徒黨，密欲從順，會坐事入獄，凡10餘年。軍興，宏扱番族以歸，復蘭州。次年3月，引兵拔會州。	紹興31年，金人渝盟，友直結豪傑志恢復，得衆數萬。9月進攻大名，克之。欲歸宋，不通。後由壽春南渡，受封。32年援海州，解其圍，積功至武寧軍承宣使。卒年61。	俊在盱眙買北物，見完顏亮有敗盟意，遂謀占泗州。乃與張政聚衆一百八十人取泗州，10月知泗州，12月焚其城南返。
〔會編〕250。 〔會要〕「兵」9。 〔宋史〕32。 〔九華集〕5，24。 〔要錄〕192，197，198。	〔宋南渡十將傳〕4。 〔續宋中興通鑑〕7。 〔會要〕「禮」62。「兵」25。 〔宋史〕32，35，367，370。 〔金史〕5，129。 〔九華集〕5，15。 〔會編〕242，248。 〔要錄〕195，196，199。	〔會要〕「兵」19，29。 　「方域」13。 〔宋南渡十將傳〕4。 〔要錄〕185，192，193， 　195。 〔會編〕231，247。

84 〔建炎以來繫年要錄〕作忠翊郎，殆爲宋之封官，玆從〔會編〕。

姓名		王任	王彥 于宜	杜海
起事時間		紹興31年10月	紹興31年10月	紹興31年10月
起事地點		大名	牢山	淮北
兵力	初期		五千	萬
	最盛		五萬	
出身		（金）賊	民	（金）官
籍貫		東平	卽墨	
活動事蹟		任嘗以罪亡命，金重賞捕之急。王友直反，聚衆往歸之，破大名。其後衆散乃南歸，任團練使。	紹興31年10月，二人與父老向魏勝、馮湛等請乘兵威，合諸州忠義，收復山東。不二日，招衆至五千餘，舉兵破縣。忠義士爭歸之。衆至五萬，後以馮湛等南歸而罷。	知均州武鉅招納北界杜海等二萬人來歸。
史源		〔會要〕「職官」18。 「兵」9。 〔要錄〕195，196。 〔會編〕248，249。	〔絜齋集〕15。	〔宋史〕32。 〔會要〕「兵」9。 〔要錄〕193。 〔鄮峯眞隱漫錄〕6。

辛棄疾	辛傳[85]	范邦彥	侯進
紹興31年10月	紹興31年10月	紹興31年10月	紹興31年10月
濟南	朱陽縣	新息縣	淅川順陽
二千			一千餘戶
（金）進士	豪民	（金）官	
濟南	虢州	邢臺	
字幼安，金亮南侵，中原豪傑並起。耿京起兵山東，棄疾為掌書記，勸京歸宋。紹興32年初奉表歸宋。曾平劇盜賴文政。屢上書籌恢復，亦屢遭彈劾，開禧3年9月卒，年68。	紹興31年10月，任天錫自商州遣兵，會辛傳等復朱陽縣，降其知縣等九人。	宣政間入太學，其後陷金，母老不能去，旣除喪而金禁益嚴，乃舉進士，知蔡州之新息縣。辛巳歲，率豪傑迎宋師，盡室而南。	武鉅遣趙伯適收復淅川、順陽兩縣，招到忠義歸正人侯進等，共一千餘戶。
〔宋史〕401。〔要錄〕196。〔會編〕249。〔宮敎集〕6。〔洺水集〕2。〔歸潛志〕8。〔勉齋集〕4。〔游宦紀聞〕5。〔朱文公文集〕60，85。〔朱子語類〕132。〔會要〕「職官」48，72。「兵」13，19。〔蠹齋鉛刀編〕14，30。	〔會編〕238。〔要錄〕193。〔宋史全文〕23。	〔陵陽集〕15。〔會要〕「儀制」13。〔漫塘文集〕34。	〔會要〕「兵」9。

85　〔宋史全文續資治通鑑〕作章傳，誤。

姓　　名	咎　朝	耿　京	陳　俊
起事時間	紹興31年10月	紹興31年10月	紹興31年10月
起事地點	鄧　州	濟　南[86]	太　行
兵　初期	萬	六	
力　最盛		數　十　萬	
出　身	士　卒	民	豪　民
籍　貫	鄧　州	濟　南	濟　南
活動事蹟	知均州武鉅招納咎朝等，12月復鄧州。	怨金人徵賦之騷擾，乃結李鐵鎗等六人入東山，取萊蕪縣，收買瑞兵，增至數十萬。王友直亦聽節制。遣買瑞、辛棄疾等奉表歸宋，宋封爲天平節度使，後爲張安國所殺。	紹興31年10月，陳俊起於太行。
史源	〔宋史〕32。〔會編〕234，239。〔要錄〕195。〔會要〕「兵」9。	〔宋史〕401。〔朱子語類〕132。〔會編〕242，249。〔中興小紀〕40。〔渭南文集〕3。〔要錄〕192，193，196。〔宋南渡十將傳〕3。	〔要錄〕192。〔中興小紀〕40。〔會編〕242。〔續宋中興通鑑〕7。

86　耿京起事地點：〔會編〕作濟南府東山，〔宋南渡十將傳〕作起於太行，此從〔會編〕。

買　瑞	楊　春	劉　繹 張　楫	孟　昭[87]
紹興31年10月	紹興31年10月	紹興31年10月	紹興31年10月
蔡　　州	盧　　州	招信橫山	順　昌　軍
數　　十	二　　百	數　　百	
	（宋）官	豪　　民	（金）官
蔡　　州	大　　梁	招　　信	
有衆數千人，後歸耿京，說京以其衆分爲諸軍，各令招人，勢漸盛。京任之爲諸軍都提領。紹興32年1月南歸，受封爲擴武郎閣門祗侯。	字德元，有謀略，任盧州駐泊兵馬都監。金兵犯盧州，守軍逃遁，春乃募民兵八百，並團結鄉民老小、民社鄉兵，入城殺金將，復盧州。	先是繹在淮陰，紹興31年劉錡令員琦等人往臨淮縣體探，時繹與楫共有民兵數百人，適在盱眙。琦遣繹、楫往復泗州，乃以繹爲修武郎閣門祗侯權知泗州。32年1月，繹充樞密院忠義統制。	忠州團練使知順昌軍。率部曲歸宋，居固始縣，詔以昭爲光州兵鈐轄，其徒皆授給田。
〔會編〕249。 〔要錄〕196。	〔會編〕235。	〔要錄〕195，196，198。 〔會編〕247。 〔會要〕「職官」62。 「兵」29。	〔會編〕239。 〔要錄〕194，199。 〔會要〕「兵」18。

87　〔會編〕作孟俊，此從〔會要〕與〔要錄〕。

姓　　名	孫　　僑	陳亨祖	高　顯
起事時間	紹興31年11月	紹興31年11月	紹興31年12月
起事地點	鄧　　州	淮寧府	壽春府
兵　初期	老小三千餘口千餘人		千　餘　人
力　最盛			
出　　身	豪　　民	豪　　民	（金）官
籍　　貫	鄧　　州	陳　　州	
活動事蹟	攜家屬民丁千餘至襄陽，投歸吳拱，詔補爲修武郎；充忠義軍統領。32年4月知鄧州。	紹興31年11月，執金人所命知陳州，以其城歸宋，爲武翼大夫忠州刺史知淮寧府。次年3月，金陷淮寧府，戰死。立祠於光州，名閔忠，諡愍節。	戚方在淮北結約壽春、宿、亳、南京忠義人，招到金顯、壽二州巡檢高顯及所部民兵一千餘人，遂克復壽春府。
史源	〔會要〕「兵」15,16。〔要錄〕194,199。	〔宋史〕32，34，453。〔會要〕「兵」14。「禮」20，21。〔會編〕247，250。〔要錄〕194，198。〔宋南渡十將傳〕4。	〔宋史〕32。〔會編〕249。〔會要〕「兵」16。〔要錄〕195。

王世隆	張安國	義端	滕戣
紹興31年	紹興31年	紹興31年	紹興31年
密　　山[88]	山　東	濟　南	沂州蒼山
馬軍七八百		千　餘	
			生口數十萬強壯萬餘
		僧	豪　民
			沂　州
耿京下馬軍將。舉兵駐日照縣，降李寶，為山後都統制。後與李寶同敗金人於陳家島。紹興32年，李寶遣世隆率十數騎，與賈瑞同赴行在。後被劉寶以謀叛誣殺。	耿京起義兵，安國亦起兵，與京為兩軍，受宋招安，後隸於京。及耿京命辛棄疾奉表歸宋時，安國殺京投金，棄疾挾之歸宋，被殺。	喜談兵，與辛棄疾遊。耿京起事，義端亦聚衆千餘，隸京。一夕，義端竊印以逃，棄疾斬其衆歸報。	紹興31年金圍沂州，沂民數十萬壁蒼山，久不下。砦首滕戣告急於魏勝，勝提兵救之解其圍。
〔宋史〕32，35，367，370。 〔會編〕237。 〔續宋中興通鑑〕7。 〔會要〕「兵」19。 〔要錄〕193，196。 〔盤洲文集〕50。 〔絜齋集〕15。 〔宋南渡十將傳〕4。 〔中興小紀〕40。	〔宋史〕401。 〔朱子語類〕132。 〔渭南文集〕3。	〔宋史〕401。	〔宋史〕368。 〔宋南渡十將傳〕4。

88　〔宋史〕「李顯忠傳」作太行。

姓　　名	孟　晞[89]	秦　弼	強　霓震
起事時間	紹興32年2月	紹興32年2月	紹興32年3月
起事地點	宿、亳間之朱家村	鎮戎軍	環　州
兵 初期	一萬八千		
力 最盛	數　萬		
出　　身	豪　民	(金)官	
籍　　貫	宿、亳間		環　州
活動事蹟	晞聚衆數萬人於宿、亳之間朱家村，常與金人戰，詔以晞爲承節郎。	紹興32年2月，姚仲遣趙銓攻下鎮戎軍，金同知渭州秦弼及其子嵩歸宋。3月金圍原州，州將求援於弼，弼遣兵援之。	紹興32年3月，強氏兄弟自環州歸宋，吳璘嘉其忠義，奏以霓知環州兼治邊安撫司公事，震統領忠義軍，屯環州。隆興間，金圍環州，城陷死焉。
史源	〔會要〕「兵」18。〔要錄〕198。	〔宋史〕32。〔要錄〕198，199。〔會要〕「兵」15。	〔宋史〕452。〔要錄〕198。

89 〔會要〕作孟希。

胡　彬	倪　震	司馬通國
紹興32年4月	紹興32年4月	隆興2年3月
唐　州	蒙城縣	汴　京
	數千口	
		數千，結盟者三萬餘
豪　民	豪　民	
唐　州	蒙城縣	
紹興32年4月，聚衆復唐州，吳拱封爲修武郎閤門宣贊舍人，權通判唐州，後加武翼郎，職依舊。	紹興32年4月。率丁口數千渡淮南歸，居花靨鎭，糧乏不能自存，楊存中議睸給之。	通國字武子，爲司馬朴之子。幼有大志，嘗結北方之豪傑。隆興元年9月，張浚遣使結通國。次年再諷通國起事，時通國與大梁留守左右結盟者三萬餘人，至亳州，爲金所獲。通國等三百餘口遇害。
〔要錄〕199。	〔宋史〕32。 〔要錄〕199。 〔會要〕「兵」15。	〔四朝聞見錄〕丙集。 〔老學庵筆記〕10。

第三節　宋廷和戰政策之轉移與迎拒義軍的爭議

　　紹興十一年(1141)，宋金和約簽訂後，宋朝遵守和約規定，
嚴格約束邊將，不准接納歸正。這個政策曾引起部分宋臣的抨擊
，不過，當時主和派得勢，這些意見並無影響力。到海陵帝在中
原肆行暴政，百姓怨怒，紛紛起義，或南下歸宋，但宋為信守盟
約，仍拒絕接納。這一來，更招致部分宋臣的不滿，乃呼籲號召
忠義，支援義軍，接納歸正。此時秦檜既死，主和派勢力稍殺，
大臣遂對接納忠義、歸正的問題展開爭論。海陵南侵時，宋廷屢
下招撫之詔，鼓勵中原豪傑起義或南下歸正，厚予爵賞，並訂定
賞格，來獎勵招納歸正、忠義有功的宋臣。在金暴虐及宋朝鼓勵
的雙重衝擊下，中原豪傑義士，前仆後繼地展開抗金熱潮，抗金
不成，則南下歸宋。由於歸正人士大增，使南宋產生種種經濟、
社會問題。不久，宋金形勢隨海陵帝被殺起了變化，宋臣之間對
接納歸正的政策，及處置歸正人的辦法，又爆發新的爭論。紹興
三十二年（1162）七月，宋廷詔諭朝臣對宋金和戰以及接納歸正
人的問題提供意見[90]，遂使這項爭論達到最高潮。直到宋金第二
次和約簽訂時，大臣對和約中遣還歸正的規定，仍爭執不已。由
於爭論時間甚久，又受資料的限制，本節所敘述的時間從紹興十
一年（1141）起，迄孝宗一朝。

一、接納問題

　　這個時期對忠義、歸正的爭執，以張浚和史浩為二派的代表

　　90　不著撰人：〔宋史全文續資治通鑑〕，卷33，紹興32年7月癸亥條，頁1840。

人。實際上，除了王十朋外，朝臣對這個問題的不同態度，和他們對和戰的不同看法有關。張浚等主戰，力主招撫忠義，**接納歸正**，反對和約中遣還歸正人的規定；史浩等傾向和議反對**接納忠義、歸正**。現在把他們不同的意見分別敘述於後：

張浚在「論絕歸正人有六不可疏」中指出：

> 國家自南渡以來，兵勢單弱，賴陝西及東北之人，不忘本朝，率眾歸附，以數萬計。臣自為御營參贊軍事，目所親見，後之良將精兵，往往當時歸正人也。三十餘年，捍禦力戰，國勢以安，今一旦遽絕之，事有大不可者。……此令一下，中原之人以吾有棄絕之意，必盡失其心，一也。人心既變，為寇為仇，內則為虜用，外則為我寇，二也。今日處分既出聖意，將見淮北之人，無復渡淮歸我者；人迹既絕，彼之動息，無自而知，間探之類，孰為而遣，三也。中原之人，本吾赤子，今陷於虜三十餘年，日夜望歸，如子之仰父母；今有脫身而來者，父母拒而棄絕之，不得衣食，天理人情，皆所未順，四也。自往歲用兵，大軍奔馳，疾疫死亡，十之四五；陛下慨念及此，既望諸將各使招募，若淮北之人不復再渡，所募之卒，何自而充，五也。尋常諸軍招江浙一卒之費不下百緡，而其人柔弱，多不堪用。若非取兵淮北，則軍旅之勢，日以削弱，六也[91]。

這段話，正是針對宋廷拒絕歸正人的不當措施，所加諸的抨擊。代表主張接納忠義、歸正者的看法，他們認為義軍勇武，可以壯聲勢、復中原，遣還他們，不僅喪失民心，而且有變亂之虞。現

在把這一派的意見歸納如下：

㈠義軍勇武，可以壯聲勢：張浚說：「兩淮之人，素稱強勇，而淮北義兵，尤爲忠勁」。這些義軍因於敵人的暴虐，有強烈的復仇之心，只因缺乏軍備，不能成事。宋廷若能「因其嫉憤無聊之心而招集之」，則「吾人人心既歸，北勢自屈」[92]，主張收爲軍隊，以壯大軍力。知樞密院事葉義問則認爲「東路通、泰州，密邇鹽場，利源所在，見有忠義三二萬人，西路舒、蘄州流民所聚」可以廣爲招募，以壯軍聲[93]。江東路轉運判官李若川和柳大節也主張應多遣人密結中原義兵爲奧援[94]。到乾道年間，朝議遣還歸正人，王自中也指出「今內空無賢，外虛無兵，當網羅英俊，廣募忠力，爲中原率」[95]。

㈡義軍熟知地勢，可以收復故土：義軍生長北地，爲了保家園而抗金，不僅善戰，尤熟知地理形勢。他們既迫於金政的暴虐，又「懷祖宗二百年涵養之德，朝夕延頸以俟王師之來」，一旦宋師北伐，義軍必定競效驅馳，來完成收復失地的願望[96]。徐宗偃通判楚州之初，以爲義軍勢孤，不足成事，及見義軍蠭起，聲勢浩大，乃幡然改議，認爲招誘義軍，則「山東悉爲我有」[97]。當海陵帝南侵及被殺後，張浚、趙粹中、程宏圖、洪适等又紛紛建議以義軍從事恢復大計。太常寺主簿趙粹中呼籲號召中原人士，用奇計直擣燕山[98]。張浚建議派遣正規軍聯合義軍北伐，從

92　李心傳：〔建炎以來繫年要錄〕，卷199，紹興32年5月癸亥條，頁22下。
93　李心傳：〔建炎以來繫年要錄〕，卷194，紹興31年11月甲申條，頁18上。
94　同上，卷195，紹興31年11月戊申條，頁10上。
95　葉適：〔葉適集〕，二、水心文集，卷24，「陳同甫王道甫墓誌銘」，頁483。
96　王之道：〔相山集〕，卷24，「上宣諭汪中丞書」，頁13下。
97　李心傳：〔建炎以來繫年要錄〕，卷191，紹興31年7月丙戌條，頁4上。
98　樓鑰：〔攻媿集〕，卷98，「龍圖閣待制趙公神道碑」，頁952。

事與復大業[99]。提舉江南東路常平茶鹽公事洪适認為應「多遣有
膽力人，密傳詔檄，使中原義士各取州縣，因以畀之」[100]。太學
生程宏圖更建議：

> 擇有深謀密計效死之士，授以檄文，副之空名告牒，令
> 潛入中原，開諭招誘思我恩德之人，約以徒黨，仗義而
> 起，期以日月為吾之應。擇端愨服眾守義之士，授以檄
> 文，副以空名告牒，令遊江浙淮漢，招集土豪鄉兵，與
> 販私鹽竊盜之徒，俾各盡其忠義，用命而起，期以日月
> 為吾之援。陛下然後下親征之詔，……其氣固足以吞醜
> 虜矣。蓋內有吾南民義兵之援，外有吾中原反間之應，
> 使敵人進不敢前，退不敢後，則祖宗境土可傳檄而定
> 也[101]。

㈢遣還歸正，不僅會失中原民心，並恐生變亂：高宗初年，
以高官厚賞鼓勵義軍、招納歸正，曾掀起義軍抗金活動，也增強
了中原漢人對南宋政權的向心力[102]。馴至海陵暴歛，中原百姓渴
盼宋軍的支援。像紹興三十年(1160)間，徐元、來二郎的抗金，
都希望得到宋廷的援助，卻因宋廷無以應之而失敗，中原百姓深
以為戒。若仍不加撫恤或接納，將來萬一中原有豪傑出來收拾人
心，為患必大[103]。因此，崔淮夫和張闡都主張招納歸正，以維繫
中原人心[104]。陸游建議多用南渡的西北士人，以慰遺民思舊之
心[105]；同時，應以恩待歸正，不可役使義士。後來，金人來索俘

99　〔宋史〕，卷385，「周葵傳」引張浚之言，頁11835。
100　洪适：〔盤洲文集〕，卷50，「條陳恢復事宜奏」，頁335。
101　徐夢莘：〔三朝北盟會編〕，卷237，頁8～9。
102　徐夢莘：〔三朝北盟會編〕，卷230，頁8。
103　徐夢莘：〔三朝北盟會編〕，卷230，頁2～3。
104　同上。又見周必大：〔文忠集〕（四庫珍本二集），卷61，頁5。
105　陸游：〔渭南文集〕，卷3，「論選用西北士大夫劄子」，頁46。

虜，張闡和員興宗更抗言反對。顯謀閣直學士張闡說「遣歸正人，傷忠義之氣」[106]。秘書省校書郎兼國史院編修官員興宗則舉唐代以恤歸附而收復京師[107]的史例，說明遣還歸正人之不當，並強調孝宗對高宗的孝心，應以安社稷為重；若一味遣還，「歸附動搖，流人怨憤」，誠為社稷大憂，這就是不孝了。且遣還歸正人，不僅失其心，「異時有事北方，沿淮以北，陛下縱欲募用其人，不識誰肯為陛下用乎」[108]，實當以遣還歸正為戒。

　　以史浩為首的一派，則重於防微杜漸，深恐大量接納這些不可靠的北人，既耗國帑，又易引起邊釁，當以拒絕接納義軍與歸正為便。史浩曾說：

　　　今陛下外有勁敵，日為姦謀以撓我，日縱流民以困我，沿邊守臣由之不知，方且日以招徠為事。自去冬用兵以來，歸正之官已滿五百，皆高官大爵，動欲添差見闕。歸正之民，不知其數，皆竭民膏血，唯恐廩之不至，數年之後，國家之蓄積，竭於此役。東南之士夫，久不得調，東南之農民，身口之奉，不得自用，安保其不起為盜賊而求衣食之資乎？不於此時有以救之，駸駸不已，布滿東南，鼇食既多，國用益乏。已來者不獲優恤，必有悔心，方來者待之愈薄，必有怨心。夫剝膚椎髓以奉之，意者望其知恩，而欲其為我用也，若使怨悔之心生，終亦何所濟！此為國遠慮者，莫不寒心也[109]。

現在也把這一派的意見，綜合說明於下：

106　周必大：〔文忠集〕，卷61，「龍圖閣學士左通奉大夫致仕贈少師謚忠簡張公神道碑」，頁8下。

107　員興宗：〔九華集〕，卷5，「上皇帝書」，頁4下。

108　同上，頁2下。

109　史浩：〔鄮峰真隱漫錄〕，卷7，「論歸正人劄子」，頁9上～下。

㈠北人易滋事端，實不可用：第一次宋金和約簽訂後，高宗一再戒諭邊將，不得招納流亡，以免滋生事端，而影響宋金和平。到紹興三十年（1160）時，山東百姓叛金，求援於宋；楚州通判徐宗偃還認為這些人因飢而亂，勢單力孤，很快就會被金消滅，招納他們，適足生邊釁[110]。海陵南侵後，義軍、歸正先後崛起，史浩、王十朋、劉朔、錢端禮和王之望，依然反對招納。史浩認為中原絕無豪傑，不能亡金，接納這些人，將禍患無窮[111]。太子詹事王十朋雖力詆史浩主和誤國，但也認為歸附人不可用；他們叛金投宋，已有二心，自古以來，用二心之人久必為患[112]。戶部侍郎錢端禮也認為招納叛亡是「買怨生事」[113]。秘書省正字劉朔甚至指責招誘歸正和圖謀北伐的人是「憑虛蹈空，過為指料，將有臨危失據之憂矣」[114]。右諫議大夫王之望則認為這些人「狼子野心，豈肯忠於朝廷，縱不為叛，亦只是懷張浚私恩，於陛下何有」[115]。到淳熙年間，戶部郎盖經還建議不可招誘避罪逃人[116]。

㈡招納歸正耗財，乃敵人弱宋之計：北人南歸都有冠冕堂皇的理由：去患難，歸父母，而且宋待歸正太厚，南歸不絕。他們都是失所無告之人，接濟則耗財用，轉嫁於民，民用必困。朱熹即認為接納歸正人，會增加政府的負擔，於國計有損[117]。周必大

---

110 李心傳：〔建炎以來繫年要錄〕，卷184，紹興30年3月丙申條，頁19下。

111 〔宋史〕，卷396，「史浩傳」，頁12067。

112 王十朋：〔梅溪王先生文集〕（四部叢刊初編本），奏議，卷4，「除太子詹事上殿劄子三首」，頁48。

113 樓鑰：〔攻媿集〕，卷92，「觀文殿學士錢公行狀」，頁862。

114 葉適：〔葉適集〕，一、水心文集，卷16，「著作正字二劉公墓誌」，頁305。

115 王之望：〔漢濱集〕，卷7，「論差撥蕭琦人馬及韓玉不赴新任劄子」，頁9下。

116 衛涇：〔後樂集〕，卷7，「盖經行狀」，頁17~18。

117 朱熹：〔朱子文集〕（四部叢刊初編），卷11，「庚子應詔封事」，頁164。

說：「以平江府論之，二十年前歸正添差等官，歲用五萬緡，今已數倍，民安得不困」[118]。史浩認爲這些人都貪得無饜，假如供給稍不稱心，則怨詈並作，而且這可能是金人破壞宋朝財政和官制的策略。他說：

> 自去冬用兵以來，歸正之官已滿五百，皆高官大爵，動欲添差見闕。歸正之民不知其數，皆竭民膏血，唯恐廪之不至。數年之後，國家之蓄積，竭於此役[119]。

實不宜隨便接納。

㈢歸正人中有奸細，不可信：招納歸正人固然是不忘中原，維繫中原人心的辦法；但是敵情難測，其中有些人恐和劉蘊古一樣[120]，係金人故意縱其南下爲間，以刺取南宋情報的。史浩認爲歸正人南來，不僅是金人在財政上打擊宋朝，更要「遣之以爲吾間」。招納歸正已屬不智，更不應該讓他們深入內宮，徽宗接待郭藥師的事情，足爲殷鑒。郭藥師歸順時，宋「待之以腹心，嘗請擊鞠於牟陀岡；其後叛去，敵兵大入，果於牟陀岡作營寨，汴都失守，實自牟陀岡登城」[121]。江東撫幹崔敦禮也耽心這些歸正人「影帶姦細」，爲國生事[122]。

從上面所述雙方爭議的意見看，和當時拒、納忠義歸正的史實相印證，可知宋朝對忠義、歸正的拒、納政策，和宋高宗、孝宗的態度，以及宋金和戰形勢的變化，關係較密切。朝臣的意見

---

118 樓鑰：〔攻媿集〕，卷93，「忠文耆德之碑」，頁887。

119 同註109。

120 劉蘊古事，見李心傳：〔建炎以來繫年要錄〕，卷192，頁12上。又見樓鑰：〔攻媿集〕，卷93，「純誠厚德元老之碑」，頁876～877。

121 史浩：〔鄮峯真隱漫錄〕，卷7，「乞罷蕭鷓巴入內打毬劄子」，頁8上。蕭鷓巴爲契丹人，故史浩以郭藥師比之。如以之比擬中原義民，則不甚恰當。

122 崔敦禮：〔宮教集〕（四庫珍本三集），卷5，「代陳丞相論淮岸䟦河及彼界來歸人劄子」，頁19下。

只顯示出問題所在,對政策本身並沒有重大的影響。可見南宋朝臣的議論,雖然與北宋時期同樣熱烈,但對政策的影響力則遠遜於北宋。秦檜當權時期,嚴格履行和約的規定,接納歸正的建議不被接受。秦檜死後,金政苛暴,高宗仍不願破壞和約,接納歸正[123]。直到海陵南侵,戰爭已無可避免,高宗才招納忠義歸正。海陵帝一死,又試圖議和,孝宗銳意恢復,大肆招徠。及北伐失敗,被迫議和時,雖接受遣還俘虜的條件,卻不遣叛亡。爾後,可能由於孝宗始終未放棄恢復之念,致使宋金之間,為了金的叛亡南逃,宋人侵擾邊境等問題,多次發生交涉。

二、安置問題

海陵南侵以後,宋人招徠忠義、歸正,抗金失敗的義軍也紛紛南下,歸正人數激增,逐漸在南宋社會、經濟上產生困擾宋廷的問題。周必大即說:「今雖未至失所,而歲月浸久,男婚女嫁,漸有不足之患;其間懷解望者有之,思遁逃者有之,臣居吉州,每見官吏以此為憂」[124]。而宋之對待歸正官吏,也缺乏一定的標準[125]。因此,如何處理這些忠義歸正人,遂成為伴隨著和戰與拒納而產生的另一問題。宋臣對這個問題也有不同的看法,約可歸納為四點,茲分述如下:

㈠待遇:歸正人拋棄產業、地位,千里迢迢的南下歸宋,損失之大不言可喻。但南來以後卻往往得不到充分的照顧,生活非常艱困,其情形在洪适的「論東人來歸事宜劄子」一文中有翔實的敍述,他說:

---

123 周必大:〔文忠集〕,卷61,「龍圖閣學士左通奉大夫致仕贈少師謐忠簡張公神道碑」,頁5上。
124 周必大:〔文忠集〕,卷137,「論歸正人就食諸道」,頁2下。
125 周麟之:〔海陵集〕,卷4,「論定歸正人補官之法」,頁2下〜3下。

然扶老攜幼，流徙失業，口累之衆者，衣食不能自給。
間有所攜，皆輕價以售之，貧者則三五萬羣，收拾蔬菜
於巷陌之間。官雖計口給粟，一家不踰五斗，兵將又折
辱之[126]。

因此，有歸正人迫於飢寒，想買船逃歸北方。這種情形，實在無
法堅固歸正人的向心力。大理寺主簿薛季宣在乾道年間，也批評
過忠義軍士遭忌及缺餉的事情[127]。爲解決這些問題，洪适建議厚
賜歸正官兵[128]；甚至可以仿傚東晉、劉宋時期的辦法，設置僑
縣，專安置歸正人[129]，以堅定歸正人附宋的意志。李顯忠北伐
時，王十朋則建議賞來歸的金官，以勵後繼之人[130]。然而知徽州
陳居仁卻認爲宋待歸正忠義，優厚過於正規軍，恐怕影響士卒的
心理[131]。

　　㈠招爲軍伍：王十朋、蔣芾和史浩都曾建議招歸附爲兵[132]。
簽樞密事蔣芾的建議較積極，主張建立一支完全由北人督率的軍
隊，專事北伐[133]。史浩較消極，他認爲諸州歸正人聚集太多，易
生禍患，因應之道在將歸正人中有才能者養於軍中，諸州只留其
老弱[134]。宗正少卿胡銓則反對招歸正爲兵伍，他懷疑歸正効忠宋
朝的誠心，怕他們成爲金兵的內應，建議不要讓歸正將官擁有指
揮軍隊的權力，而把部衆遷到湖廣一帶，以防後患[135]。

126　洪适：〔盤洲文集〕，卷42，「論東人來歸事宜劄子」，頁296。
127　薛季宣：〔浪語集〕（四庫珍本七集），卷21，「上湯相論邊事」，頁4下。
128　洪适：〔盤洲文集〕，附錄，「宋尚書右僕射觀文殿學士正議大夫贈特進洪公
　　行狀」，頁516。
129　同註37。
130　王十朋：〔梅溪王先生文集〕，奏議，卷3，「論進取利害劄子」，頁33。
131　〔宋史〕，卷460，「陳居仁傳」，頁12272。
132　王十朋：〔梅溪王先生文集〕，奏議，卷4，「論用兵事宜劄子」，頁40。
133　〔宋史〕，卷384，「蔣芾傳」，頁11818。
134　史浩：〔鄮峯真隱漫錄〕，卷9，「臨陛辭日進內條八事劄子」，頁6上。
135　〔宋史〕，卷374，「胡銓傳」，頁11585。

㈢屯田：張闡、胡沂、薛季宣、吳拱、徐子寅等都認為讓歸正人分散到各地就食，太過消極，不是解決問題的辦法。應該在兩淮實施屯田，積極地將這些忠義、歸正之士納入生產和防衛行列中。薛季宣指出：兩淮是南宋北方的屏障，但防禦艱難，糧食補給不易，最好的辦法是「聚忠義軍輩屯之」[136]。殿中侍御史胡沂也說：「守禦之利，莫若令沿邊屯田，前歲淮民逃移，未復舊業。中原歸附，未知所處，俾之就耕，可瞻給，省餉饋」[137]。湖北京西制置使吳拱提議以「給官田，貸之牛種，權免租稅」的辦法來收容西北來歸之人[138]。知無為軍徐子寅建議設屯田、營田、歸正人莊來安置歸正；他指出歸正人多是農夫，而兩淮地區土田有餘，人力不足，應將他們納入生產行列[139]。不過，淮南西路參議官陳造反對此項屯田辦法，他在批評徐子寅措置歸正人莊失當之餘，建議罷屯田，直接將田賜給耕種的人[140]。

㈣安置處所：宋朝曾讓歸正分散各地就食，周必大指出其法缺失，建議研擬改進辦法。一般說來，主張屯田的人，建議安置在兩淮，胡銓則建議遷到湖廣。

上述宋臣的意見，大致可以歸納成兩派，一派較積極，主張厚待忠義、歸正之士，作為號召中原，興復大業的基礎。另一派則消極，懷疑歸正的誠意，事事思患預防。這二派的意見，都被宋廷交互實行著，一方面賞賚甚厚，暗中卻刻意防範。

此時，宋朝為了招徠忠義歸正，除了以高官厚祿以寵歸正官吏外，對一般歸順的百姓，也極力救助安撫。紹興三十二年（

136　薛季宣：〔浪語集〕「上湯相論邊事」，頁3上。
137　〔宋史〕，卷388，「胡沂傳」，頁11909。
138　李心傳：〔建炎以來繫年要錄〕，卷198，紹興32年閏2月壬辰條，頁8上。
139　樓鑰：〔攻媿集〕，卷91，「直秘閣廣東提刑徐公行狀」，頁854～855。
140　陳造：〔江湖長翁集〕，卷27，「上王參政劄子」，頁7上。

1162) 五月，孝宗說：

> 自去年完顏犯順之後，中原士民不忘祖宗之德，歸正者
> 不絕，朕恐士大夫分南北，彼此浸失招徠之意，卿等可
> 審處。如有官能辦事者，與沿邊差遣，士人從便入學，
> 及令應舉，其餘隨宜收恤。如此，則非惟已來者得安，
> 未來者聞之，必欣慕而至[141]。

可見對歸正人的關切。而孝宗除在宋金和議中，力持不遣叛亡之
外，更將朝臣所提可行的建議，儘量付諸實施；如獎用王友直、
李顯忠、辛棄疾等人，利用歸正人建立「忠毅軍」與「忠順軍」，
接濟忠義歸正，以及招歸正從事開墾等[142]。其中尤以徐子寅建議
設置「歸正人莊」，利用歸正人墾荒的成效較宏。「歸正人莊」
的辦法是：

> 人給一頃，五家為甲，一為之長，隨處置莊，仍給備耕
> 牛、農具、屋宇等錢。家與草屋二兩牛並屋一種糧萬
> 錢，並俟入莊日給付。初年開荒免納本錢次均五年還，
> 還足給其田為己業，候滿十年起納稅賦[143]。

此外，「每種田人二名，給借耕牛一頭，犁、耙各一副，鋤、
鍬、钁、鐮刀各一件；每牛三頭，用開荒剗刀一副；每一甲用踏
水車一部，石輾軸二條、木勒澤一具」[144]。

從乾道四年（1168）十一月起至淳熙元年（1174），淮東五郡

---

141 李心傳：〔建炎以來繫年要錄〕，卷199，紹興32年5月癸亥條，頁21下～22
上。

142 關於孝宗一朝對歸正撫恤、獎用的情形，資料很多，〔宋史〕，卷33、34、
35，「孝宗本紀」有很多記載；另外如卷388，「王希呂傳及尹穡傳」亦有資
料。洪适：〔盤洲文集〕，附錄，頁522。李心傳：〔建炎以來繫年要錄〕，卷
191，頁5上；卷194，頁16上；卷198，頁3下等均可參考。

143 樓鑰：〔攻媿集〕，卷91，「直秘閣廣東提刑徐公行狀」，頁855。

144 〔宋會要輯稿〕，食貨六三，營田雜錄，乾道5年5月17日，頁6045。

共開墾了九百十四頃[145]。因此孝宗一朝對南歸者的撫恤辦法，都
著有成效，是南宋處理歸正人中成績最好的時代。難怪金世宗也
曾稱讚孝宗能收攬人心。他說：「古有布衣入相者，聞宋亦多用
山東、河南流寓疏遠之人，皆不拘於貴近也」[146]。然而，宋朝防
範和猜疑的家法，也在他們對待忠義歸正之士的心態上表露出
來。諸如分散歸正人到各州就食，就是避免他們摶聚相結形成力
量；屯田制類多南北雜處，有互相牽制之意，軍隊的情形亦然。
對待歸正官吏，亦復如此；辛棄疾南歸後所受的遭遇，就足以說
明這一點[147]。

第四節　義軍與南宋偏安政權之鞏固

　　總之，金海陵帝篡位以後，宋金和平關係面臨考驗，宋雖有
和好之心，而金無續盟之意。海陵帝為謀統一天下，積極役使百
姓，榨取民財，金統治下的華北漢人，遭受經濟壓榨和政治迫害
之餘，掀起反對暴政的叛金活動。而海陵帝的南侵也激起宋的抵
抗，轉而號召中原義士反金，義軍活動既與宋金戰爭相聯，得到
南宋的鼓勵與支持，遂凝成一股抗金的洪流。直到宋金再度議
和，大規模的義軍活動才告平息，已見前述。總計此次義軍活動
為時約六、七年，而其高潮不逾一年半，然而有姓名及事蹟可考
的義軍領袖竟達四十人之多，參與的羣衆在五十萬人以上，其活
動的熱烈可想而知。

145　同註143，頁857。
146　〔金史〕，卷8，「世宗本紀」，頁191。
147　參見鄧廣銘：「辛稼軒年譜」，徐嘉瑞：「辛稼軒評傳」。二文均收入存萃學
　　　社編：〔辛稼軒研究論集〕（香港，崇文書店印行，1972年3月）。姜林洙：
　　　〔辛棄疾傳〕（中國學術著作獎助委員會，民國53年10月初版）。

　　至於這段時期的義軍歸正，對南宋政府的貢獻，約可歸納成下列三點：

　　㈠牽制金兵，緩和南宋的壓力：海陵帝以號稱百萬的大軍南下時，除了舊日義軍將領在沿邊奮力苦撐外，大部分的宋軍，經二十年的承平，兵甲不修；一旦臨戰，望風潰敗，金主力所向的兩淮更是岌岌可危。幸賴華北義軍蠭起游擊，牽制金兵；像山東義軍的活動，便迫使南伐金兵首先要和他們作戰[148]。魏勝攻取海州，也使海陵帝必須抽調數萬兵衆往攻海州。王友直在大名起事時，海陵帝曾歎說：「朕兵未行，輒撓其後」[149]。甚至金軍糧精的運輸，也屢受他們的干擾。〔金史〕「移剌道傳」說：「海陵南伐，使（道）督運芻糧，所在盜起。道路梗澀，間關僅至淮南」[150]。另外，在川陝、襄漢沿邊地區，宋官善於撫馭義軍，不僅能有效的抗禦金兵，甚至收復不少土地，使金兵無法造成全面的勝利，也讓宋廷有從容備戰的時間。

　　在義軍一連串抗金活動中，尤以魏勝和李寶所締造的陳家島大捷，成果最爲輝煌。當宋兵節節失利，鬥志消沉之際，這個捷報的南傳，對宋金雙方的士氣消長和完顏亮的作戰決心，有很大的影響。史稱：「亮聞膠西之敗，大怒，召諸酋約以三日渡江，於是內變殺亮。向微唐島之捷，則亮之死未可期，錢唐之危可憂也」[151]。此外，宋金戰前及交戰期間，還有不少忠義、歸正，冒

148　〔金史〕，卷86，「烏延蒲轄奴傳」說：「海陵南征，（蒲轄奴）改歸德尹，爲神策軍都總管，當屯濟州。比至山東，盜已據其城……。明日，攻破其城，號令士卒毋害居民，郡中獲安。」頁1919～1920。

149　徐夢莘：〔三朝北盟會編〕，卷242，頁13。

150　〔金史〕，卷90，「移剌道傳」，頁1994。

151　〔宋史〕，卷370，「李寶傳」，頁11501。又見袁燮：〔絜齋集〕（四庫珍本別輯），卷15，「武功大夫閤門宣贊舍人鄂州江陵府駐劄御前諸軍副都統制馮公行狀」，頁13～14。

險南來，向宋朝提供金人的軍事情報[152]；如海陵帝被殺的消息，便是歸正人首先報告的。可見當女眞勢盛時，多賴這些義軍在敵後游擊、敵前牽制，削弱了女眞全面南攻的威力，緩和南宋直接承受的壓力，才能再造南北鼎峙之機。

㈡參與軍政，貢獻才智：不少南歸的義軍，納入南宋軍隊中，對南宋抗金工作，提供了甚大的貢獻。義軍領袖魏勝在孝宗初期，扼守淮東，成爲南宋抗金的長城，尤有助於南宋之邊防。有不少才智之士，爲南宋的安定和北伐，殫精竭慮地經營擘劃，像李顯忠、王友直、王希呂、辛棄疾等人皆其著者。李顯忠是高宗末年與孝宗初年抗金的名將，也是北伐大業的策動者和領導者之一。而辛棄疾之三番兩次上書陳言，志存興復，雖不爲當道所採納，然其憂君愛國的心意，實足光耀史頁，永爲後世景仰。

㈢墾荒屯田，增加生產：除了捍衛國家外，這些南歸的義軍，也加入了生產行列。最初南宋政府爲了招攬北方人心，對歸正人相當優待，賚以種種賑濟及厚賞，不意卻因此造成南宋政府的一大財政負擔[153]。爲謀解決這個問題，乃將其納入專事營田、屯田的歸正人莊裏，從事農業生產工作。他們和一般百姓、軍人同爲南宋從事農作的力量之一。他們的辛勤墾殖，不僅使沿邊諸路漸次恢復農業生產，而且對南宋財富及稅源的增加，政權的穩定與發展，均有貢獻[154]。

不過，忠義歸正人固然對南宋的軍事、政治、經濟都有貢

152　李心傳：〔建炎以來繫年要錄〕，卷192，紹興31年8月壬戌條，頁8下～9下，與同年9月庚辰條，頁12上～13上。

153　徐子寅在乾道4年曾指出：「比年歸正之人甚衆，分處州郡，仰給大農，從有重費，猶患不給。」見樓鑰：〔攻媿集〕，卷91，「直祕閣廣東提刑徐公（子寅）行狀」，頁855。

154　梁庚堯：〔南宋的農地利用政策〕（臺大文史叢刊，民國66年2月出版），第二章，南宋的荒田開墾政策，頁95～102。

獻，卻始終無法達成宋孝宗所盼望的恢復故土的目標。等到金朝內部穩定，宋金再度和談時，他們抗金的軍事活動迅卽歸於沉寂，不復昔日盛況，則其原因值得檢討。基本上，這次義軍活動乃是華北漢人在生存權遭到危害時，所進行的反抗海陵帝暴政的活動，雖藉宋金交戰的機會得以擴大聲勢，然其基礎卻極脆弱，他們缺乏政治號召及週詳的計劃、嚴密的組織，唯以集結羣衆壯大聲勢，實難與正規的女眞兵相抗，故有暴起暴落的現象，下面試對這種情況加以檢討，作爲本章的結論。

　　㈠和戰更迭的影響：宋金間和戰的更迭，不僅影響宋廷對義軍、歸正的接納，同樣也影響義軍歸正對宋廷的信心。第一次宋金和議後，宋曾依約遣還了一批歸正人，後來又一再遣還歸正，並約束沿邊疆吏不得擅納叛亡。這個政策，動搖了一般宋臣接納義軍的決心。當魏勝攻取海州時，曾二次與宋廷聯繫，請求接應，皆爲邊吏梗扼，未能上達。後來還是另一位義軍領袖李寶的兒子李公佐經海道，刺探金人動靜時，聞知其情，才能轉告宋廷[155]。迨戰爭爆發前夕，宋廷雖改弦易轍，不惜以高官厚祿來籠絡抗金義軍或歸正時，竟有北方百姓表示不願再受哄騙，曾說：「紹興十一年（1141）間，我曹蓋嘗歸順矣，北界取索，悉蒙押發以去，今誓死不願再回」[156]，這句話正是對宋接納歸正之反覆不定所提出的沉痛抗議。海陵帝一死，高宗又缺乏抗戰的決心，對活躍華北的義軍也不予支持，遂被金世宗各個擊破。如章穎在所撰「魏勝傳」中所說：「（完顏亮死）北師皆歸，時開趙有十餘萬人，攻城陽軍矣。虜師北歸，王師南還，山東響應之士，輟耕

155　章穎：〔宋南渡十將傳〕，卷4，魏勝，頁4上。
156　李心傳：〔建炎以來繫年要錄〕，卷191，紹興31年7月辛卯條，頁10上。

跂足,且暮以待進取,遷延歲月,往往罷歸」[157]。

及孝宗繼位,雖有恢復之心,但朝議不定,廷臣各持己見,遷延歲月,遂致一事無成。謀和期間,金兵趁機南下,主和派不但撤除防備,又不准義軍活動。當時魏勝在清河口抵禦金兵,宋將劉寶竟說:「方議和,不許北嚮放一箭」[158]。最後,魏勝也在劉寶漠然坐視的情況下,戰敗而死。在短短的幾年間,宋對和戰的政策不一,對義軍的態度也忽冷忽熱,使義軍無所適從。因此只要金朝改善政治,民心改嚮,宋的北伐就無法得到義軍的響應了。

㈡官軍措置失當:宋廷和戰之策影響了義軍的歸向,沿邊地方官吏的做法更影響著義軍對宋的忠誠。宋金戰爭期間,宋疆吏對義軍結納的情形各地不同,戰果也自迴異:川陝、襄漢的官吏像武鉅、吳璘等,善於撫馭義軍,以之牽制金兵,遂能一再奏捷;反之,兩淮地區的官吏,不能有效運用這種抗金力量,甚至在措置山水寨時,屢有擾民的情事。而南侵的海陵帝為了順利南下,在兩淮軍前,極力懷柔沿邊宋民,作風正與其在中原的暴虐,大異其趣。〔三朝北盟會編〕說:

> 金人所過,不殺人,不放火,不虜掠財物。或見州縣人
> 則以好語相謂曰:大金皇帝行仁德,不須懼怕,今給汝
> 公據,可以互相說諭,各各安業。在水口鎮之西,有金
> 人遺火燒民居草舍一間,立斬之,仍揭榜以令過軍[159]。

因之,兩淮百姓對金兵並無敵意,甚至和他們貿易、交往。宋官軍得不到山水寨的支持,遂遭潰敗。兩相比較,可以看出義軍的

---

157 同註155,頁7下。
158 章穎:〔宋南渡十將傳〕,卷4,魏勝,頁12下。參見〔宋史〕,卷368,「魏勝傳」,頁11461。
159 徐夢莘:〔三朝北盟會編〕,卷234,頁6。

支持與否，實乃戰爭成敗的關鍵。

　　另外，有不少宋朝官吏但知爭權，不能眞誠對待義軍，反而百般猜忌。甚至在北伐時也不能善待中原百姓，結爲奧援，無怪乎用力雖勤，終不免於功敗垂成。如董臻南歸時，王彥融怨其不經己門，乃誣蔑臻不願推恩[160]；楊春復廬州，大爲將帥所忌，竟陰賂有司，湮其功績，不予褒賞[161]；賈和仲更因忌恨魏勝，而陰誘忠義，分化其軍，向張浚進讒言[162]；劉寶也忌殺王世隆，並坐視魏勝被圍而不肯救。而李顯忠、邵宏淵的北伐，也由於不知收拾人心而失敗，對這一點，王十朋和錢端禮都曾有所批評。王十朋說：

> 中原本吾土地，人民本吾赤子。……臣慮諸將或不知此，臨陣之際，未必無過有殺傷，捷獲之後，又未必無秋毫之犯[163]。

錢端禮也說：

> 向者經營山東，得海州而終不能守。中原之人，非不懷祖宗之德澤，歸陛下之仁聖。然自出兵收復，所至刮掠，重擾其民；旣而又不能堅守，爲金人屠戮，肝腦塗地，生業蕩散無餘。若此，望簞食壺漿以迎王師難矣[164]。

眞是一針見血。

　　㈢抗金義軍的變質：南宋初期，中原百姓出於避難保鄉和同仇敵愾的心理起而抗金，因此「宗澤一呼，而河北義旅數十萬，

160　李心傳：〔建炎以來繫年要錄〕，卷191，紹興31年7月丙戌條，頁4下。
161　徐夢莘：〔三朝北盟會編〕，卷235，頁6。
162　〔宋史〕，卷368，「魏勝傳」，頁11466。
163　王十朋：〔梅溪王先生文集〕，奏議，卷3，「論進取利害劄子」，頁33。
164　樓鑰：〔攻媿集〕，卷92，「觀文殿學士錢公行狀」，頁864。

若響之赴聲。」岳飛麾兵中原，兩河豪傑也歡呼助順，「人人有
滅此朝食之意」[165]。等到宋金和約簽訂，承平日久，中原地區老
成凋謝，新生的一代，在女眞長期統治下，由於環境的隔絕，對
正朔所在的南宋政權，漸次疏離。洪晧在紹興十三年(1143)自金
返宋，道過河北，當地父老就指著小兒，感嘆的說：「是皆生長
兵間，已二十餘矣，不知有宋」[166]。對新的統治者，反而漸漸產
生認同的心理。而金的新統治者，也認爲土地傳自祖宗，名正言
順，把宋的恢復之舉，視作侵略的行爲了[167]。何況，女眞領有中
原以來，初期雖以恐怖手段來推行女眞化運動，但到熙宗及海陵
帝初年，卻力行「全盤漢化」的措施，絕大多數的女眞人都採用了
漢人的風俗習慣[168]。金廷也大量採用中國制度，來鞏固其在華北
的統治地位；如經由考試制度，達到安撫中原士大夫的目的[169]。
時間一久，中原百姓原先對新王朝的仇視態度，逐漸緩和，甚至
轉而向新王朝認同。

　　因此，這個時期的義軍，乃起於反對海陵帝在紹興二十八年
(1158)以後的暴政。其中固不乏像辛棄疾一樣，凜於民族大義
而奮起抗金的例子。但更多義軍的抗金和中國歷代叛變一樣，乃

---

165 黃寬重：「略論南宋時代之歸正人」(下)，〔食貨〕月刊7卷4期（民國66年
　　7月1日出版），頁8。
166 洪适：〔盤洲文集〕，卷74，「先君述」，頁480。
167 陳亮在呼籲宋廷早謀北伐的奏論中，就曾坦然的指出這個事實說：「……又況
　　南渡已久，中原父老日以徂謝，生長於戎，豈知有我！昔宋文帝欲取河南故
　　地，魏太武以爲『自我生髮未燥，即知河南是我境土，安得爲南朝故地』，故
　　文帝屺得而復失之。河北諸鎮，終唐之世，以舉賊爲忠義，狃於其習，而時被
　　其恩，力與上國爲敵，而不自知其爲逆。過此以往而不能恢復，則中原之民，
　　烏知我之爲誰，縱有倍力，功未必半。」見〔陳亮集〕（河洛圖書出版社，臺
　　北，民國65年3月影印初版），卷2，「中興論」，頁22。
168 陶晉生：「金代中期女眞本土化運動」，〔思與言〕第7卷第6期，頁25～28。
169 陶晉生：「金代女眞統治中原對中國政治制度的影響」，〔新時代〕第11卷第
　　1期，頁35。參見陶晉生：「金代的用人政策」，〔食貨〕月刊第8卷第11期，
　　頁47～56。

是因於飢荒及迫於海陵的暴政，或是貪圖宋朝的厚賞，起而抗金或向南歸順[170]。生計利祿成了主要動機，民族意識不過是他們爭取南宋支援的藉口罷了。洪适對這點說得很清楚：

> 向之為美談者，皆曰：中原遺黎望王師之來，則簞食壺漿，顧削左衽，所以繈負而至，又其思慕聖德之切者。臣在江淮之間二年，所聞殊異於是。蓋山東仍年旱蝗，耕者無所得食，故扶老攜幼，南來偷生。又開趙、王世隆之徒，聚眾攻劓，彼國指名蹤捕，亦以荒歲故，牽連親戚，相率來歸[171]。

義軍摶聚抗金的主要因素既在求生存，因此，他們對金人政策的反應，比對宋朝的招撫還要敏感；我們從宋朝招納義軍的條件和義軍抗金的情形比較，便可窺見其中消息。宋朝在這段期間曾數度下詔招納歸正、鼓勵義軍抗金，其中紹興三十一年(1261)所懸的條件，雖遠不及隆興元年(1263)優厚，但是年起義者（指領袖）竟多達二十八起；而隆興一、二年間（1263、64）卻只有一起。可見宋的招納，不是義軍抗金最主要的條件，反而和金朝施政的寬猛有關。金世宗繼位後，一改海陵舊轍，對宋議和、與民休息，積極安撫百姓，赦免罪犯，救濟災黎，這一連串的善政，連宋人都稱道不已。薛季宣給湯思退的信中，就說世宗「除前苛虐之政，……其他施設，類能濶略從寬，……故雖稱尊未久，號令頗行」[172]。宋人如此，更遑論身受其惠的中原百姓了。此時，義軍領袖之間聯結的情況雖略具雛形，但在世宗的安撫下，一向安土重遷的百姓，在衡量遙不可及的南宋的優厚招撫，與眼前生活

---

170 李心傳：〔建炎以來繫年要錄〕，卷199，紹興32年4月癸酉條，頁3下。徐夢莘：〔三朝北盟會編〕，卷230，頁8。
171 洪适：〔盤洲文集〕，卷50，「水災應詔奉狀」，頁336。
172 薛季宣：〔浪語集〕（四庫珍本七集），卷21，「再上湯相」，頁6下～7上。

的安定之後，終於紛紛脫離叛金行列，返回故鄉，義軍組織一一
解體。像王友直最盛時，原有數十萬義軍，後經世宗招撫，漸次
解散，最後只剩下三十多人[173]。這些揭竿而起的領袖，既已奉宋
正朔，接受宋的官爵厚賞，這時又無法繼續號召羣衆抗金，只得
紛紛南歸於宋。而金世宗爲了進一步打擊義軍，更收買變節分
子，殺害義軍領袖，當張安國殺耿京投金時，陸游說他是「見利
而動」[174]。這句「見利而動」，正指出此時大多數義軍抗金的動
機，已和前一期有所不同了。

173　李心傳：〔建炎以來繫年要錄〕，卷195，頁17上。
174　陸游：〔渭南文集〕，卷3，「上二府論事劄子」，頁48。

第四章 寧宗、理宗時期的義軍

第一節 義軍態度的轉變：個人利益的衝突

宋淳熙十六年(1189)正月，金世宗病逝，皇孫完顏璟繼位，是爲章宗。章宗承世宗餘緒，對內採取寬容政策，推動漢、女眞、契丹的融和。對外則一方面加強邊防，愼選守臣，嚴防宋朝入侵；一方面以謹愼的態度，維持和平關係，一再以「毋以語言相勝，務存大體」[1]告誡其使臣。蓋此時金北方有韃靼的侵擾[2]，邊患嚴重，財政困難；若能維持宋金和平，既可避免兩面受敵，又可藉宋的歲幣，略舒其財政之窘困。而宋朝自孝宗一朝，恢復受挫，中興無成，對和戰之策，經過一番激辯後，轉向持重保守的「自治之說」。時間一久，「舉一世安於君父之仇，而方低頭拱手談性命」[3]。「自治」淪爲苟安，恢復成爲空洞的口號。因此，對金的態度，只是在不引起兵端的前提下，爭取「受書之禮」的外交平等而已，雙方保持著和平的局面。

但是，這種和平關係，到宋寧宗韓侂冑當權時，就面臨了考驗。韓侂冑在慶元黨禁後，因排擠道學，惡名彰著，而亟思彌

---

[1] 〔金史〕，卷11，「章宗本紀」，頁247。

[2] 王國維：〔觀堂集林〕，卷15（王觀堂先生集第二冊），「萌古考」，頁686～694。華山：「南宋和金朝中葉的政情和開禧北伐之役」，〔史學月刊〕1957年5月號，頁7～10。

[3] 陳亮：〔陳亮集〕，卷1，「上孝宗皇帝第一書」，頁8～9。

縫；加以身爲功臣（韓琦）之後，心理上具有強烈的歷史使命
感；又因與楊皇后發生衝突，乃謀用兵國外，洗刷宋人對金不競
之恥，締造輝煌的勳業，以鞏固本身的權勢和地位[4]。不久，他
探知金朝屢受蒙古侵犯[5]，兼以承平日久，內政腐敗之象日顯，
災荒連年，叛亂迭起，經濟困竭[6]，益發堅定北伐之志。 自嘉泰
元年(1201)起，韓侂胄卽密切注意金朝的動靜，同時積極籌劃，
佈署北伐。

　　韓侂胄旣決議北伐，先令邊將縱盜掠刼金境，試探金人反
應，同時招納義軍，鼓勵他們起事抗金。義軍在金財政困難，外
犯嚴重之際，受此鼓舞，相繼崛起，爲宋軍的北伐開一先聲。開
禧元年（1205）五月，鎭江都統戚拱遣忠義人朱裕，結李全破焚
漣水縣[7]，初獲捷訊。 次年，孫成克復蔡州襃信縣[8]，彤宣終明
與成潤等聯合五百餘莊民，迎光化軍忠義統領成表等，克復順陽
縣。 石贇賢和楊榮等人也克復了蘄縣[9]，濠州守將田俊邁也收買
蘇貴爲間，刺探金情[10]。這一連串勝利，不但使韓侂胄志得意
滿，於開禧二年（1206），請旨北伐，更使宋在北伐初期的軍事
行動上，佔了優勢。

　　面對宋朝的挑釁，雅不願戰爭的金章宗，被迫積極應戰。

<hr>

4　黃俊彥：〔韓侂胄與南宋中期的政局變動〕（師大碩士論文，民國65年7月），
　　第四章，「開禧北伐與韓氏的覆滅」，頁185。
5　參見王國維著，「萌古考」。沈曾植撰，錢仲聯輯：〔海日樓札叢〕（中華書
　　局出版，上海，1962年7月一版）。又〔宋會要輯稿〕，兵二九之四六、四七
　　及周密：〔齊東野語〕，卷11，均有詳載。
6　〔金史〕，卷98，「完顏匡傳」說：「侂胄嘗再爲國使，頗知朝廷虛實。」（頁
　　2167）李壁歸宋時，「力以敵中赤地千里，斗米萬錢，與韃爲仇，且有內變」，
　　見葉紹翁：〔四朝聞見錄〕，乙集，頁44下。
7　〔宋史〕，卷38，「寧宗本紀」二，開禧元年5月己巳條（頁738）。又見〔金
　　史〕，卷12，「章宗本紀」四，泰和5年5月甲申條（頁271）。
8　〔宋史〕，卷38，「寧宗本紀」二，開禧2年4月戊寅條（頁1740）。
9　徐松輯：〔宋會要輯稿〕，兵九之二〇。
10　〔金史〕，卷12，「章宗本紀」四，頁272。

「舉天下全力，驅糺軍以為前鋒」[11]，於開禧二年(1206)十一月，令僕散揆率領了十四萬餘精銳部隊，分路南下，同時策動四川的吳曦叛宋[12]。金軍南下時，華北義軍到處活動，尤以山東為盛[13]。四川的義軍也一度克復鳳州及大散關[14]。但就整個戰況而言，宋朝只想乘金北方邊防緊急，內部飢荒的機會，行險僥倖，並沒有切實做好準備工作。尤其在小勝之後，濫殺無辜，不能貫徹收攬民心的做法，無法得到華北漢人的支持[15]，以致與金兵交鋒後即連遭敗績。於是，韓侂胄又徬徨於和戰之間[16]，遂遣使向金求和。金雖戰勝，但受其策動叛宋的吳曦旋即被殺，且金兵戰力不振，大將又相繼亡故，無必勝的把握。何況章宗本不願戰，此次不過想藉軍事勝利，以鞏固其戰勝國的地位和權利，俾向宋要索更多的歲幣而已[17]。因此，便答應了宋的求和，唯堅持將懲罰戰犯，列為議和的條件。宋軍既敗，主戰派受挫，以史彌遠為主的主和派勢力大振。史彌遠在楊皇后的支持下，獻計誅韓侂胄，以其首級函送金人求和，雙方幾經折衝，終於議定：

　　1.國境如前，金將所侵地歸宋。

---

11 〔金史〕，卷110，「楊雲翼傳」，頁2425。參見外山軍治：〔金朝史研究〕，頁525。

12 關於吳曦的叛宋，詳見黃俊彥：〔韓侂胄與南宋中期的政局變動〕，第五章，「吳曦的叛變」，頁291～340。外山軍治：〔金朝史研究〕，頁534～536。

13 〔金史〕，卷102，「僕散安貞傳」說：「泰和伐宋，山東無賴往往相聚剽掠」(頁2244)。卷104，「王擴傳」說：「泰和伐宋，山東盜賊起。」(頁2294)楊安兒即起於此時。

14 不著撰人：〔宋史全文續資治通鑑〕，卷29，開禧3年3月及4月(頁37上)。

15 曹彥約在「上廟堂書」中說：「自開禧用兵之時，本意不立，使忠義之人結怨於對境，已不厭服其心。及交鋒之際，諸將素無紀律，縱殺戮以記威武，肆剽掠以代賞犒。濫及降附，謬稱巷戰，誅及寶貨，名曰搜山。兩河之心，視官軍有若寇盜。」見〔昌谷集〕，卷6，「上廟堂書」，頁5下～6上。

16 陸成侯：「論韓侂胄」，〔史學月刊〕1958年7月號，頁19。

17 黃俊彥：〔韓侂胄與南宋中期的政局變動〕，第四章，頁222。陳登原：〔國史舊聞〕(臺灣大通書局影印，民國60年11月初版)下，卷39，「開禧用兵」，頁491～492。

2. 二國關係改爲伯姪。

3. 增歲幣爲銀、絹各三十萬兩匹。

4. 宋另贈金犒軍錢三百萬貫。

5. 遣還陷沒及歸正人[18]。

嘉定元年（1208）四月間，宋金正式締約，宋朝又繼續沿襲以屈辱換取苟安的政策。而當權的史彌遠，既「正侂冑開邊之罪，而代其位，其說不得不出於和」[19]，依約遣還歸正、義軍[20]，並下令沿邊諸州，將戰時所團結的忠義軍，放散歸農[21]。

宋金和約簽訂的同一年，金章宗病逝，完顏允濟繼位，是爲衞紹王。章宗一朝，金在表面上雖不失繁榮景象，實則弊病叢生，危殆不堪。爲了抗禦蒙、宋，戰爭頻仍，軍費日增，財政極爲困難；於是以濫發交鈔、銀幣，清查隱田漏稅及括田等辦法，來彌縫財政之窘境。加以吏治腐敗，災荒頻繁，如三次黃河大決堤，便淹沒了廣袤萬里的耕地。而女眞的猛安謀克又競相出租土地，變成披甲的封建地主，宴安逸樂，戰鬥力大爲削弱。再加

18　陶晉生：〔中國近古史〕，第十三章，宋金和戰，頁152。

19　魏了翁：〔鶴山先生大全文集〕（四部叢刊初編本），卷18，「應詔封事」，頁176。

20　楚連水的李全，在戰後依約被遣回。〔金史〕，「完顏匡傳」，記錢象祖請金在李全等遣回後撤軍，歸還土地。章宗答應宋函辦侂冑、蘇師旦首級及叛亡到漣州，卽撤軍還地。見卷98，頁2172。袁燮在黃度的行狀中也說：「初王師北伐取泗州，旣而棄之，拔其民南徙，漣水人李全與其弟來歸，賜名孝忠。旣復議和，散約歸漣、梁三關，求侂冑首，且欲得李全與其家，及泗人之在本朝者。公言於廟堂，朝：『……函侂冑首，古無是事，李全決不可殺，泗人決不可遣。』時廟議已定，莫能用也。見〔絜齋集〕，卷13，「龍圖閣學士通奉大夫尚書黃公行狀」，頁19上、下。可見李全是被遣回，甚至被殺死。與嘉定附宋之李全當爲二人。

21　〔宋史〕，卷39，嘉定2年4月戊辰：「放盧、漣二州忠義軍歸農。」（頁752）6月辛卯：「京湖制置司言，放諸州新軍及忠義人歸農。」（頁753）這些人後來多淪爲盜賊。李心傳在〔建炎以來朝野雜記〕中卽說：「未幾，沿淮賊盜剽刼滋起。言者乃朝：此皆前日放散之人……。是時所在揀汰民兵，旣無所歸，後多散而爲盜。」（乙集，卷17，頁8上）

上土地兼併日趨嚴重，社會經濟日益衰退，大時代的暴風雨，已經孕育在歌舞昇平的氣象中。等到成吉思汗完成蒙古的統一後，於嘉定四年（1211）二月，聚衆誓師，大舉南侵時，金自中葉以來，潛伏著的種種弊端乃完全暴露。而受韓侂冑鼓煽興起，在和議後暫受招安或潛匿於深山密林，伺機而動的義軍[22]，遂再度掀起抗金的怒潮，動搖了金在中原的統治力量。其情況正如〔金史〕所說：

> 金自章宗季年，宋韓侂冑構難，招誘鄰境亡命，以撓中原，事竟無成。而青、徐、淮、海之郊，民心一搖，歲遇飢饉，盜賊蠭起，相爲長雄，……十餘年麋沸未息[23]。

嘉定四年（1211）七月，成吉思汗敗金四十萬大軍於野狐嶺（察哈爾省萬全縣境），接著連陷河北各地，直逼中都而退。由於蒙古軍以擄掠爲主要目的，攻下城邑後，便大肆屠殺刼掠[24]，百姓備受戰火蹂躪，無以爲生。原已受招安或潛匿的義軍，像楊安兒、張汝楫、劉二祖、李全及陳智[25]等，都在金全力對付蒙古，對國內的控制力鬆弛之際，揭竿而起。五年（1212）秋，成吉思汗發動規模更大的攻勢，進陷居庸關後，分三路攻掠山東、河北州郡。金軍連遭敗績，中都也陷入蒙古軍三面圍攻之中。

當成吉思汗圍攻中都時，金朝內部發生了政變。敗將紇石烈執中（胡沙虎），殺衞紹王允濟，擁世宗孫完顏珣繼位，是爲宣

22　〔金史〕，卷101，「承暉傳」說：「及罷兵，盜賊渠魁，稍就招降，猶往往潛匿泰山巖穴間。」（頁2224）參見華山：「南宋和金朝中葉的政情和開禧北伐之役」，頁14。

23　〔金史〕，卷117，列傳55，贊，頁2568。

24　劉因：〔靜修文集〕（四部叢刊初編本），卷17，「武強尉孫君墓銘」中說：「金崇慶末，河朔大亂，凡二十餘年，數千里間，人民殺戮幾盡。」頁81。

25　李全與陳智的活動，〔會要〕，兵一六之一八說：「智係密州諸城縣人，莊農爲生。嘉定4年，經韃粗兵火，隨李全結合人兵在九僊山混殺（殺）金賊。」

宗。不久，金將尤虎高琪又殺紇石烈執中，掌握大權。金人此時
既無力抗拒蒙古，唯有以厚幣求和一途。蒙古軍乃於飽掠之後，
退回北方。

　　蒙古軍一退，金宣宗卽南遷汴京。這一來，又給成吉思汗以
金遷都違約爲口實，於嘉定八年(1215)，三度發兵南下，中都、
遼東、河北、山東皆淪於蒙古鐵騎之下。蒙古兵馬所到之處「人
民殺戮幾盡，金帛子女、羊畜牛馬，席捲而去，屋廬焚燬，城郭
丘墟」[26]，人民遭受到極大的災難；乃自相團結，組織地方武
力，以求自保。誠如元代名臣虞集所說：「我國家（指蒙古）龍
興朔方，金源氏將就亡絕，干戈蠢起，生民塗炭。中州豪傑起於
齊、魯、燕、趙之間，據害以禦侮，立保障以生聚」[27]。其中狡
黠的、柔懦的，便打算投靠蒙古，來保全身家，爭取功名。強悍
堅毅不甘屈於異族者，便揭竿而起。於是「河朔擾攘，士冠蜂
起」[28]，元好問卽說：「及六龍南駕，豪傑並起，大名、東平，
皆爲大有力者所割據」[29]。而金南遷以後，隨宣宗南遷的四十二
萬餘女眞戶，率皆仰賴漢人供養。這些不堪戰禍與剝削的華北百
姓，乃風起雲湧地起來反抗金朝的統治。史稱：

　　貞祐之亂，盜賊滿野，向之倚國威以爲重者，人視之以
　　爲血讎骨怨，必報而後已。一顧盼之頃，皆狼狽於鋒鏑
　　之下，雖赤子不能免[30]。

26　畢沅：〔續資治通鑑〕（新校本，世界書局，民國63年1月再版），卷160，嘉
　　定6年12月條（頁4330）。
27　虞集：〔道園學古錄〕（四部叢刊初編本），卷31，「曹文貞公文集序」，頁
　　278。
28　蘇天爵：〔國（元）朝名臣事略〕（學生書局影印，元元統3年刊本，民國58
　　年12月初版），卷6之3，「萬戶張忠武王條」，頁6下。
29　元好問：〔遺山先生文集〕，卷30，「冠氏趙侯先塋碑」，頁303。
30　元好問：〔遺山先生文集〕，卷16，「平章政事壽國張文貞公神道碑」，頁167。

其中以活躍在山東、淮海地區的紅襖軍勢力最大。其首領楊安兒、霍儀、郝定，或建號稱帝或稱王；至於鄰近宋境的百姓則競相南歸於宋。川陝地區，款塞者尤多[31]，像唐進和程彥暉都曾各率十萬人歸宋[32]。這是金統治中原八十餘年以來，所面臨的最大挑戰。

金人為了穩固內部，早在蒙古軍從中都北撤時，便先後命僕散安貞、侯摯、完顏霆、蒙古綱等，統率精兵，傾力對付義軍。嘉定七年(1214)十二月，楊安兒被金人收買的船夫曲成擊墜水中而死，其黨羽方郭三等亦相繼被滅。次年，劉二祖、周元兒被擒殺。九年（1216），郝定又被捕殺，紅襖軍的聲勢稍挫。但因金官軍在剿亂時，騷擾良民，引起反感[33]，加以金廷處理義軍的政策失當[34]；使義軍的聲勢，在稍挫之後，轉趨壯大，各地豪傑蜂擁而起，正式揭示以紅襖為反金標幟，金人稱之為「紅襖賊」。據〔金史〕說：

> 自楊安兒、劉二祖敗後，河北殘破，干戈相尋。其黨往往復相團結，所在寇掠，皆衣紅衲襖以相識別，號紅襖賊。官軍雖討之，不能除也[35]。

---

31 〔宋史〕，卷402，「安丙傳」說：「諜知金人遷汴，關輔豪傑款塞願降者眾。」（頁12191）。

32 程彥暉求附宋，在嘉定8年8月，見〔宋史〕，卷39，「寧宗本紀」，頁762。唐進等歸宋，在次年4月（〔宋史〕同卷，頁763），均為四川制置使董居誼所拒。

33 張行信在貞祐3年2月上書中曾說：「今日之急，惟在收人心而已。向者官軍討賊，不分善惡，一概誅夷，刻其資產，掠其婦女，重使居民疑畏，逃聚山林。」（〔金史〕，卷107，「張行信傳」，頁2364）。另參見〔金史〕，卷109，「陳規傳」所引規在貞祐4年3月奏言（頁2403）及〔金史〕，卷122，忠義二，「紇石烈鶴壽傳」。

34 從蒙古綱在貞祐4年10月與興定5年6月的奏書，可看出當時金在處理叛變的政策，諸多失當。見〔金史〕，卷102，「蒙古綱傳」，頁2256、2259。

35 〔金史〕，卷102，「僕散安貞傳」，頁2246。

大體上，李全與楊安兒妹楊妙眞結合後，承襲了楊安兒一系的勢力，成爲山東義軍的主力。而劉二祖的部衆，則歸霍儀統領，霍儀死後，由彭義斌繼之。

然而，山東淮海之地，向來是宋金間的主要戰場，也是義軍活動的地盤。自嘉定四年（1211）以來，又經蒙古鐵騎的蹂躪，與紅襖軍的剽掠，已是「赤地千里，人烟斷絕」[36]，糧荒極爲嚴重。爲了就食，義軍只得向南移動，尋求南宋的支援[37]。但是執掌宋政的史彌遠，鑒於開禧北伐的失策，謹守和約，諱言戰爭，也不敢接納叛亡。嘉定四年（1211）金已瀕於敗亡，余嶸使金，受阻於蒙古軍，半途而返。宋臣紛紛建議停止歲幣，將這些銀絹分賞將士，以激勵士氣，甚至主張與金絕交。但史彌遠仍一再遣使，而且把歲幣存於左藏庫。同時，封鎖淮水，不准歸正人南渡，甚至「視爲盜賊，戮之焚之。上流制閫之臣，明揭大榜，來者卽行勦殺」[38]。致使川陝的歸正人唐進、程彥暉等，不僅無法遂其南歸之願，程彥暉且被四川將帥所殺[39]。不過，山東義軍聲勢浩大，宋廷不能峻拒其請。在逃卒、商販（沈鐸與季先）的交通拉攏之下，這些義軍終於得到宋廷暗中的接濟。

到嘉定十年（1217），宋金關係發生重大變化。原來，金對蒙古一再失利，山東又叛，疆域日蹙。主政的尤虎高琪欲奪兵權，又擬藉擴張疆域以邀功賞，乃與高汝礪相唱和，力勸宣宗伐宋。宣宗狃於對宋常勝，恥爲宋人所輕，且國用匱乏，欲取償於

---

36 宇文懋昭：〔大金國志〕，卷25，貞祐4年條，頁2上。
37 〔宋史〕，卷476，「李全傳」說：「寶貨山委而不得食，相率食人。」（頁13818）。
38 真德秀：〔真西山文忠公文集〕（四部叢刊初編本），卷5，「江東奏論邊事狀」，頁121。
39 真德秀：〔真西山文忠公文集〕，卷5，前引文，頁121。

宋人[40]。乃不顧羣臣的反對，於是年（1217），乘蒙古大軍西征，河南稍安，以南宋歲幣不到及息州飢民作亂為藉口，命右監軍烏古論慶壽，簽樞密院事完顏賽不統兵南下。史彌遠以曲在金人，遂改變方針，請寧宗下詔北伐[41]。同時，積極招徠歸正，正式成立忠義軍。以李全為京東路總管，全力支持義軍的抗金活動。接著時青、石珪、彭義斌、嚴實、張林、夏全等紛紛歸正。其中，嘉定十二年（1219），益都張林在李全勸說下，舉青、莒、密、登、萊、濰、淄、濱、棣、寧海、濟南等州歸宋，上表說：「舉諸七十城之全齊，歸我三百年之舊主」[42]。而次年嚴實也舉魏、博、恩、德、懷、衞、開、相等郡歸宋，使太行山以東之地，遂復歸宋的版圖[43]。從此，義軍的活動在宋的鼓勵與支持下，更形活躍，不僅在宋金戰爭中扮演了舉足輕重的角色，也敲響了女真統治的喪鐘。

這時，南下的金兵共分三路：川陝一路於嘉定十年（1217）十二月進犯四川，由於宋將昏懦，金兵勢如破竹，連破天水軍、白環堡、大散關、皂郊堡；陷興元府、洋州等地。其間，王逸曾領導義軍，一度收復大散關、皂郊堡，進攻秦州，旋因義軍被解散而敗。張威也曾敗金兵於大安軍。襄漢一路，由於宋將趙方措置得宜，連破金兵，而土豪孟宗政在唐、鄧數萬歸正的民眾中，

<hr>

40 不著撰人：〔宋史全文續資治通鑑〕，卷30，嘉定10年正月說：「時金虜既為韃靼所擾，山東畔之。虜東阻河，西阻潼關，地勢益蹙，遂有南窺淮漢之謀。」頁2405。宣宗南遷後，曾遣使責宋納歲幣，其文見趙秉文：〔閑閑老人滏水文集〕，卷10，「詳問書」，頁122。參見林瑞翰：「晚金國情研究」。

41 宋下詔北伐，在嘉定10年6月戊午，詔文見於〔宋史全文〕，卷30，頁21，在此不贅引。

42 〔宋史〕，卷476，「李全傳」上，頁13820。

43 同上，頁13821。參見畢沅：〔續資治通鑑〕，卷161，嘉定13年8月條，頁4387。

擇其精壯，組成忠順軍[44]。吳柔勝也組了忠勇軍，抗禦金兵。在趙、孟等人領導下，金軍屢遭挫敗，聞風喪膽，從此不敢再興南侵之念。兩淮一路，向來是宋朝守備最弱的地區，這時負責的邊將，也都是闒茸之輩。因此，嘉定十二年（1219），金兵便已深入淮南，攻破安豐軍、滁、濠、光三州，先鋒直逼采石的楊林渡，建康震動。淮海義軍乃分道狙擊：陳孝忠赴援滁州，石珪、夏全、時青迫向濠州，季先、楊德廣等亦進援滁、濠，李全、李福兄弟則截擊金兵歸路，迫使金兵狼狽退師。其中李全兄弟在渦口之役，更使金主力全喪，不敢再窺淮東，是保衛兩淮的戰鬥中，最具決定性的戰役。金宣宗憤宋聯義軍，於嘉定十四年（1221），再向宋求戰[45]。但在宋將與義軍合力抵禦下，金兵的南侵毫無所得，金宣宗取償於宋人的打算遂告落空。

這時活躍的義軍中，以李全的聲勢最為壯大。他在南歸前，已取得漣水、密州、東海、莒州、青州等地。南歸後，以「寧作江淮之鬼，不為金國之臣」自誓，拒絕金宣宗的招撫，並且遷其父母兄嫂骸骨，葬於淮南，以示決心[46]。他除了招降張林、狙擊金兵之外，更揮兵北上，爭衡中原。難怪金人要說：「宋人以虛名致李全，遂有山東實地」[47]。此外，彭義斌一軍也有卓越表現；侵河北，取大名、中山，破東平，下真定，道西山，懸師北伐，號召兩河豪傑，重樹大宋旌旗，兵威之盛，竟使山東的蒙古

44　〔宋史〕，卷403，「孟宗政傳」，頁12213。
45　〔金史〕，卷111，「紇石烈牙吾塔傳」說：「興定5年正月，上以紅襖賊助宋為害，遣兵久勞苦，詔牙吾塔遺宋人書求戰。」詔文從略，頁2457。
46　周密：〔齊東野語〕（涵芬樓刻本），卷9，李全條，頁3下～4上。又〔宋史全文〕，卷30，嘉定12年6月曰：「金人招諭李全等，全等不聽。」頁2413。
47　這句話是完顏伯嘉在興定3年所說的。見〔金史〕，卷118，「苗道潤傳」，頁2574。

漢軍「皆壁，不出犯其鋒，或聞風景附」[48]。有了這麼豐碩的戰果，使義軍本身得到了高官厚爵，與充裕財源[49]，也堅定了宋廷招撫義軍的信念[50]。

不過，自嘉定十年（1217），宋金交戰以來，山東、淮海地區成爲宋、金、蒙三國逐鹿的主要戰場。對局勢具有舉足輕重之影響力的義軍，夾在三國紛爭之中，開始顯現複雜化的傾向。宋朝固於此時極力爭取，招納義軍，蒙古也開始汲引這股勢力，蓋成吉思汗西征，把經略中原的責任交給木華黎。木華黎一反往昔蒙古軍殘暴的行徑，在河朔、山東之地停止殺戮，並積極汲引據地自保的豪傑[51]。至於南遷之後的金朝，軍力瓦解，大臣曾建議

48　姚燧：〔牧庵集〕（四部叢刊初編本），卷18，「忠守鄆州千戶楊公神道碑」，頁175。參見孫克寬：〔元代漢文化之活動〕，頁74。

49　從李全與彭義斌的陞遷和獲得的財祿，可爲代表。李全的情形如下：
　　①嘉定11年1月：爲京東路總管（〔宋史〕，卷40，「寧宗本紀」）。同年又特補武翼大夫，充京東路兵馬副都總管（〔會要〕，兵一七之三五）②12年正月：轉三官，賜金帶一條，銀五千兩，絹一萬匹。同年5月：又特授右武大夫利州觀察使。同年9月：又特除廣州觀察使，左驍衛將軍、京東忠義諸軍都統制，楚州駐劄（以上〔會要〕，兵二〇之二二）。③12年6月，左武衛大將軍（「寧宗本紀」）。④14年，進承宣使，又賜緡錢六萬（同上）。⑤15年3月：昭信軍承宣使，左衛大將軍，京東忠義諸軍都統制，楚州駐劄（〔會要〕，職官六二之一八）。同年12月：保寧軍節度使，右金吾衛上將軍，京東路鎮撫副使（「寧宗本紀」。〔宋史〕，「李全傳」，作加招信軍節度使）。⑥17年4月：賜全與彭義斌三十萬緡，爲犒賞戰士費（「寧宗本紀」）。⑦理宗紹定3年5月，授彰化保康軍節度使，開府儀同三司，京東鎮撫使，依舊京東忠義諸軍都統制，又左右金吾衛上將軍，職任仍舊（〔宋史〕，卷41，「理宗本紀」）。彭義斌南歸之初，在李全下任統制官（〔宋史〕，「李全傳」），13年4月補修武郎（〔會要〕，兵二〇之二五）。到嘉定17年時，已任京東西副總管（〔會要〕，兵一七之四〇）。

50　宋金交戰以來，宋曾多次招納義軍歸正，如嘉定10年6月、11年5月乙亥、12年閏3月壬戌、13年4月1日、15年正月丁巳（以上見〔宋史全文〕，卷30，頁2406、2408、2411、2414、2419）及13年7月（見劉時舉：〔續宋中興通鑑〕，卷15，頁4下）。15年正月所下的詔書，見〔會要〕，兵二九之五〇、五一。文長不錄。

51　孫克寬：〔元代漢文化之活動〕（中華書局，民國57年9月初版），蒙古初期軍略與金之崩潰，頁47～54。

實行封建，利用民間自衞武力，作爲救亡圖存的憑藉[52]。唯僅議
而不行。迨宋金兵端旣開，山東義軍蜂起歸宋，金臣又建議招撫
義軍，免成後患[53]，金廷仍未探納。及見宋利用義軍，收復山
東，金廷始改弦更張，不惜名器，於封建九公之餘，對叛金的義
軍，也大肆展開爭取的工作。義軍遂成爲宋、金、蒙三方面爭取
的對象，游移在宋、金、蒙之間，或降或叛。

　　然而這時的義軍陣營並不統一，派系不同，利益衝突，屢生
內鬨。彼此之間，展開了錯綜頻繁的爭戰，逼得石珪、張林、嚴
實等人紛紛投靠蒙古[54]。加以執行宋朝政策的淮東制置使賈涉、
許國，見義軍聲勢太大，怕難於駕馭、控制，便又從中製造矛
盾，挑撥分化。不僅擴大紛擾，使忠義軍四分五裂，兵亂時起，
淮海地區略無寧日，更引起義軍的離心。李全與宋交惡，卽肇於
此時。李全本身有濃厚的個人英雄主義的色彩，此時由平民一變
爲宋朝官吏，接觸到繁華的江南，旣貪戀權勢，又憤於宋人的分
化，遂漸萌發展個人勢力、專制一方之念[55]。

52　〔金史〕，卷100，完顏伯嘉說：「自兵興以來，河北槃踞，往往聚衆自保，未
　　有定屬，乞賜招撫，署以職名，無為他人所先。」又說：「河東、河北，有能
　　招集餘民，完守城寨者，乞無問其州地，皆超踰等級，授以本處見任之職。」
　　（頁2212～2213）又見卷118，「苗道潤傳」。
53　興定2年11月，移剌福僧上書說：「山東殘破，羣盜滿野，官軍旣少，且無騎
　　兵，若宋人資以糧餉，假以官爵，為患愈大。當選才幹官充宣差招捕，以恩
　　賞，諭使復業，募其壯悍為兵，亦致勝之一也。」見〔金史〕，卷104，頁2297。
54　石珪在嘉定13年12月投蒙古，張林於15年投蒙古，見〔元史〕，卷476，「李
　　全傳」。嚴實在嘉定13年7月投木華黎，見〔元史〕，卷148，「嚴實傳」。石
　　珪投蒙古一事，曾引起宋廷的重視，責由淮東制置派趙珙到蒙古軍前議事，
　　與山東忠義的問題相關。見拙著：〔晚宋朝臣對國是的爭議──理宗時代的和
　　戰、邊防與流民〕（臺大文史叢刊之50，民國67年2月初版），頁28。
55　見〔宋史〕，卷476，「李全傳」。參見孫克寬：〔蒙古漢軍及漢文化之研究〕
　　（東海大學，民國59年7月再版），頁30～31。〔元代漢文化之活動〕，頁79～
　　81。李春圃、何林陶：「關於李全的評價問題」（〔歷史教學〕1965年6月號），
　　頁23～26。趙儷生：「南宋金元之際，山東、淮海地區中的紅襖忠義軍」，見
　　〔中國農民戰爭史論文集〕（1954年，新知識出版社），頁109～124。

當李全北伐之際，也正是淮海義軍兵亂迭起之時。就在這段時間裏，恰逢宋金新君繼立，二國的關係改善，義軍與宋廷的關係，隨之又起了變化

嘉定十七年(1224)閏八月，寧宗崩逝，宋朝宮廷內部發生了帝位繼承之爭。原來，寧宗在嘉定十三年（1220），皇太子詢死後，襲高宗故事，在宗室中挑選了二名十五歲以上的宗子養於宮中，以爲皇儲。十四年(1221)，並立貴和爲皇子，封濟國公，改名竑。唯史彌遠疑貴和繼位對他不利，在寧宗駕崩之際，與楊皇后合謀，矯詔擁立貴誠爲帝，是爲理宗，而封竑爲濟王。這件事引起時人的不滿，湖州人潘壬、潘丙、潘甫三兄弟，生心造亂，謀結李全，藉濟王名義，起兵叛變，引發了「湖州兵變」。濟王見事不成，向朝廷告變，史彌遠於亂事平定後，免後顧之憂，殺害濟王，爆發了有名的「濟王案」[56]。

濟王案的發生，固然是理宗一朝的大事，對晚宋政局的影響尤爲深遠。不僅導發了晚宋朝臣間的激烈政爭[57]，改變了宋對金、蒙的關係，更使李全與宋關係惡化，而義軍的紛亂更形擴大。「湖州兵變」時，李全不僅與叛軍互通聲氣，顯然還想加以利用[58]。這麼一來，對義軍早已暗存疑慮的史彌遠，對李全更爲

---

56 關於濟王案，見〔宋史〕，卷246，「鎮王竑傳」（頁8735～38）。不著撰人：〔宋季三朝政要〕（羅雪堂全集初輯影印元皇慶刊本），卷1，理宗寶慶元年。周密：〔齊東野語〕，卷14，巴陵本末，頁3上～8上。參見孫克寬：〔元代漢文化之活動〕，附錄，頁501～506。

57 黃寬重：〔晚宋朝臣對國是的爭議——理宗時代的和戰、邊防與流民〕，第二章，晚宋朝臣對和戰的爭議，頁68～71。

58 李全與湖州兵變有關，他甚至想利用這個機會。這也可從他教楊妙真養一男子，指爲宗室宣得知。這點也反映時人對理宗繼位的不滿，見〔宋史全文〕，卷31，寶慶元年正月丙子條（頁4下）及紹定3年12月條（頁25下～26上）。另見〔宋史〕，卷476，「李全傳」；卷246，「鎮王竑傳」等。參見李春圃、何林陶：「關於李全的評價問題」，頁25。孫克寬：〔蒙古漢軍及漢文化研究〕，頁35～37。

切齒。表面上雖力持含忍，暗中卻積極進行消滅李全等義軍的計
劃。繼賈涉分化義軍成功之後，更進一步鎮壓義軍，甚至陰使許
國謀害李全[59]。李全乃遣其黨徒劉慶福還師楚州，發動兵變，驅
殺許國，大掠楚州。彌遠見鎮壓不成，爲了「少寬北顧之憂」，
改行安撫，由徐晞稷繼任淮東制置使，以調護朝廷與李全的關
係。然而，經過湖州兵變之後，宋對義軍的北伐，不復全力支
持，以致彭義斌孤軍北伐，敗死於贊皇[60]。

　　寶慶二年（1226），蒙古圍攻李全於青州，消息南傳，宋重
行鎮壓之策；以劉琸繼徐晞稷，劉琸鼓動義軍自相殘殺，挑撥夏
全吞併李全餘衆。不料，李全妻楊妙眞誘說夏全，倒戈作亂，再
掠楚州。宋廷被迫放棄淮北，採「輕淮重江」之策，從此「淮亂
相仍」，義軍離心，紛紛投靠金、蒙。李全也在苦守青州年餘之
後，向蒙古投降[61]。轉而招集兵衆，大造船艦，訓練水師，作窺
伺江淮之計。李全既叛，宋見撫剿並用之策無效，這才於紹定三
年（1230），正式下詔聲討[62]李全。任趙善湘爲江淮制置大使，
由趙范、趙葵兄弟與全子才共負剿滅李全的重責。次年（1231）
一月，李全敗死，其妻楊妙眞率衆投蒙，部將四散[63]。從此，山

59　〔宋史〕，「李全傳」說：「初楚城之將亂也，有吏竊許國書鑿二以獻慶福，
　　皆機事。……全始發帆，使客僮讀之，有廟堂遺國書，令圖全者，全大恕。」
　　（卷476，頁13829）。

60　孫克寬：〔元代漢文化之活動〕，頁73~78。

61　李全降蒙有二說，宋史李全傳說全以乏食而降，但非本意（卷476）。元好問則
　　以全爲全一城生靈而降，見〔遺山文集〕，卷19，「內翰馮公神道碑」。〔元
　　史〕「李骨傳」，則以降蒙乃全之本意（卷119）。參見李春圃、何林陶：「關
　　於李全的評價問題」，頁26。

62　宋討李全詔文，載於〔宋史〕，卷477，「李全傳」下，頁13843~13844。文
　　長不錄。

63　李全敗前，夏全、張惠、王義深、范成進等已降金。全死後，楊妙眞投蒙，國
　　安用則徘徊於蒙、金、宋間，最後投宋。在端平元年，爲蒙古將領敗於徐州，
　　死之。見〔宋史〕，卷42，「理宗本紀」；卷476、477，「李全傳」。〔金史〕，
　　卷17、18及17、119。〔宋會要〕，兵一六及一七。

東忠義軍解體，宋淮海之地失去了北方屏障，山東成了蒙古侵宋的前哨據點。

另一方面，嘉定十六年(1223)十二月，金宣宗崩逝，哀宗繼位。哀宗鑒於宣宗時期同時對蒙、宋二面作戰，陷於腹背受敵的困境，而侵宋尤為失策[64]，弄得疆域日蹙，瀕於滅亡。為了救亡圖存，一面結好西夏，以安西陲，一面主動對宋停戰、通好。於嘉定十七年（1224）六月，遣使到光州，告諭宋界軍民「更不南伐」[65]。寶慶二年（1226）正式與宋議和。在國內則一方面整飭載備，激勵人心，組織忠孝軍，精選勤練，裝備優良[66]，並鼓勵九公從事興復之業。對義軍態度亦大為改變，他下令安撫義軍，禁止宿州、泗州、青州的金兵擅殺過淮的紅襖軍。更不惜以高官招納義軍領袖，以便安頓內部，全力對抗蒙古的侵犯。適宋在義軍間製造矛盾，義軍內鬨不已，於是夏全、王義深、張惠、范成進等，在第二次楚州兵變後，轉而投金，金即封之為郡王，這些人成了支撐晚金政局的重要力量[67]。由於哀宗的努力，及恃著潼關、黃河的天險，竟能據險堅守，使蒙古大軍一時毫無進展。然而到紹定四年（1231），蒙古太宗繼位後，檢討南征軍事，決議改變戰略，假道宋境，大舉伐金[68]。金兵無法抵擋蒙古軍的凌厲

64　〔金史〕，「完顏合達傳」說：「初，宋人於國朝君之，伯之、叔之，納歲幣將百年。南渡以後，宋以我為不足慮，絕不往來。故宣宗南伐，士馬折耗，十不一存，雖攻陷淮上數州，徒使驕將悍卒，恣其殺虜，饋其私慾而已。」（卷112，頁2468）。

65　〔金史〕，卷17，「哀宗本紀」上，正大元年6月，頁375。

66　姚從吾：〔姚從吾先生全集〕（四），〔元朝史〕（正中書局臺初版，民國63年9月），第四講，窩濶臺大汗時代，二、金哀宗時期，頁121～124。

67　夏全、王義深、張惠、范成進等人投金時間，〔宋史〕，卷476，「李全傳」作宋寶慶3年（金正大4年），〔金史〕，「哀宗本紀」則作正大3年（頁378）。

68　張其昀等著：〔中國戰史論集〕㈠（中華文化出版事業委員會，民國45年4月再版），姚從吾：「蒙古滅金戰爭的分析」，頁14～20。

攻勢，終被宋蒙聯軍消滅。

　　宋蒙聯盟時，金的國勢已不可爲，中原人民紛紛南下，宋將孟珙便曾招降了數十萬歸附者[69]。金亡，南歸者更多，像李伯淵聯合黃摑等，殺汴京叛將崔立南奔，劉整也在這時歸附孟珙，甚至金將汪世顯也有意附宋。然而，史彌遠死後，理宗親政，鄭清之繼任宰相，力贊北伐，朝臣爲入洛問題展開激辯。及入洛失敗，政爭又起；清之既憤四川制置使趙彥吶不支持其北伐政策，乃拒絕趙彥吶接納汪世顯之請，世顯轉而投蒙[70]。其後，宋內部政爭愈演愈烈，邊將各自爲政，對歸正拒納不一，苛厚分歧，南北之人爭端時起，北人憤而紛紛歸附蒙古，襄陽等邊城相繼失陷。後來，孟珙雖然恢復了襄陽，但史嵩之被罷黜後，孟珙招納北軍的計劃得不到朝廷的支持，無法施展澄清中原的壯志，抑鬱而死。原先歸順的北人，又相繼投蒙，南宋的政局演變至此，已到日薄崦嵫之境了。

第二節　後期義軍的組織與活動

　　金世宗一朝是金的盛世。章宗時代逐漸由盛轉衰，及其末年，金人外受蒙古、西夏的侵凌，戰禍相尋，內則財政窘困，經濟崩潰，社會紊亂，內外交迫之勢極爲明顯。此時，宋相韓侂胄號召忠義，倡議北伐，中原義軍遂乘機崛起。其後宋軍失利，義軍活動暫時平息，卻仍伺機而動。等到成吉思汗統一蒙古後，於

69　〔宋史〕，卷404，「孟珙傳」。參見黃寬重：「孟珙年譜」，〔史原〕第4期（民國62年10月31日），頁96。
70　〔宋史〕，卷413，「趙彥吶傳」說：「端平元年，遂升正使（四川制置使）。丞相鄭清之趣其出兵，以應入洛之役，不從。秦軍之豪汪世顯，久求內附，至是彥吶爲力請數四，清之訖不從。」頁12400。

嘉定四年（1211），發動南侵，宣宗被迫遷都汴京，河北殘破，中原板蕩，義軍再度蜂起，四處活動。元好問對這時的景象有深刻的描述，他說：

> 盜賊充斥，互為支黨，眾至數十萬，攻下郡邑，官軍不能制。渠帥岸然以名號自居，讎撥地之酷，睚眦種人，期必殺而後已。若營壘，若散居，若僑寓託宿，羣不逞閧起而攻之，尋蹤捕影，不遺餘力。不三二日，屠戮淨盡，無復噍類。至於發掘墳墓，蕩棄骸骨，在所悉然[71]。

潛伏的義軍再度興起後，由於金剿撫無方，義軍日趨壯大，勢成燎原，其中以活躍在河北、山東間的紅襖軍的聲勢最大。嘉定十年（1217），金宣宗撕毀和約，興兵侵宋，宋舉兵應戰，並號召

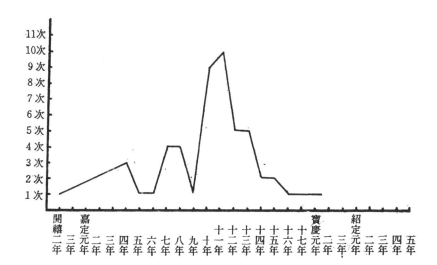

附註：可確定者為五十一人，四人未定，唯均在嘉定年間。

圖二　寧、理時期（1260至1234）義軍活動曲線圖

---

[71]　元好問：〔遺山先生文集〕，卷28，「臨淄縣令完顏公神道碑」，頁284。

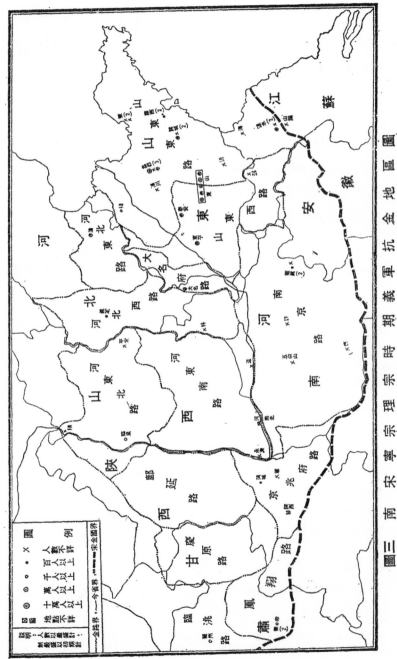

圖三 南宋寧宗理宗時期義軍抗金地區圖

忠義，接納歸正。義軍聞風響應，聲勢益壯，以李全爲首的山東忠義軍，遂成爲宋的北邊屏障，與爭衡中原的先鋒。前後二十八年的義軍活動，不僅敲響了金人的喪鐘，也關係著南宋的國運，則其活動之影響，實超邁高、孝間，直可與南宋初期的義軍相比美。

本節末所列表六是寧宗、理宗時期，重要義軍、歸正領袖及活動概況。

從起義時間看，五十五位義軍領袖中，除四人僅知其起於嘉定年間，無法查考確定年代外，其餘五十一位領袖的起義時間，以嘉定十年（1217）十次爲最多，十一年（1218）九次次之，十二、十三年（1219、1220）各五次，七、八年（1214、1215）有四次，四年（1211）有三次，而十四年（1221）、十五年（1222）各二次，餘開禧二年（1206）、嘉定五年（1212）、六年（1213）、九年（1216）、十六年（1223）、十七年（1224）及理宗寶慶元年（1225）與二年（1226）之間各一次（見表五）。嘉定四年（1211）至十四年（1221）的十年間，義軍起義多達四十五次，佔全部義軍活動的百分之八十一強。蓋這八年中，正是金的多事之秋，金對蒙、宋二面作戰，國勢陵替，遂予義軍起事良機。金貞祐年間，蒙古進犯，北方殘破，義軍乘勢興起。到興定年間，宋金戰爭既啓，在宋朝的招納下，義軍起義者更多達三十一次，爲義軍活動最頻繁的時刻。不過嘉定十四年（1221）以後，義軍活動又轉少，這是金宣宗爲恢復失地，在分封九公之後，進一步爭取義軍所致[72]。哀宗時期，宋金戰爭結束，哀宗爲全力抗蒙，

---

[72]〔金史〕，卷16，「宣宗本紀」（下），興定4年6月庚辰條，頁353。

乃招撫義軍，收拾人心，因此亂事益鮮[73]。加以宋人分化義軍，
淮海戰爭不已，遂使義軍離心，反而投順金或蒙古，抗金活動更
加減少。

　　從起事地區看：在已知的四十五個領導人物中，山東（東西
兩路）共二十三人最多，南京路五人居次，河東北路三人再次，鳳
翔路、河東南路、京兆府路及河北西路各二人，餘大名府路、臨
洮路、河北東路、河南北路、陝西、淮南東路各一人（如圖二）。
不詳的十人中，活動地區當在山東一帶的約有八人，因此，在山
東活動的義軍首領，實際上有三十一人，佔義軍百分之五十六
強。這與山東爲蒙、金、宋爭戰逐鹿之場所、山水寨利於義軍活
動、及如前章所述山東義軍自北宋末年以來的反金傳統等因素都
有關。

　　此外，從起義地區尙可看到二種現象：㈠義軍活動仍以宋金
交界諸路爲多，宋金交界的山東東、西路、南京路、京兆府路、
鳳翔路、臨洮路等地，率衆起義者多達四十二人，佔全部義軍的
百分之七十六強，這些義軍的活動時間也較長。反之，不在交界
諸路起義者，除王福（在河北東路）係九公之一，蘇椿（在大名
府路）於金末歸宋，二人活動時間較久外，其餘都很快便被敉
平；可見在交界地區，較易得到宋人援助，活動才能持久。㈡義
軍起義地區多達十一路，幾乎遍及華北各路，這與蒙古兵的蹂
躪、金政權的崩潰及宋人招納有關。在興定以前十九次起事中，
除山東外，僅有京兆府、鳳翔、臨洮、南京四路。興定以後，
三十六次起事，則分佈遍及十一路，這與高、孝之際，義軍活

---

[73]　哀宗時，有二次義軍活動（蘇椿與焦風子），蘇椿叛金一年後又降金。焦風子
　　的活動則一年後亦被敉平。

動偏於宋金交界上，有顯著的不同，顯示金政權已面臨崩潰命運。

　　義軍領袖的出身：有十三人是金官，平民十人，「紅襖賊」九人，盜賊五人，商人三人，宋宗子二人，亂賊、譯人各一人，另有二人稱義軍首領，或爲土豪。餘九人身份不詳。金將官數目居多，乃因金猛安謀克腐化，漢人地位提高後，對金廷偏袒女眞人深感不滿，或憤於糧餉減少，「誘脅餘衆作亂」[74] 或受宋招納。十三人中有八人受宋招納而起事，另五人與宋無關，卻很快被撲滅。平民的起事，與蒙古侵凌、華北殘破，及金政腐敗有關。此外，金軍的騷擾[75] 與豪民的欺凌也有很大的影響[76]。實際上，金官中有爲戰亂中興起的平民，像王福、張聚、張甫、益都張林，都因戰功而爲金官，因此，平民抗金人數當屬最多。紅襖賊與盜賊則是晚金義軍中，聲勢最大的一羣。他們中有一部份可能是由互相保聚的民間自衛武力，在戰爭破壞、金政解體下，逐漸變成以裹脅百姓，剽掠爲生的反金團體。起初並無名號，後來慢慢形成以楊安兒和劉二祖爲首的二個系統，彼此不相統屬。楊、劉敗死後，後繼者擴大組織，正式以紅襖作爲反金的標幟，名爲「紅襖軍」，金稱「紅襖賊」，是當時抗金的主力。後來，

74　〔金史〕，卷102，「蒙古綱傳」，頁2259。因此，〔金史〕說：「金季之亂，軍士欲代其偏裨，偏裨欲代其主將，卽奪起而憤之，無復忌憚。」見〔金史〕，卷117，頁2561。

75　陳規曾說：「去歲河北紅襖盜起，州遣節度副使紇石烈鶴壽將兵討之，而乃大掠良民家屬爲賍。」見〔金史〕，卷109，「陳規傳」，頁2403。蒙古綱也說：「宿州連年飢饉，加之重歛，百姓離散，鎮防軍遣徵遺諜，窘迫陵辱有甚於官，衆不勝其酷，皆懷報復之心。近日，高羊哥等若其佃戶，佃戶憤怨，執羊哥等投之井中。武夫不識緩急，乃至於此。」〔金史〕，卷102，「蒙古綱傳」，頁2259。

76　關於豪民欺百姓的事情，完顏弼曾說：「賦役頻煩，河南百姓新强舊之，諸路豪民行販市易，侵土人之利，未有定籍，一無庸調。」見〔金史〕，卷102，「完顏弼傳」，頁2255。

宋創忠義軍，他們分別歸宋，李全和彭義斌繼續領導二股義軍，成爲宋北伐的主力。至於三位商人，都是從事南北貿易，在金敗之際，熟知順逆之道，乃起兵叛金，更利用貿易以維生計而不斷的壯大。

　　義軍中有二十二個單位在一年內被敉平，其首領包括金將官六人，平民五人，紅襖賊、盜賊各三人，糺賊一人，餘四人身份不明。另外有四人歸宋後，逕自南下，未參與宋金戰爭。活動時間在三年以上的義軍首領有十九人，除劉二祖外，都曾降附金人、蒙古或宋朝；甚至常在宋、金、蒙之間往來叛降，藉以緩和外在壓力或取得糧餉、裝備，以壯大本身聲勢。而李全、國安用、夏全、時青、王義深等活動都在十三年以上；除李全較具發展實力，聲勢最大外，其他諸人的聲勢都不大，就靠依違於三國之間得以苟存。這十九人的活動區域，在山東（十八人）和大名（一人），都是宋、金、蒙三國爭戰之地，當地的義軍自然成爲三國競相爭取的對象，這是他們能依違圖存的重要因素。

　　有六位義軍領袖曾稱王、稱帝，例如愛王[77]。這些人都在建號後，很快的被金消滅。宋臣雖有聯楊安兒、劉二祖夾攻金之議[78]，但宋沒有正式聯結楊、劉的跡象，大概宋廷亦不會支持這類企圖自成勢力的義軍。這一點，可從李全自介入宋之皇位繼承、捲入濟王事件後，與宋關係惡化一事，看出宋廷對於想自立局面，稱雄稱王的義軍，深具戒心，更遑論支持他們。

77　所謂愛王，指金世宗孫石古乃（鎬王永中之子），他實未曾有此封號，但太康人劉全和亳州衛真的劉二都自稱愛王反金。見〔金史〕，卷85，「世宗諸子傳」，頁1900。

78　袁燮：〔絜齋集〕，卷17，「秘閣修撰趙君墓誌銘」說：「青齊閒羣盜獝獡，論者皆以爲敵人叛亡無日，宜結楊、劉之黨爲夾攻計，公獨曰：不然。……」（頁20上、下）。

　　這時期的義軍，是在兵燹遍地，金朝政治、社會、經濟破產下產生的。有大部份係由民間自衛武力發展而成。此外，在動亂中，也有由強有力者聚集民衆而成的，其領袖人選，多以勇武和技藝爲標準，李全和楊安兒就因此被推爲領袖[79]。初期多以流動性的搶掠爲生，楊安兒曾「聚黨攻刼州縣，殺略官吏」[80]。甚至裹脅民衆以壯大聲勢，他死後，部衆也以掠食爲生[81]。李全抗金初期，也曾「橫行淄青間，出沒抄掠」[82]。經過義軍的洗刼，山東更爲殘破，糧食尤爲缺乏，義軍乃南向就食，宋適時接納他們。此後，義軍的糧餉，便仰宋之支援，因而，錢糧供應多寡，成了義軍叛服的要素[83]。義軍間也常爲爭奪糧餉爭戰不已，寧宗末年，淮海兵亂時起，義軍叛服無常，都和糧餉的供應有密切的關係。

　　剽掠和仰賴宋朝支援外，義軍也有以耕種或徵收賦稅、從事貿易來維持生計的。信亨祚投降嚴實後，招降石城，卽從事屯田，以爲經久之計[84]。李全則除收賦稅以瞻軍外[85]，更爭取鹽場爲財源[86]，這是李全能維持較長久的因素。但也爲了爭鹽場，而與其他義軍引起一連串的爭戰。此外，李全還從事貿易，〔宋

79　周密：〔齊東野語〕，卷9，「李全」條說，李全練就鐵鎗，「技日以精，爲衆推服」（頁3上）。楊安兒也以「有力强勇，一堡所服」（頁3下）。

80　〔金史〕，卷102，「僕散安貞傳」，頁2244。

81　〔宋史〕，卷476，「李全傳」，頁13818。

82　周密：〔齊東野語〕，前引文，頁3上。

83　〔金史〕，卷117，「國安用傳」，頁2561～2565。參見〔宋史〕，卷476、477，「李全傳」。

84　元好問：〔遺山先生文集〕，卷30，「五翼都總領豪士信公之碑并引」，頁307。

85　〔宋史〕，卷477，「李全傳」下，頁13838。

86　〔宋史〕，卷476，「李全傳」說：「……而以餘衆道滄州，假鹽利以慰饍之。」（頁13821）。又說：「〔張〕林財計仰六鹽場，〔李〕福恃其弟有大連於林，又欲分其半，林許福恣取鹽，而不分場。」（頁13823）。

表五：宋寧宗、理宗時期 （1206至1234）

姓　　名	楊　安　兒	李　　　全
起事時間	開禧2年	嘉定4年
起事地點	山東益都	密州諸城縣九仙山
兵　初期	千　　餘	數　　千
力　最盛	數 十 萬	二 十 萬
出　　身	商	販　馬
籍　　貫	益　都	淄 州 人
活　動　事　蹟	開禧間山東無賴相聚，後降。嘉定4年與張汝楫又叛金。7年得登州、萊州，僭號，改元天順。陷寧海、濰州，據密州。爲僕散安貞所敗，走卽墨赴水死。其部尙萬餘，由妹楊妙眞領之。	號李鐵鎗，與楊妙眞結爲夫婦。嘉定11年歸宋。任京東路總管，17年賜全與彭義斌三十萬緡。紹定3年授京東鎮撫使，4年正月被殺。子瓚。
史　料　源	〔齊東野語〕9。 〔金史〕14，75，102，106。 〔宋史〕476。 〔宋元通鑑〕98。 〔兩朝綱目備要〕15。 〔朝野雜記〕乙集19。	〔齊東野語〕9。〔朝野雜記〕乙集18，19。 〔宋史〕40，41，403，406，412，413，414，415，416，417，419，422，423，424，452，455，462，476，477。 〔元遺山文集〕30。 〔金史〕15，16，102，108，116，124。 〔元史〕1，121。〔絜齋集〕13。 〔宋會要〕「兵」16，17。 〔三朝野史後村大全集〕146。

重要義軍歸正領袖及其活動概況表

陳　智	張汝楫	劉二祖	李友直　楊庭秀 馮朝　郝遵甫 宿徽
嘉定4年	嘉定4年	嘉定5年[87]	嘉定6年
密州諸城縣九仙山	山　東	泰　安	華　州
	萬　餘	數　萬	
農	民	盜	金　官
密州諸城縣	泰安人	泰　安	
以農為生。嘉定4年，因蒙古兵火，隨李全結合人兵在九仙山殺金人。16年歸宋，取東海、次海州。全復山東後，攻取邳州，破打賢、唐宋二寨。	嘉定4年，與楊安兒聚黨攻刦山東州縣，山東大擾。7年據靈岩，攻長清爲嚴實所敗。後與孫邦佐保濟南勤子堌。受完顏弼招，復謀亂，被殺。	起兵寇淄、沂二州。嘉定8年1月，金詔討二祖。3月爲紇石烈牙吾塔所敗，被擒殺。	李友直逃華州，結馮朝、郝遵甫、楊庭秀、宿徽等，團集州民，號忠義扈駕都統府，相挺爲亂。殺防禦判官及城中女眞人，以書約都統楊珏，珏誘友直等，執殺之[88]。
〔宋會要〕「兵」16。	〔遺山文集〕26。 〔金史〕14,102。	〔宋史〕476。 〔金史〕14，65，102，103，111。 〔朝野雜記〕乙集19。 〔兩朝綱目備要〕15。	〔金史〕14。 〔山右石刻叢編〕23。

87　時間從〔續通鑑〕，卷159。
88　〔山右石刻叢編〕，卷23，頁16～17，所述與金史有異。

姓　　名	程彥輝	郝　定	時　青
起事時間	嘉定 7 年 2 月	嘉定 7 年	嘉定 7 年間
起事地點	蘭　州		
兵　力　初期	三　千	六　萬	
最盛		十餘萬	數　萬
出　　身	譯　人	紅襖賊	紅襖賊
籍　　貫	蘭　州	兗州泗水人	滕陽人
活　動　事　蹟	西結夏人為援，敗金軍於龕谷。次年求附宋，四川制置使董居誼卻之。9 年攻鞏州，宋命劉昌祖備，後為川帥所殺。	領楊安兒、劉二祖散亡。9 年置百官僭稱大漢皇帝。攻泰安、滕、兗、單諸州，遣人北構南連皆成約。入臨沂，5 月為僕散安貞所敗，7 月在泗水縣柘溝村被擒，送金京斬。	初與叔父時全為紅襖賊，嘉定 5 年後降金。11 年叛入宋。13 年又降金，授滕陽公。不果，又為宋守。14 年正月為宋守龜山，破泗州西城。寶慶元年敗李全，又附之。4 年全殺之。
史　源	〔宋史〕39。 〔金史〕14，101，123，134。 〔眞西山文集〕5。 〔兩朝綱目備要〕15。	〔金史〕14，102，103，108。	〔宋史〕417，419，476，477。 〔金史〕16，111，117，124。

霍 儀[89]	周 元 兒	劉 全	孟 春
嘉定 7 年	嘉定 8 年 9 月	嘉定 8 年12月	嘉定 8 年
山 東		衞 眞 界	
數 萬	五 百 人		
紅 襖 賊	紅 襖 賊	盜	
		太 康 縣	
劉二祖死,儀繼之。彭義斌,石珪、夏全、時靑等附之,據山東,僭號大齊,改元順天。攻沂州不下,爲完顏霆所殺[90],衆潰。	嘉定 8 年 9 月陷深祁州、東鹿、安平、無極等縣。金眞定帥府以計破之,斬元兒及其黨五百餘人。	全嘗爲盜,亡入衞眞界,詭稱愛王,假託以惑衆。東平人李寧居嵩山,有妖術。全同縣人時溫,稱寧可論大事,乃使范元書僞號召之。寧至推爲國師,議僭立,事覺,皆伏誅。	自嘉定 8 年聚忠義,招到沂、滕、袞、單、濟五州十九縣歸宋。13年以功補承信郎,充忠義軍統制兼淮東制置京東河北節制使帳前統制。14年石珪脅之降蒙,15年又歸宋。
〔宋史〕476。〔朝野雜記〕乙集19。〔兩朝綱目備要〕17。	〔金史〕14。	〔金史〕14,85。〔宋會要〕「兵」20。	〔宋會要〕「兵」16,17。「職官」62。

<hr>

89 〔備要〕作郝儀,誤。
90 〔備要〕作爲花帽軍生擒,於磔開封。

姓　　名	張暉昌劉永	唐　　進	石　　海	宋子玉	于忙兒
起事時間	嘉定 8 年	嘉定 9 年 4 月	嘉定10年 3 月	嘉定10年 4 月	嘉定10年
起事地點		秦　　州	眞　　定	孟　　州	海　　州
兵力　初期			數　　百		
最盛		十　　萬			
出　　身	乱　賊	民		金萬戶	紅襖賊首
籍　　貫		秦州人	眞　　定		
活動事蹟	嘉定 8 年 2 月，爲金將梁佐、李咬住所殺。	與其徒何進等，引衆十萬歸宋，四川制置使拒卻之。	據眞定叛，金集粘割貞、郭文振、武仙部精銳與東平軍圖之。武仙斬海及其黨二百餘人，獲海僭擬之物。	孟州經略司萬戶，率所部叛，斬關而出。其黨邢福殺子玉，以衆歸金，餘黨家屬放歸農。	嘉定10年，寇海州，爲金將完顏霆所敗。
史源	〔金史〕14。	〔宋史〕39。〔兩朝綱目備要〕15。〔昌谷集〕11。〔鶴山文集〕76。	〔金史〕15。	〔金史〕15。	〔金史〕16，103。

沈　鐸	季　先	馬　寬	馬　良
嘉定10年[91]	嘉定10年	嘉定10年	嘉定10年
山　陽		陝州振威軍	漣　水
			萬　人
商　販	民	金萬戶	義　軍
鎮　江	定　遠		東海人
鎮江武鋒卒，亡命盜販山陽，招義軍，任武鋒軍副將。與高忠皎各集忠義民兵，分二道攻金，再招東海馬良、高林、宋德珍等萬人。11年2月遣兵助梁昭祖焚金人糧舟。	原在楊安兒軍中，受安兒命。因沈鐸見宋官應純之，道豪傑願附之意。12年閏3月，自漣水軍引兵援宋，金人解去。次年6月任泉州團練使，命赴樞密院議事，未至，被殺死。	逐其刺史李策，據城叛，邊吏招之乃降。已而復謀變，州吏擒戮之，夷其族。	與高林、宋德珍等萬人輻湊漣水附宋。寶慶元年為許國將沈興所殺。
〔齊東野語〕9。 〔宋史〕40，403，476。 〔宋史全文〕30。 〔後村大全集〕145。 〔宋會要〕「兵」20。	〔齊東野語〕9。 〔宋史〕40，403，476。 〔兩朝綱目備要〕16。 〔宋會要〕「兵」20。 〔後村大全集〕145。	〔金史〕15。	〔宋史〕476。

91　時間據〔續通鑑〕。

姓 名	魚張二	閻德用	何冕	曲貴
起事時間	嘉定10年	嘉定10年	嘉定11年2月	嘉定11年5月
起事地點	五朵山	平定州石仁寨	許州	萊州
兵力 初期				
兵力 最盛				
出 身	（金）賊	金官		民
籍 貫			許州長社縣	萊州人
活動事蹟	移剌貫奴言：「五朵山賊魚張二等，若悉誅之，屢詔免罪，恐乖恩信。且其親屬淪落宋境，近在均州，或相構亂。乞貸其死，徙之歸德、睢、陳、鈞、許間爲便。」	太原提控。嘉定10年，德用率所部掩襲，殺完顏琢等百餘人，據石仁寨，佔平定州。4月，爲黨徒閻顯所殺，其衆降金。	許州長社縣何冕等謀反，伏誅。	殺節度經略使內族轉奴，自稱元帥。構宋人據城叛，爲王庭玉等討平。
史源	〔金史〕15。	〔金史〕15，100。	〔金史〕15。	〔金史〕15。〔宋會要〕「兵」18。

馮天羽	張　聚	王汝霖 程　戩	李　旺
嘉定11年6月	嘉定11年8月	嘉定11年10月	嘉定11年
臨泉縣	棣　州	邳　州	膠　西
數　千	數　千		數　百
			數　百
（金）賊	神　將[92] （金）	金　將	
石　州			
據臨泉縣爲亂，金帥府命將討捕之，爲所敗。旁郡縣謀應之，訖石烈公順赴以兵，天羽等降，公順殺之。餘黨走保積翠山。王九思攻不下。已而其黨安國用以五千人降金，分其衆於絳、霍間。	王福部將。嘉定10年復濱、棣二州，任棣州防禦使。11年附益都張林。12年5月寇樂陵、鹽山，爲王福所敗。7月宋人聯聚、張林攻掠王福，福降。	邳州副提控王汝霖以州廩將乏，扇其軍爲亂。山東東路轉運副使兼同知沂州防禦使程戩，懼禍及己，遂與同謀，結宋兵爲外援。侯摯遣兵捕之，伏誅。	嘉定11年據膠西。田琢遣益都張林討亂，生擒之，8月又破其黨。
〔金史〕15。	〔金史〕15，16，102，118。 〔宋會要〕「兵」16。	〔金史〕15，108。	〔金史〕102。

92　〔金史〕，卷16，作紅襖賊。

姓　名	張　羽	趙善周	劉　二
起事時間	嘉定11年11月	嘉定11年	嘉定11年
起事地點	陝　西	淄　州	衞眞界
兵力　初期			百　餘
力　　最盛			
出　身	民	宋宗室	
籍　貫	陝　西	淄　州	
活動事蹟	嘉定11年11月歸宋。	宋宗室子。蒙古軍攻淄州，乃率家老小出城，經濟南、東平府、邳、海州至沭陽投宋。	亳州譙縣人孫學究私造妖言：「愛王終當奮發，今匿居民間，自號劉二。」衞眞百姓信之。有劉二者出而當之，遣歐榮結構逆黨，市兵伏謀僭立。事覺，誅五十二人，緣坐六十餘人。
史源	〔宋史〕40。〔兩朝綱目備要〕15。	〔宋會要〕「兵」16。	〔金史〕85。

嚴　　實	王　公　喜	于　海 牟　佐	張　　林
嘉定11年	嘉定12年 閏 3 月	嘉定12年	嘉定12年
東　　平	沂州注子涸	萊　　州	益　　都
			萬　　餘
三 十 萬			
民	紅　襖　賊		金山寨總領
東平長清人	沂　　州		益都桃林寨
嘉定 6 年為百夫長。11年攝長清令。後降宋[93]，又降蒙古，且向金款附。16年 5 月，金議招實，不果。寶慶元年 4 月，以食盡與彭義斌連和。7 月擒殺義斌，降蒙古。紹定元年，與李全戰。	構宋兵據沂州，後為燕寧所敗，公喜保注子涸。	嘉定12年據萊州。	號「張大刀」。嘉定12年據險為亂，自稱安化軍節度使，蒙古綱奏派兵平之。4 月，林侵東平，為王庭玉所擒。林乞貰死，允之，任萊州兵馬鈐轄。久之，山東不能守，降宋。
〔遺山文集〕26。〔金史〕16。〔宋史〕476，477。〔宋會要〕「兵」20。〔秋澗大全集〕12。〔元朝名臣事略〕6。〔元史〕148。〔新元史〕137。〔元史類編〕18。〔元史新編〕27。〔大明一統志〕22，23。〔蒙兀兒史記〕52。	〔金史〕15，102。	〔金史〕102。	〔齊東野語〕9。〔金史〕16，102。

93　〔元遺山文集〕作興定 2 年，（宋嘉定11年），8 月。〔宋史〕卷476，作 4 年。

姓　　名	張　　林	趙善長	單　仲 李　俊 盧　廣
起事時間	嘉定12年	嘉定12年	嘉定13年3月
起事地點	益　都	密州膠西縣	林　州
兵 初期		千　餘	
力 最盛			
出　身	金　將	宋宗室	民
籍　貫	益　都	密州諸城縣	
活動事蹟	益都府卒，有功升治中。嘉定11年張聚以棣州降。12年叛金，6月舉12州歸宋，授京東安撫使。13年與李全攻東平不下，還兵青州。7月王福降。15年6月，种實攻林於青州。後因李福之脅，叛宋降蒙。16年金議遣人招之，不果。3月與所部邢德歸宋。寶慶3年與國用安、閻通等殺李福，入楚州，分屯五軍，斷李全歸路，10月被國用安所殺。	因蒙古侵擾山東，金令其組軍，乃倡義帶精兵千餘，招伏宋山、史玉四千餘人，至東海投順。	金林州元帥惟良擒殺叛人單仲、李俊誅之，降其黨人盧廣。
史源	〔宋史〕40，476，477。 〔金史〕15，16，102，118。 〔元史〕1，121。 〔宋會要〕「兵」20。 〔齊東野語〕9。	〔宋會要〕「兵」16。	〔金史〕16。

甄 全	王 福	石 珪	王義深
嘉定13年4月	嘉定13年7月	嘉定13年8月	嘉定13年
唐 縣	滄 州	漣 水 軍	
	萬 餘		
（金）賊	滄海公（金）	盱眙將（金）	
	河 北	泰安新泰人	
金經略使段增順破甄全於唐縣。	金橫海軍節度使。13年5月敗張聚，7月叛降於益都張林。封吉州刺史。	嘉定13年8月，叛入漣水軍，詔以珪爲漣水忠義軍統轄。12月叛降蒙古，任濟袞單三州都總管。嘉定16年7月攻曹州，爲金將鄭從宜所擒，死之。	彭義斌別將。寶慶元年，義斌死，殺嚴實家族，奔河南歸李全。2年與張惠等降金[94]，封郡王。紹定5年爲臨淄郡王。6年6月叛金入宋。
〔金史〕16。	〔金史〕16，118。〔宋會要〕「兵」17。	〔元史〕1，121，193。〔新元史〕143。〔齊東野語〕9。〔鶴山大全集〕80。〔宋會要〕「兵」20。〔元史類編〕37。〔元史新編〕49。〔蒙兀兒史記〕54。	〔遺山文集〕26。〔齊東野語〕9。〔金史〕17，18。〔宋會要〕「兵」16。

94 〔宋史〕，卷477，「李全傳」下，作寶慶3年，此從〔金史〕。

姓　　名	程　　瑢 王　　忠	李文秀	孫仲威
起事時間	嘉定14年正月	嘉定14年12月	嘉定15年10月
起事地點	秦　　州	蒲城縣	河中府
兵力　初期	二　千　餘		
最盛			
出　　身	民	民	金萬戶
籍　　貫	秦州成紀人		河中府
活動事蹟	瑢素懷忠順，與弟琮常至四川邊上報告金情。14年謀發兵應宋師，事洩，黨徒被殺，瑢拔身歸宋。忠曾任金官，宋兵入界時，與程瑢殺金人，被告訐，歸宋。	文秀等謀反，伏誅。	執其安撫使阿不罕胡魯剌，據城叛，金陝西行省遣將討平之。
史源	〔宋會要〕「兵」17。	〔金史〕16。	〔金史〕16。

張　惠	邢　德	蘇　椿
嘉定15年	嘉定16年3月	嘉定17年8月[95]
		大　名　府
數　千		萬　人
裨將（金）		金　官
燕　人		大　名
號「賽張飛」爲完顏霆裨將。嘉定15年2月降於李全，守盱眙。李福死，宋命惠等殺李全餘黨。以錢糧缺乏，於寶慶二年降金，金封爲郡王，使專制河南拒蒙古軍。	張林部。嘉定16年歸宋，進三官，爲京東東路副總管。	嘉定17年，舉城歸宋，宋授以官。李泉已結椿等攻冠氏，與趙天錫戰不勝。寶慶元年5月投金，置之許州。紹定5年元月，兵變被殺。
〔宋史〕417，463，476。 〔金史〕17，112，114。 〔宋會要〕「兵」16。 〔齊東野語〕9。 〔後村大全集〕146。	〔宋史〕40。 〔兩朝綱目備要〕16。 〔宋會要〕「兵」20。	〔宋史〕40。 〔宋會要〕「兵」17。 〔遺山文集〕24。 〔宋史全文〕30。 〔兩朝綱目備要〕16。

95 〔會要〕「兵」一七作6月。

姓　　名	夏　　全	國用安
起事時間	嘉定年間	嘉定年間
起事地點	山　　東	淄　　州
兵力 初期	五　　千	
兵力 最盛	數　　萬	
出　　身	紅襖賊	
籍　　貫		淄州人
活動事蹟	霍儀部。嘉定10年為金完顏霆所敗，降宋。12年與李全等攻泗州不下，乘李全北伐攻楚州。後叛宋歸金[96]，封為郡王。紹定5年，劫民出屯雞口，北行為張漢臣所敗。不久，疽發背，死於揚州。	李全遺黨，嘗順蒙古。寶慶3年，與張林、邢德等殺李福。後又殺張林。李全死歸金，封為襄王，謀至山東不成。乞糧於宋，又降宋，乏食降蒙古。後又降宋。端平元年，為蒙古將敗於徐州，死。
史源	〔齊東野語〕9。 〔宋史〕417，476，477。 〔元遺山文集〕28。 〔金史〕103，108，114。 〔後村大全集〕146。 〔鶴山文集〕19，31。	〔宋會要〕「兵」16，17。 〔金史〕17，18，102，113，116，117，119，123。 〔宋史〕42，476，477。 〔鶴山文集〕19。

96　〔金史〕，作正大3年（即宋寶慶2年）11月。〔宋史〕「李全傳」則在正大4年。

張　甫	彭義斌	焦風子
嘉定年間	嘉定年間	寶慶1、2年間
	山　東	河 南 北
	數 十 萬	
金　官	紅 襖 賊	民
	泰　安	
初歸順蒙古，嘉定10年降金，善取衆。金亡河北，甫據雄、覇等地，封高陽公，後降李全。寶慶3年爲李福所殺。	霍儀繼劉二祖，義斌附之。儀死，歸李全。嘉定12年任統制官。15年說嚴實將晁海叛實。17年求趙邦永至山東。寶慶元年，李全欲併其軍，與全戰，大勝。北伐，降嚴實、武仙部衆數十萬。後爲嚴實所誤，與蒙古軍戰敗被殺。	沿河南北，屢爲反覆，金廷授以提控之職。3年春謀率其衆入宋。金將朮甲脫魯灰策之，以兵數千伏鄱陽道，殺之。
〔金史〕118。 〔宋史〕476。	〔元史〕1，121。 〔宋史〕40，417，476，477。 〔遺山文集〕26，29，30。 〔元朝名臣事略〕7，10。 〔兩朝綱目備要〕16。	〔金史〕124。

史〕「李全傳」說：

> 膠西當登、寧海之衝，百貨輻湊，全使其兄福守之，為
> 窟宅計。時互市始通，北人尤重南貨，價增十倍，全誘
> 商人至山陽，以舟浮其貨而中分之，自淮轉海，達於
> 膠西。福又具車輦之，而稅其半，然後從聽往諸郡貿
> 易[97]。

甚至以作生意為餌，激勵義軍參與北伐。當時北人既重南
貨，李全乃以「許携南貨免稅」的優厚條件招義軍北伐，結果請
行者不已[98]。北伐軍既為「利」動，顯然與「義軍」之名相去遠
矣。

山水寨與島嶼是義軍發展的主要據點。楊安兒、李全、李
旺、王公喜、孫邦佐、張汝楫、大刀張林、劉二祖、時青等人，
都曾利用山水寨抗金，孟春也曾「備糗糧，保守山崗」[99]。這是
義軍退守進攻的重要憑藉，也是金兵無法很快撲滅義軍的原因之
一。

至於義軍間的聯繫和義軍的組織情形，史料不足，無法詳
知。不過，李全歸宋後，曾一度統領紅襖軍的二股勢力，終由於
彼此利益的衝突與宋朝的挑撥分化，不能成為一股更大的力量，
而被消滅或收編。

97　同上，頁13823。
98　同上，頁13830。
99　〔宋會要輯稿〕，兵一七之三五。

第三節　宋廷對義軍消極防患分化的政策

寧宗時，韓侂冑撕毀和約，發動北伐，接納歸正，號召義軍抗金。北伐既敗，宋金和約明白規定不納叛亡之人，便曾引起朝臣的爭論[100]。及至嘉定年間，華北平原遭受蒙古鐵騎蹂躪，又逢黃河改道釀成災荒，金室南遷，天下騷然。中原豪傑相率抗金或歸宋，宋廷謹守和約，驅殺歸附，朝臣對接納義軍問題再起爭執。金亡後，不堪受壓迫的中原百姓紛紛歸誠，義軍問題，成朝臣爭論焦點。

一、接納問題

真德秀在「江東奏論邊事狀」中說：

> ……並邊遺民皆吾赤子，窮而歸我，當示綏懷。疆吏非人，唯知拒卻，固已絕中原之望，甚者視為盜賊，戮之焚之。上流制閫之臣，明揭大榜，來者即行勦殺。西州總戎之帥，殺程彥暉一家骨肉於黑谷山，秦隴之人，莫不切齒。召鄰國之侮，開邊鄙之隙，結遺黎之怨，逆上帝之心，孰甚於此[101]。

這段話，可以反映當時主張接納忠義、歸正者的看法。他們認為接納忠義、歸正，既可維繫中原人心，以示解民倒懸的意向，也可以利用他們收復故土。茲將他們的意見，歸納如下：

100　真德秀在嘉定元年曾說：「金人欲得衰臣之首，而吾亦曰可與；往來之稱謂，犒軍之金帛，根括歸明流從之民，皆承之唯謹，得無滋慢我乎？」見〔宋史〕，卷437，儒林七，「真德秀傳」，頁12957。
101　真德秀：〔西山真文忠公文集〕，卷5，「江東奏論邊事狀」，頁121。

㈠招徠歸附，以繫中原人心：民心的向背是國家隆替的指標，楊簡就說：「得土地易，得人心難，三代之得天下也，得其民也」[102]。中原百姓本已心懷故國，「日夕南望，如慕慈親」，如今迫於金人的暴政及戰爭的摧殘，或起而抗金或南下避災，這正是「天將亡胡，遽奪其魄」的象徵。對這些人理應接納，以表示宋朝兼愛南北之心，繫中原人民之望[103]，亦可見朝廷有不忘中原之志。只要人心歸向，敵勢自屈，所謂「民心一歸，恢復在其中矣」[104]。若不接納，就等於仇視他們，然而「以子為仇，稍有人心，何忍為此」[105]，況且人心一失，國事就不可為了。因此，曹彥約建議對歸正人採行仁政，讓他更怨恨金人[106]。王遂呼籲體恤歸附[107]。程珌建議透過邊將接納義軍[108]。朱權更主張讓他們領有所得城邑。他說：

> 今忠義之將，功效既著，宜以所得城邑，悉使領之。彼得憑國家之威靈，非特建功於一時，且將宣力於後日，垂勳名，保富貴，固所樂為，其忠於國家，永無窮矣[109]。

㈡拒歸不仁，易生邊患：安土重遷是農業社會人之常情。中原百姓，迫於女真的暴政，相繼襁負歸附，正是古語所謂「為淵驅魚，為叢驅爵」的徵兆。然而，宋廷謹守和約，不接納義軍。

102　楊簡：〔慈湖遺書〕（四明叢書本），卷18，「寶謨閣學士正奉大夫慈湖先生行狀」，頁21下。
103　魏了翁：〔鶴山先生大全文集〕，卷76，「朝請大夫利州路提點刑獄主管沖佑觀虞公（剛）墓誌銘」，頁623。
104　真德秀：〔西山真文忠公文集〕，卷41，「劉文簡公神道碑」，頁624。
105　袁甫：〔蒙齋集〕（四庫珍本別輯），卷7，「論流民劄子」，頁14。
106　曹彥約說：「虜以便掠子女為驅率之賞，我則返其兒倪以示吾仁，……使彼民之怨虜者，怨之而益急。」見〔歷代名臣奏議〕，卷61。〔昌谷集〕不載此文。
107　〔宋史〕，卷415，「王遂傳」，頁12461。
108　程珌：〔洺水集〕（四庫珍本三集），卷4，「邊幣議」，頁7上。
109　程珌：〔洺水集〕，卷11，「朱惠州行狀」，引朱權在嘉定12年，所上備邊七策，頁16上。

劉光祖與袁燮便批評這種做法，會招致人怨[110]。而沿邊官吏之驅
殺遺民，更遭致楊簡和眞德秀的嚴屬抨擊。楊簡說：

> 薄海內外，皆吾赤子，不幸中土人落腥羶。一旦飢驅，
> 故民出塗炭，投慈父母，顧與之靳斗升粟而迎殺之，靳
> 脫死乃速得死，豈相上帝綏四方之道也[111]。

眞德秀也說：

> 今吾遺民不幸而厄於虜之水火，其危迫可憐之狀，甚於
> 孺子之入井，而未嘗有爲之惻然者，已非復人心矣。況
> 從而驅之殺之，是惡赤子之求乳，舉而撲之地也[112]。

這種不仁的作法，將使忠義歸正之士，怨恨宋朝。而這些人都是
鋌而走險之輩，久經戰火洗鍊，素稱強勇、精悍，若不接納他
們，「使北方之民，皆與我爲仇敵，皆將致死於我，不知吾之帥
臣，將何以禦之」[113]。或「忽爲金人所殘，則怨憤之氣，反歸於
我，數萬人中，豈無傑然出衆，如儂智高、郭藥師之徒，足以久
爲人害者」[114]，或反爲金的鄉導，爲害更大[115]。程秘在嘉定十七
年（1224）輪對時，指出忠義人都是苦於北方的饑餓，畏懼金人
的殺戮，爲求生存，相率來歸的。雖然偶有不服朝命的現象，「
然觀其一再自戕其徒，冀以自贖自新者，其心亦可謂顯白矣」。
況且他們也不願長年在外奔波，不得安定休息，只要「朝廷察其

110　劉光祖在嘉定8年上書中說：「青鄆蘭會來通弗納，陛下爲中國衣冠之主人，歸我而我絕之，是謂棄人，未有棄人而人不我怨者也。」見眞德秀：〔西山眞文忠公文集〕，卷43，「劉閣學墓誌銘」，頁663。袁燮也說：「自殘金虜伏汴都，陛下不忍拒絕，仍與通好。羣盜之歸附者，拒而不納，流民之逃死者，卻而不受，故此曹惟我是怨。」見〔絜齋集〕，卷3，「論釪谷徼宜開言路劄子」，頁15下。
111　同註102。
112　眞德秀：〔西山眞文忠公文集〕，卷34，「備襄陽申請」，頁533。
113　袁燮：〔絜齋集〕，卷2，「輪對建隆3年詔陳時政闕失劄子」，頁3上。
114　曹彥約：〔昌谷集〕，卷11，「上廟堂論泰蘢羣盜劄子」，頁13下。
115　參見杜範：〔清獻集〕（四庫珍本二集），卷11，「直前奏劄」，頁15。

心，納其善而棄其過；不過賞其首，犒其徒，則彼必俯心懷恩，
俛首聽命矣」。因此建議：

> 更能擇老將以一軍令，益戰士以壯軍容，亟犒賞以作士
> 氣，使吾之根本益壯，精神益強。然後明降勑命，許以
> 不殺，彼亦安得不畏其威，感其仁，相與變驕悍而爲善
> 良，恥背叛而慕名義哉[116]！

郭興祖也在紹定間，建議四川將帥接納中原百姓，免得成爲蒙古
的前導[117]。

　㈢用忠義歸正，以收復故疆：「死去元知萬事空，但悲不見
九州同。王師北定中原日，家祭無忘告乃翁」（〔劍南詩稿〕，
卷85）。陸游的這首「示兒詩」，說明了南宋雖屢抑於女眞，但部
分士大夫卻無不以匡復故土爲念。而往日久被宋朝德澤的中原百
姓，對南宋延頸殷望之情，正如辛棄疾所說：「……相挺以興，
矯首南望，思戀舊主者，怨已深，痛已鉅，而怒已盈也」[118]。因
此，「臨邊而語則自謂漢民，交鋒而戰，則常主倒戈。每敵有長
驅之心，則未嘗無後顧之患」[119]。人心思漢如此，已開恢復契
機。何況義軍個個驍勇善戰，熟悉地理形勢及敵情虛實，苟能善
加利用，必可奏中興之功。陳咸建議收梁洋以北義士，爲緩急之
用[120]。朱權也在嘉定年間呼籲收納山東忠義人。他以戰國時孫臏
伐魏救趙爲例，說明山東的重要性，倘若金人膽敢進犯，「第使
山東忠義之衆，疾走大梁，衝其方虛，攻其必救，敵人烏得不速

116　程珌：〔洺水集〕，卷2，「輪對劄子其4」，頁24上、下。
117　魏了翁：〔鶴山先生大全文集〕，卷82，「故太府寺丞兼知興元府利州路安撫
　　　郭公墓誌銘」，頁676起。
118　辛啓泰輯、鄧廣銘校補：〔稼軒詩文鈔存〕，「美芹十論」，觀釁第三，頁8。
119　曹彥約：〔昌谷集〕，卷5，「應求言詔書上封事」，頁19上。
120　〔宋史〕，卷412，「陳咸傳」，頁12389。

返，以護巢穴，返則如龐之敗明矣」[121]。眞德秀也認爲：中原百姓的南歸，正是女眞爲宋之鸇獺，焉能不爲茂林深淵以受之？乃建議謹擇邊帥，「務以恩信懷柔，而使遠人欣慕，民旣我附，土將焉歸，恢拓之基，實在於此」[122]。如此一來，以守則固，以戰則克，恢復故疆的宿願，就不難得償了。

　　這些理由都很堂皇正大，但是主張拒絕歸正人的朝臣，也提出許多意見，深恐接納這些不可恃的北人，旣耗糧餉，得罪敵國，更將遺下無窮的禍患。現在也將他們的意見，分條說明如下：

　　㈠忠義人不可恃，養虎適足遺患：嘉定年間，大批山東忠義人歸宋時，崔與之卽有養虎遺患之歎[123]。李大有更指出他們入居內地後，依然左衽自若，意在窺宋之虛實，伺機作亂[124]。張忠恕也力陳招納這些人，不但對國家無益，反而向金示弱。他說：「數年以來，方內弗寧。山東之地，旣歸而未稟正朔，忠義之徒，雖附而左衽自如，得之無補，祇以示弱」[125]。因此，當有人提議讓忠義人北伐，從事匡復故土的工作時，黃榦和劉克莊先後提出嚴厲的批評，認爲他們不足成事，反失中原民心。劉克莊說：

　　　官軍按甲不動，而藉山東羣盜之力，以收舊疆。彼皆以
　　　殺人掠貨爲事，欲其秋毫無犯，所至牛酒，開門迎勞，
　　　其可得哉[126]！……

[121] 同註[109]，頁16下。
[122] 眞德秀：〔西山眞文忠公文集〕，卷3，「直前奏事劄子」，頁91。
[123] 〔宋史〕，卷406，「崔與之傳」，頁12260。
[124] 魏了翁：〔鶴山先生大全文集〕，卷75，「太常博士李君墓誌銘」，頁613。
[125] 魏了翁：〔鶴山先生大全文集〕，卷77，「直寶章閣提擧沖佑觀張公墓誌銘」，引張忠恕奏文，頁630。
[126] 劉克莊：〔後村先生大全集〕（四部叢刊初編本），卷128，「丁丑上鄭帥」，頁1135。

黃榦也指出忠義軍的名稱固佳，其實他們只是相聚爲盜賊之行[127]。他說：「聞欲爲大舉深入之意，一切取辦於沿淮之忠義。此曹誠可用，不過能爲盜賊之行，焚燒縣鎭，刼掠財物，正恐因此大失中原之心耳」[128]。李全叛宋後，汪世顯請求歸附，程公許便以山東覆轍未遠，反對接納[129]。金亡後，歸正人驟增，宋廷多置於邊地，魏了翁乃亟論招納忠義人的不智。他指出：「三邊之地，華夷雜居，號爲中原遺黎者，猶能道政宣間事，以爲藉口。而其間裔夷種類，包禍蓄亂者，不可勝數」[130]。而且這些人比留置邊圉的正規軍還多，已有喧賓奪主之勢，「如近日邳、徐、宿、亳之陷，皆北人從中突起，倒戈獻城，此事昭然可鑒。而況揚爲淮東衝要，襄爲湖北屏翰，今降附之人，居其太半」[131]。何況宋入洛失敗，蒙古必圖報復，假若北人羣起接應，情勢將更不可爲。所以魏了翁以「輕納歸附，而竭府藏」爲史彌遠罪狀之一[132]。徐鹿卿更沉痛地說：「北兵，吾仇敵也，一人一騎，不可復引而置諸大江之南」[133]。

　　㈡納義軍徒費糧餉：山東忠義不僅不可靠，更恃功貪財，接納他們徒浪費國帑，無異自撤藩籬，引盜賊入堂室而已。葉適指出：「議臣謂可乘隙經營，……六、七年間，牽引山東、河北，

127　黃榦：〔勉齋集〕（四庫珍本二集），卷18，「又畫一六事」，頁18下。

128　黃榦：〔勉齋集〕，卷16，「與李貫之兵部書」，頁4下～5上。

129　〔宋史〕，卷415，「程公許傳」說：「有獻議招泰羣大姓於（李）璮者，衆多從史，獨公許朝：山東覆轍未遠，反覆論難，卒從之。」頁12455。

130　魏了翁：〔鶴山先生大全文集〕，卷19，「被召除禮部尚書內引奏事第四剳」，頁186。

131　同前，頁187'。

132　魏了翁：〔鶴山先生大全文集〕，卷18，「被召除禮部尚書內引奏事第二剳」，頁182。

133　徐鹿卿：〔清正存稿〕（豫章叢書本），卷5，「論待虜敕楮二剳上樞密院」，頁11下。

破壞關外，未有毫髮之益，而所喪巨億萬計」[134]。李宗勉也認為山東之旅，糜費錢糧[135]。劉克莊更感慨地說：

> 今日招納山東，是擔錢擔米出去做事，其法當有限止。
> 本欲用此曹取邳、海，不可取，遂納五萬人於兩淮，把
> 自家地盤，先作踐一遍。……山東已納者，歲費緡錢五
> 百萬，米四十萬斛，其在東海、漣水二縣者不與焉，言
> 之可為寒心[136]。

吳潛也說：「……又聞壽春以北，強壯之散在對境者，淮西欲有招納，必須錢糧，若源源不已，恐無以繼」[137]。接納義軍正陷於金人困宋之策而不自知。等到朝臣想利用忠義人來完成收復舊疆的宿願時，李宗勉即說：「山東之旅，名曰忠義，實則桀黠，資以備邊，而備之者，甚於邊」[138]。尤當特別警惕。

　㈢招納降人，得罪鄰國：開禧年間，宋廷欲納金人之叛降時，傅伯成即表示不宜輕棄信誓[139]。嘉定初年，北方流民迫於戰火，起而抗金，或相率南逃，尋求南宋庇護時，宋邊將有抱著「吾與虜和有日矣，中國之民，虜之民也，歸我而我受之，是失信於虜也，非昔者羊陸不相侵之義」的想法，拒絕納義軍。甚至在邊境上揭示「有入吾境者，必殺無貸」[140]的榜文，爭以殺歸附

134　葉適：〔葉適集〕，水心別集，卷16，「後總」，頁845。
135　李宗勉說：「財計之豐，莫若節國用，善為國者，常使財勝事，不使事勝財。今山東之旅，坐糜我金穀。」〔宋史〕，卷405，「李宗勉傳」，頁12233。
136　劉克莊：〔後村先生大全集〕，卷128，「庚辰與方子默僉判書」，頁1137～1138。
137　吳潛：〔許國公奏議〕（十萬卷樓叢書本），卷1，「應詔上封事條陳國家大體治道要務凡九事」，頁42。
138　潛說友纂修：〔咸淳臨安志〕（道光10年錢塘振綺堂汪氏刊本），卷67，「李宗勉傳」，頁20。
139　〔宋史〕，卷415，「傅伯成傳」說：「朝議欲納金人之叛降者，伯成言不宜輕棄信誓，乞戒將帥毋生事。」頁12442。
140　同註112。

爲功。金亡之後，吳潛則認爲蒙宋境土相接，蒙古意在挑釁，若
收納流民，適給蒙古南侵的藉口。他說：

> 又聞襄聞遣人約降息州，息州守者已棄城而走信陽。夫
> 金虜在河南，我未嘗向北發一矢，今彼以虐政滅，人民
> 無主。我方於是時收之，虜欲殺之，而我顧納之，萬一
> 虜以爲詞，我何以對[141]？

乃建議諭告邊帥，拒納北人，而力求自治，以圖後謀。到了嘉熙
二年（1238），牟子才更直指招納反叛無常的北人，引起敵人憤
慨，爲晚宋內政四大錯誤之一[142]。

　　綜觀宋臣對接納義軍的意見，主張接納者，態度較積極、進
取，想利用義軍達成恢復故土的目的。反對接納者則較消極，旨
在預防因接納而造成種種弊端。其中難免有過於樂觀或悲觀的成
份，也可看出宋人虛驕不切實際之論。然而，仍可藉此瞭解宋臣
對義軍的態度。唯從雙方的爭議與史實相印證，可知朝臣的爭論
及朝廷政策的轉變，和宋金和戰及晚宋政爭大有關係；而歸正人
與和戰問題，往往又成爲政爭的工具。韓侂胄當政時，蓄謀北
伐，乃違約接納歸正，鼓吹義軍抗金。北伐既敗，宋金訂約，規
定不納歸正叛亡，宋朝受此約束，在女眞衰弱時，不肯接納義
軍，甚或驅殺降人；於是主張接納的大臣，羣起批評宋廷的政
策。不久，以李全爲首的山東忠義人蜂屯蟻聚，勢不可遏。恰
好，金宣宗從尤虎高琪之請，舉兵侵宋。致史彌遠改變態度，成
立忠義軍，接納義軍。李全等人乃得投宋，爲南宋抵抗金兵，甚

141　同註[137]。
142　牟子才說：「違議得失，國家安危之機也。自破蔡之役，誤於援敵，而敵已有
　　　覬覦之心。入洛之師，誤於恢復，而敵已有報復之心。反覆叛亂之臣，誤於招
　　　納，而敵已有愆我之心。南北介使之往來，誤於和好，而敵已有輕視之心。此
　　　內之四誤也。」〔名臣奏議〕，卷62，治道，頁3。

至開疆拓土[143]。到益都張林被迫降附蒙古後，由於南宋淮上帥閫賈涉的統馭無方，加上受到南宋正規軍的排擠，山東忠義軍內閧時起，李全遂有專擅一方之意。淮海兵亂時起[144]，直逼得這位起義內嚮的義士，變作叛亂的元兇，於是朝臣又羣起反對接納忠義歸正的政策。

及李全亂平，金哀宗又在蒙古威脅下，棄汴京，奔蔡州。中原百姓，紛紛南歸，邊將多方收納，編入軍籍。等到蒙宋聯兵滅金，宋將乘蒙古兵北退之際，興兵入洛（卽端平入洛之役），卻慘遭敗績。適史彌遠去世，清議分子繼起，掌握朝政。他們旣有李全降而復叛的前車之鑒，又怨昔日史彌遠假濟王案排擠他們[145]。就在理宗親政的時候，極力詆誣收納義軍的政策，把所有因接納義軍而產生的一切不良後果，全歸咎於史彌遠的失當[146]。丞相鄭清之，更於銜恨四川制置使趙彥吶不派兵幫助入洛之師之餘，拒絕接納汪世顯，作爲報復，汪世顯憤而投蒙古。此後，宋內部政爭愈演愈烈，對義軍歸正的態度時變，引起南北人之爭，北人紛紛歸附蒙古，成了蒙古攻宋的先鋒。

二、處理問題

嘉定十年（1217），宋金戰爭旣開，宋正式成立「忠義軍」，公開鼓勵義軍抗金，招納歸正時，崔與之就曾向寧宗指陳處理義

---

143 李全歸宋後，開疆拓土的情形，參見孫克寬：〔蒙古漢軍及漢文化之研究〕，「南宋金元間的山東忠義軍與李全」，頁24～25。

144 參見孫克寬：〔元代漢文化之活動〕，第一編：背景——蒙古初期軍略與金之崩潰，三、紅襖賊與南北軍事，頁81～82。

145 陳邦瞻：〔宋史紀事本末〕（三民書局，民國45年4月初版），卷88，史彌遠廢立，頁287～293。參見黃寬重：〔晚宋朝臣對國是的爭議——理宗時代的和戰、邊防和流民〕，第二章，第六節，小結。

146 同註132。

軍的重要，呼籲朝廷早做安排，免遺後患。他說：

> 山東新附，置之內地，如抱虎枕蛟，急須處置。自古召
> 外兵以集事，事成與否，皆有後憂。當來，若欲招納，
> 合計為兵若干？錢穀若何而倚辦？為農若干？田牛若何
> 而措畫？今既來之，無以安之，使饑餓於我土地。及其
> 陵犯，又無控御之術，幾至釀禍。事勢如此，只得因病
> 處方，無徒以受病之源，歸咎既往。乞下制司區處，要
> 使命令一出，帖耳退聽[147]。

後來，南下義軍及歸正人日增，他們「或請分處授田，以澳其
羣，或請增招正兵，以權其勢，或請以補正兵之闕，而自為一
軍」[148]。要求日多，逐漸成為南宋政治、經濟上的難題，如李鳴
復即指出義軍是南宋內政、外交上最嚴重的問題[149]。可見義軍關
係南宋晚期政局安危，深值重視。因此，如何有效控制這些義軍
及歸正人，使其充分發揮「供我馳驅」的作用，而免生流弊，也
是朝臣重視的問題。宋臣對這個問題也有不同的看法，茲歸納條
述於後：

㈠分散忠義，以主制客：葉適曾說：忠義人「決不可同處」
[150]。此外，徐鳳、曹彥約、陳韡、余嶸、方信儒等人也都持這種
看法。嘉定十一年（1218），大批義軍南歸時，余嶸曾預料義軍
勢眾難制，建議以勁兵控馭[151]。方信儒認為「奸雄不可以弱勢填
壓」，建議「選有威望重臣，將精英數萬，開幕府山東，以主制
客，重馭輕」。這麼一來，不僅可以「外包山東，內固江北，而

147　崔與之：〔清獻公言行錄〕（嶺南遺書本），卷1，頁4上。
148　魏了翁：〔鶴山先生大全文集〕，卷16，「直前奏事劄子二」，頁150。
149　楊士奇編：〔歷代名臣奏議〕，卷98，「經國」，頁6～7。
150　葉適：〔葉適集〕，水心別集，卷16，「後總」，頁848。
151　劉克莊：〔後村先生大全集〕，卷145，「龍學余尚書神道碑」，頁1270。

兩河固在吾目中矣」[152]。徐鳳在嘉定十二年(1219)，奏論山東義
軍事時，也建議仿照賈誼衆建諸侯之策，散置部落，分化他們的
勢力。如此，既易義使，也不致因黨與聚集而產生覬覦之心[153]。
曹彥約則認爲：

> 用兵之道，可以形格而勢禁，不可以直致也。……正軍
> 者，忠義之主宰，有三萬之正軍，然後可以制一萬之降
> 卒，有十萬之正軍，然後可以制三萬之忠義[154]。

陳韡也主張在山東採「三分齊地，張林、李全各處其一，又其一
以待有功者，以分其權」[155]。唯有鄭性之主張對待義軍，應當
「主客之勢，不宜偏重」[156]。

　　㈡分隔南北人：葉適和魏了翁最主此說。葉適在石珪叛變
後，批評當時山東忠義既聚，宋廷卻不加以分散的作法，是因循
苟且之策，將招大禍。主張採取「北自爲北，南自爲南」的政
策，將南北人分開[157]。魏了翁在端平三年(1236)，檢討襄陽失
守的原因時，建議把南北軍析爲二處，以免彼此猜疑，也可讓北
軍長處淮北，作宋朝的屏障。他說：

> 郭勝之叛以猜懼，范用吉、常進、尚全之叛以憤怨，皆
> 有釁可言。至於襄陽之變，特因疑形一起，闔城爲之塗
> 炭。……劄京湖制置趙范於北人內，選差二人，撫諭北
> 軍，方欲立規摹，設方略，冀不動聲色而南北自分，可

152　劉克莊：〔後村先生大全集〕，卷166，「寶謨寺丞詩鏡方公行狀」，頁1480。
153　徐鳳說：「否則亟行賈誼衆建諸侯之策，爲置部落而少其力，力少則易使以
　　義，黨與散則無邪心。」〔西山文集〕，卷46，「秘書少監直學士院徐公墓誌
　　銘」，頁712。
154　楊士奇編：〔歷代名臣奏議〕，卷61，「治道」，總頁854。
155　劉克莊：〔後村先生大全集〕，卷146，「忠肅陳觀文神道碑」，頁1277。
156　劉克莊：〔後村先生大全集〕，卷147，「毅肅鄭觀文神道碑」，頁1292。
157　葉適：〔葉適集〕，水心別集，卷16，「後總」，頁848。

以潛弭三垂之永患[158]。

不過，吳潛卻反對把南北二軍分開的政策。他認爲南宋在高宗、孝宗時代，都是重用來自北方的忠義，才能成就中興氣象。寧宗時代，史彌遠既招李全，又迫他叛變，則是由於劃分南北太過清楚，待北軍如胡越，才引起北人因積疑而反叛。長此以往，豪傑不附，棄材資敵，將爲國家帶來無窮之憂[159]。何況這些忠義人所立下的戰功，倍於南方將士[160]，切不可因少數人的反叛而遷怒北軍。接著，他又提出了具體的建議，來收攬忠義人心。其一是量功行賞，「使北方歸附見留者益堅報國之心，郭勝、范用吉、尙全、常進之已去者，聞之愧死穹廬之下矣」[161]。而最根本的辦法，則是改革考試制度，採取分路取士的辦法，以達到「因淮襄之俗，以招北方之豪傑」的目的，轉移南北對立的形態，一致抗敵，才能事半功倍。

此外，吳泳與呂午還主張招北人強壯者爲兵[162]。徐鳳建議鼓勵忠義人北向伐金，來減少他們對宋的需索[163]。陳韡和孟珙都建議實施屯田。陳韡主張由宋廷供給耕牛、農具，讓山東人歸耕其土，作宋的屏障[164]。孟珙建議讓歸附人能因其鄉土而使之耕，俾

---

158 魏了翁在榜諭北軍一文中說：「獨有一種不識事體之人，每見自北來歸者報稱北人，自分彼我。不思南北雖異，其實同是祖宗遺民，疑同一形，人多猜阻，遂使叛服去來，容身無所。」指出強分南北的弊病（見卷27附28，頁249）。其實，這只是官面文章，實際上，冀不動聲色而南北自分，才是他的本意。見魏了翁：〔鶴山先生大全文集〕，卷30，「繳奏奉使復命十事」，頁265。

159 吳潛：〔許國公奏議〕，卷 2，「奏乞分路取士以收淮襄之人物守淮襄之上地」，頁40。

160 吳潛：〔許國公奏議〕，卷 2，「奏申安豐軍諸將功賞」，頁43。

161 同前。

162 吳泳：〔鶴林集〕（四庫珍本初集），卷20，「邊備劄子」，頁13下~14上。
呂午：〔左史諫草〕（四庫珍本二集），頁24上。

163 同註[153]。

164 同註[155]。

自耕自守[165]。

　　從宋臣對處理義軍的意見，可看出宋人對待義軍的態度，趨向消極性的思患預防者多。將此時執行歸正、義軍的政策與孝宗時代的做法相較，固然賞賜一樣優厚，卻尤重防患措施。因此，前後成效乃有顯著差異。嘉定十年（1217），宋金戰火重燃以後，宋朝公開接納義軍。為進一步達成恢復故土的目的，一方面以糧餉支持義軍北伐，一方面以高官厚賞來籠絡義軍領袖。甚至接受程珌的建議，任命李全為鎮撫使，恢復藩鎮[166]，邊將也積極撫恤歸正。但李全等山東忠義的聲勢太大，宋廷受「猜忌」的家法影響，不敢遽然信任這批南來的義軍、歸附。於是，史彌遠透過淮東制置使賈涉等人，暗中防範。因此，「分珪、孝忠、夏全為二屯，李全為五砦。又用陝西義勇法涅其手，合諸軍汰者三萬有奇，涅者不滿六萬人，正軍常屯七萬餘」。這種「使主勝客」的辦法，正是「眾建諸侯而少其力」的策略運用。同時又採取分化政策，挑撥義軍，進而欲以糧食控制義軍[167]，這一來卻激起山東忠義的叛變。等到宋蒙聯兵滅金時，邊帥也曾招納北人補充兵額，南北共處[168]。終因南北猜忌已深，加上邊帥互相牽制，統御無方，義軍相繼叛變，魏了翁建議再分為南北軍。從此，南北問題愈趨嚴重，北人受到宋廷的歧視，劉整就在這種情況下，走上叛宋投蒙的途徑。

165　〔宋史〕，卷412，「孟珙傳」，頁12371。
166　程珌：〔洺水集〕，卷4，「進故事」曰：「懷近安者遺後患，圖久逸者先暫勞，審勢度宜，莫如分建，助其不給，永作屏藩。」頁12上。宋為籠絡李全，曾於嘉定15年封他為京東路鎮撫副使。紹定3年又以京東路鎮撫使封全，這是南宋第二次實行封建。唯只曇花一現，沒發生真正的作用，見註49。
167　〔宋史〕，卷403，「賈涉傳」，頁12207～12210。
168　魏了翁在「論乞詔諸帥任責處降附安反側」一文中說：「……臣側聞日者喪師之後，招納北人以補軍額，且收招築點以備奔走，華戎雜居，識者寒心。」見〔鶴山文集〕，卷22，頁209。

第四節　由抗禦外侮到叛宋降蒙

　　自開禧北伐以後，金統治下的華北百姓，受到韓侂冑的鼓
動，人心思亂。其後，再經蒙古兵燹，災荒肆虐，華北殘破不
堪。金政權崩潰，潛伏著的義軍乃相繼興起，滙爲一股反金的洪
流，而以紅襖軍爲主要力量。嘉定十年（1217），宋金戰端再
啓，宋正式接納義軍，義軍活動愈形頻繁，迄金亡，猶未衰止。
總計晚金二十八年的歷史中，約有百萬人投入抗金行列，實爲南
宋義軍最活躍的時期之一。

　　綜觀此期的義軍，對宋的主要貢獻約有二點：

　　㈠牽制金、蒙，屏障北方：開禧北伐時，金誘吳曦叛變，一
時之間，四川局勢岌岌可危；端賴忠義之士協力抗金，才解除宋
西顧之憂[169]。金宣宗以後，義軍在山東活動，成爲宋與金、蒙間
的緩衝，屏障宋的北方；宋朝才得以在安定中發展，有「頻歲小
稔，朝野無事」的景象[170]。嘉定十年（1217），金兵分路南侵，
宋邊將在土豪、忠義軍的協助下擊退金兵，淮東之地，尤得義軍
之助，才能轉危爲安。蓋自韓侂冑北伐失敗以來，淮海邊防空
虛，武備廢弛。而淮東守將，率皆碌碌無能之輩，以致金兵南
趨，所向披靡，一度攻入采石，建康震動。幸賴山東忠義軍分路
截擊，大敗金兵，才造成「金人不敢窺淮東者六、七年」的安定
局面[171]。華北義軍，則在後方游擊，牽制金兵。由於義軍敵前抗

169　黃俊彥：〔韓侂冑與南宋中期的政局變動〕，第五章，吳曦的叛變，頁340。
170　〔宋史〕，卷476，「李全傳」（上），頁13819。
171　〔宋史〕，卷403，「賈涉傳」，頁12208。

拒，敵後游擊，才能扼阻金人攻勢，鞏固南宋的北疆[172]。金人白華卽說：「向日用兵，以南征及討李全之事梗之，不能專意北方，故以北向爲難」[173]。此後，金勢日衰，終無力與蒙、宋相抗衡。金亡後，李全等在山東活動，使宋「得少寬北顧之憂」[174]。

㈡北伐中原，開疆拓土：宋自建國以來，一直是在外族欺凌下求生存。不過，宋人也始終存著恢復故土的信念，從宋太祖、太宗對恢復燕雲十六州的態度，就可以看出宋人的心理[175]。北宋覆亡，不僅徽欽蒙塵，半壁江山也拱手奉敵。因此，南宋士大夫對恢復故土，洗刷國恥的期望，較北宋更爲強烈。葉適在淳熙十年（1183），「上殿劄子」裏所說：

> 臣竊以爲今日人臣之義，所當爲陛下建明者，一大事而已；二陵之仇未報，故疆之半未復。此一大事者，天下之公憤，臣子之深責也[176]。

這句話最能說明當時士大夫的心理。南宋朝廷也屢次興兵北伐，卻一再失敗，不僅無法達成收復山河的宿願，反落得乞和訂盟，接受更屈辱的條件。到金宣宗時期，義軍崛起，攻城略地，挾之投宋。像李全、張林、嚴實的舉地來歸，使宋人不費一兵一卒，

172　孫克寬：〔蒙古漢軍與漢文化研究〕，第一編，三、南宋金元間的山東忠義軍與李全，頁24。
173　〔金史〕，卷114，「白華傳」，頁2506。
174　〔宋史〕，卷477，「李全傳」（下），頁13840。
175　李攸：〔宋朝事實〕（文海出版社影印武英殿聚珍本，民國56年初版），卷20。「經略幽燕」云：「（太祖）詔左右曰：俟及三百萬貫，我當移書契丹，用贖晉朝陷沒百姓」（頁7）。王闢之：〔澠水燕談錄〕（知不足齋叢書本），卷1，「（太祖設封樁庫）語近臣曰：石晉割幽燕諸郡以歸契丹，朕憫八州之民，久陷虜廓，俟所蓄滿五百萬緡，遣使贖北虜，以贖山後諸郡。如不我從，則散府財募戰士以圖攻取。」（頁3下）。又李燾：〔續資治通鑑長編〕，卷34，淳化4年11月丙寅條：「上（太宗）詔侍臣曰：朕自卽位以來，用師討伐，蓋救民於塗炭」（頁13）。不著撰人：〔宋史全文〕，卷3，注云：「蓋燕趙之所當取者有二：一則中國之民陷於左衽，二者中國之險，移於夷狄。」（頁7，總頁128）。
176　葉適：〔葉適集〕，水心別集，卷15，「上殿劄子」，頁830。

坐收山東、河北之地，金人爲之坐立難安，實爲宋人所夢寐以求
的。難怪金人要說：「宋人以虛名致李全，遂有山東實地」。而
後，在宋朝的鼓勵下，李全和彭義斌更揮兵北伐。根據孫克寬敎
授的研究，李全曾取漣水，克密州，取東海，襲莒州，進逼渦
口，北略山東，下靑州，取滄州，招降張林與王福[177]，開疆拓
土，對南宋極有貢獻。彭義斌一軍且深入大名、眞定，更是南宋
北伐行動的顚峯。正如魏了翁所說：「山東歸疆，河北請吏，此
百年所未有之機也」[178]。

　　雖然，義軍這二點貢獻，都是在宋理宗親政以前所締造的。
到了南宋晚期，宋、蒙戰爭轉趨激烈，宋亟欲倚仗義軍抗禦蒙古
的時候，這些義軍反而背叛宋朝，投靠蒙古。這麼一來，不僅削
弱了宋朝本已微薄的抗蒙力量，且成爲蒙古亡宋的主要憑藉。忠
義、歸正如此轉變，絕非偶然，實値得吾人深切注意。以下試對
其原因加以分析，作爲本章結論。

　　從義軍本身來觀察，成員複雜以及叛金性質的轉變，都影響
了他們效忠宋朝的誠意。義軍領袖出身之複雜，已如第二節所
述。他們叛金的動機各異，其中，固然仍有抱持「寧爲趙氏鬼，
不爲完顏民」的思想[179]，但畢竟只是少數。絕大多數義軍的歸
宋，目的在求食。蓋經過金朝近百年的統治，華北百姓「父子相
繼而世易，休養日久而分定」，心理上已不大仇視女眞政權。對
正朔所在的南宋政府，反而日趨淡漠，隔閡甚深，遂致「以向之
所以戴宋者而戴金矣」[180]。這時候的抗金活動，大抵皆由於在金

177　同註172。
178　魏了翁：〔鶴山先生大全集〕，卷17，「直前奏六未喩及邪正二論」，頁157。
179　曹彥約：〔昌谷集〕，卷11，「上廟堂論泰隴羣盜劄子」，頁13上。
180　張宗泰：〔魯巖所學集〕（大華印書館影印槐慶堂重刊本），卷3，「會蒙古
　　兵滅金條」，頁12下。

蒙戰爭中，不堪殘破飢饉，以及蒙古的濫殺無辜，災荒等因素。
基本上，與我國歷代的民變，無所軒輊。他們在華北掠奪無所
得，才輾轉南歸，避禍就食。程珌描述他們歸宋的動機時說：

> 彼其初，不過苦於北方飢饉，及畏敵人殺僇，故相率而
> 來，丐一飽以逃生耳，豈復有長志宏略，可以角逐中原
> 哉[181]！

這種現象，顯然是與出於敵愾同仇而抗金的心情，大異其趣，民
族大義只是他們獲取宋人支援、信任的藉口。民族意識既被求生
意識所取代，其舉止動向，遂以利害爲歸趨。宋人善待他們的
話，他們可以竭盡死力，爲宋效命疆場，捍禦敵人；如李全的開
疆拓土，聶斌、樊辛、張仲宣、王安等人的保衛安豐[182]，劉整的
信陽之捷等皆是。一旦宋人歧視他們，或者金與蒙古改變政策，
安撫籠絡，他們也可以轉而投靠金、蒙。自寧宗末年起，由於
宋、金、蒙三國對義軍政策的轉變，使一批批忠義、歸正人，由
歸宋而降金、蒙，都可以說明這一點。

　　義軍叛金動機既異，目標不一，加以彼此聯繫不夠，不僅不
能凝聚成一股巨大的力量，反而在宋的挑撥或彼此利益衝突下，
經常互相火拼。像石珪之亂，李福與張林，李全與彭義斌，夏全
與李福等人的交兵，實足以削弱彼此的力量。不但無法持久抗
敵，反在強敵壓力下，走向投降或滅亡的道路[183]。

　　義軍中像彭義斌始終效忠宋朝的人，並不多見，多半都以個
人利益爲先。像李全，就是個人英雄主義很濃的義軍領袖。他在

181　程珌：〔洺水集〕，卷2，「輪對剳子」，其四，頁23上、下。
182　吳潛在「奏申安豐軍諸將功實」一文中（〔許國公奏議〕卷2），認爲歸附的
　　　忠義人如聶斌、樊辛、張仲宣、王安在解安豐之圍中，締造的功績比南方將士
　　　爲大。
183　李春圃、何林陶：「關於李全的評價問題」，頁25。

投宋之初，尚能拒絕金廷的招降；但當他接受宋朝的高官厚祿之後，已由一位反抗異族壓迫的義軍領袖，搖身一變爲宋的達官，迷戀權勢，貪圖享樂，且滋生發展個人勢力的念頭[184]。尤其在介入宋的宮廷政變以後，與宋廷之間，彼此猜疑，漸生離心。到寶慶三年（1227），金廷再招李全時，他的態度已不像以前那麼堅決，而說：「王義深、范成進皆我部曲，而受王封，何以處我」[185]。在青州抗蒙一年後，又舉三國必爭的青州降蒙，以至「郡縣聞風款附，山東悉平」[186]。甚至爲蒙古在淮海地區造船招兵，成爲蒙古攻宋的先鋒。此外，楊安兒、劉二祖、郝定等人都曾稱王、稱帝，企圖自成局面。這種做法，當然無法得到宋朝的支持，終遭到滅亡的命運。

糧餉，在這個時期宋與義軍的關係上特別重要。義軍既爲求生而南下，糧餉的補給，影響義軍抗金的前途，以及宋與義軍的關係至鉅。義軍南下之初，糧餉供應無缺，他們也安心爲宋驅馳，開拓疆土。等到糧食供應不繼，乃轉而降敵，李全的投蒙，張惠、范成進等的降金都是顯例[187]。宋人亦深知糧餉對義軍的重要，企圖以糧餉控制或分化義軍[188]。不意，反而造成淮海兵變，減低了義軍對宋效忠的誠意，後來，李全更以索糧爲名，掩飾其

184　同前。

185　〔金史〕，卷114，「白華傳」，頁2504。

186　〔元史〕，卷119，「木華黎傳」，附于孛魯傳，頁2937。

187　李全以糧盡降蒙古，詳〔宋史〕，卷477，「李全傳」下，頁13836。〔元史〕，卷119，頁2937。張惠、范成進降金，見〔宋史〕，「李全傳」下，頁13838。

188　宋朝利用糧餉控制並分化義軍，〔宋史〕，卷476、卷477，「李全傳」中有許多資料可參考。此處僅舉二例說明：石珪叛前，有人向賈涉建議：「……然後命一將招珪軍，來者增錢糧，不至罷支，衆心一散，珪黨自離。」（卷476，頁13822），結果逼石珪降蒙。寶慶3年，李福曾說：「朝廷若不養忠義，則不必建閫開幕。今建閫開幕如故，獨不支忠義錢糧，是欲立制閫以困忠義也。」（卷477，頁13837），後來國安用等人也說：「朝廷不降錢糧，爲有反者未除耳。」（頁13838）。參見趙儷生：「南宋金元之際山東淮海地區的紅襖忠義軍」，頁119。

叛宋的行動。他降蒙後，爲了多得錢糧，一度對宋虛與委蛇，及
叛宋攻揚州時，仍說：「朝廷動見猜疑，今復絕我糧餉，我非背
叛，索錢糧耳」[189]。可見宋朝本欲藉糧餉控制義軍，如今卻成爲
義軍叛宋的口實。 義軍之間 ， 也經常爲爭奪糧餉財源而干戈相
見。嘉定十二年（1219），石珪之叛；嘉定十五年（1222），張
林之叛，都和糧餉有不可分的關係。

　　再就宋廷觀察，和戰不定、人事恩怨及地域觀念等問題，都
影響宋廷對義軍的支持，甚至歧視、排擠北人。

　　首先，南宋自渡江以來，和戰政策游移不定，影響朝廷接納
義軍的態度。 到晚宋更因內部政爭迭起， 對義軍、 歸正拒納無
常，朝夕不同，使義軍無所適從，備受痛苦。大致上，這段時期
宋廷對義軍拒絕的態度，因和戰及外交政策的變易而轉移。一如
葉適所說：

> 山東忠義，聚於山陽十萬，始畏其強梗若仇敵，今安其
> 捍禦如腹心，使蒙則已疑，和金則增忿，反側立見，變
> 亂遂形[190]。

寧宗後期，由於執政的史彌遠闒茸短視，以及淮東制帥的互相傾
軋，對李全採用撫剿並用的政策[191]，反遭李全輕視，終於投降蒙

189　〔宋史〕，卷417，「趙葵傳」，頁12502。
190　葉適：〔葉適集〕，水心別集，卷16，「後總」，頁846。
191　魏了翁在「直前奏六未喻及邪正二論」文中，指出寧宗時任用邊將不循資歷，且由傾擠繼任，因此政策更易。他說：「今也不然，頤旨如意耳，不必資歷，倖倖嘗試耳，不必譽望。……臣姑以淮東近事明之，臣以嘉定壬午造朝，其於事始不及盡知，但見應純之之後爲賈涉，涉之後爲許國，國之後爲徐晞稷。蓋涉見疑於純之而代純之，國見惡於涉而代涉，晞稷見忌於國而代國。皆以前者爲不善也，而後取其所不合者，驟遷以救之，烏知寧保後之不非今乎？美錦微物也，猶不使人學製，豈百萬生靈之命，嘗試於數人之手，而恝然不以動其心乎？竊窺廟算，本欲彌縫禍隙，鎮安人情，而乘間用隙者，遂得以竊售其說。前帥未敗，則陰爲傾擠之計，不幸而言中，則顯任彌縫之責。故朝廷但謂別用一人，則不諉本末，未識意嚮，姑臣所教，以冀暫安，豈謂此軍徒務營私，寧

古。後來，李全亂事雖平，但山東忠義軍從此分裂，淮、海一帶
紛亂擴大，南宋因而失去北方屏障。等到端平入洛，挑釁樹敵，
宋、蒙和平關係既遭破壞，蒙古分兵南下，戰事綿延，遂無寧
日。而寧宗死後，朝臣爲皇位繼承，彼此交鬨，成見已深。迨端
平入洛軍事潰敗後，更是黨同伐異，勢成水火。對歸正義軍的態
度，也就流於意氣，各走極端，形成前帥接納，後帥拒絕，東閫
接納，西閫拒絕的現象。例如孟璟（孟珙之兄）殺北人於信陽，
趙葵反引北人到江陵[192]。這種由政爭所引起，對義軍疑信參半的
政策，實難以收攬中原人心，亦爲襄陽失陷，金將汪世顯投蒙的
主因。南宋的北方屏蔽盡失，國運也就不卜可知了。

其次，由於濃厚的地域觀念，導致南人歧視和排擠北人，也
是歸正、義軍叛宋的主因之一。宋朝傳統的家法是：內重外輕，
重文輕武。到了南宋以後，隨著南北經濟、政治地位的升降，又
添上一層重南輕北的地域界限。雖然，吳潛稱孝宗立賢無方，兼
用南北人才[193]。實際上，宰相一職，始終操在南人手中，隆興以
後，迄未脫浙、閩兩省人士。總計南宋宰相，南方人竟佔了百分
之九十二[194]。這樣一來，對來自北方的人而言，自然地築起一道
人事的壁壘，用人取捨之間，南北便有親疏內外的不同。從南宋
渡江以來，幾次重大的事件，如岳飛的死，苗、劉的叛亂，及曲

眼體圓。況其涉歷尚淺，智識有限，以亂救亂，安有窮已。」見〔鶴山先生大
全集〕，卷17，頁158。又見〔宋史〕，卷417，「趙范傳」也說：「然以撫定
責之睥稷，而以鎮守責之范。」可見對李全是撫剿並用的，頁12507。

[192] 魏了翁：〔鶴山先生大全集〕，卷31，胥府書，「京湖別制置」，頁275。

[193] 吳潛說：「我高宗南渡，孝宗承之，立賢無方，意氣恢闊。李世輔、王友直爲
將帥，王希呂、辛棄疾爲帥守監司，皆北來人也。」見〔許國公奏議〕，卷2，
「奏乞分路取士以收淮襄之人待守淮襄之土地」，頁40上。

[194] 張家駒：〔兩宋經濟重心的南移〕，六、從人材勃興看兩宋南方經濟文化的發
展，頁134。

端的被殺，都似乎有這種地域觀念在作祟[195]。這種畛域對歸正、義軍尤甚，最明顯的例子是辛棄疾。他本是山東忠義軍耿京的幕僚，海陵帝南侵之際，殺賊南歸；文章才智，皆過常人，遇事又負責敢任，「必要時肯用錢，敢殺人」，儘管孤危一身，朝中別無奧援，依然剛毅自信，不為迎合。結果七次被劾，罪名始終不脫「用錢如泥沙，殺人如草芥」[196]。梁啟超對辛棄疾的被劾曾評說：

> 蓋歸正北人，驟躋通顯，已不為南士所喜。而先生以磊落英多之姿，好談天下大略，又遇事負責任，與南朝士夫泄沓柔靡風習，尤不相容[197]。

這些話正是歸正義軍在南方被歧視、遭排擠的最好說明。不過，辛棄疾民族大義的觀念濃厚，終其一生效命於宋，不曾有絲毫的非分之念，竟至抑鬱而死。

　　寧宗嘉定以後，中原豪傑並起，爭相歸宋，其中以李全為首的山東忠義人的勢力最大。宋廷雖鑒於形勢的需要，予以招納，但史彌遠仍囿於南北之見，多方猜疑。既不完全支持他們從事北定中原，爭衡天下的壯舉；反聽信朝臣「眾建諸侯」的建議，分散忠義軍的力量，讓他們犬牙相錯，分屯列戍，而以正規軍鎮壓監視，庶免易客為主[198]。又不能擢用壯猷宿望的大將，來「撫之以恩威，馭之以紀律」，反而任用輕率無能的賈涉、許國、徐晞

195　同註[172]。

196　姜林洙：〔辛棄疾傳〕，第七章，辛棄疾的屢次被劾——南宋的政治風氣，頁158、166。

197　梁啟超：「辛稼軒年譜」（收入存萃學社編：〔辛稼軒研究論集〕），孝宗淳熙6年條。

198　〔宋史〕，卷403，「賈涉傳」，頁12208；卷417，「趙范傳」，頁12505。周密：〔齊東野語〕，卷9，「李全」，頁4。

稷、劉琸、姚翀等人，來節制這批忠義人。視之如同盜賊[199]，南北界限劃分太嚴。難怪壯士寒心，積疑成釁，積釁成仇，積仇成叛。金亡後，北人南歸者倍增，宋廷雖仍利用他們守邊，或戍守新復州軍，卻仍歧視他們。理宗嘉熙元年（1237），吳潛就在奏文中慨然指出，若聽由南北隔閡的現狀發展下去，必然造成「豪傑不附，棄材以資敵，殆不止如春秋聲子之所歎。蓋商鞅不用於魏，而秦孝取河西，王猛不歸於晉，而苻堅取慕容」大爲可憂的局面[200]。呼籲透過分路取士的辦法，來消彌南北畛域。但這項建議未被朝廷接納，歸正人仍備受排擠[201]。南北的成見既深，一旦將帥統御失措，或者蒙古將領改變以往濫殺無辜的政策，而加以招納安撫；那麼這些民族意識淡薄，久戍邊陲，屢建功勳，又熟悉南宋邊防虛實與地理形勢，但卻屢遭排擠的北人，便極易轉投蒙古。以他們的才智，替蒙古人籌劃戰略，成爲蒙古亡宋的主力[202]，劉整就是一個例子。劉整原是金之驍將，金亂入宋，隸於孟珙麾下，屢建奇功，有「賽存孝」之稱，是支撐晚宋的一員大將，歸正人中的佼佼者。卻備受南方諸將，如呂文德、俞興的

199　宋人把李全等忠義軍看成盜賊的資料很多，如〔宋史〕，卷476、477，「李全傳」，卷417，「趙葵、趙范傳」等均可參見。

200　同註193。

201　晚宋歧視歸正人，除劉整外，姜才就是一個例子。〔宋史〕，卷451，「姜才傳」說：「姜才濠州人，貌短悍，少被掠入河朔，稍長亡歸，隸淮南兵中，以善戰名，然以來歸人，不得大官。」頁13267～13268。

202　蒙古精兵突騎，所當者破，惟水戰不如宋。劉整投降後，向阿朮建議造戰艦，習水兵，結果造戰艦五千艘，日練水軍七千人。而蒙古軍隊之適應力也非常強，立卽將巧妙的戰術，運用於水戰中。如至元8年，會丹灘之戰，張禧夜入宋陣，插葦識水深淺。至元9年，張貴出襄陽之役，元軍舉火燃燈，燭江如晝之措施，反使長於水戰的宋人，自歎不如。難怪金毓黻先生稱：「蒙古之能滅宋，……皆由能練水師之效也。」這都是降蒙義軍之功。詳黃寬重：「宋元襄樊之戰」，〔大陸雜誌〕43卷4期。李天鳴：〔宋元襄樊戰役之研究〕（文化學院碩士論文，民國62年6月）。金毓黻：〔宋遼金史〕（樂天書局，民國60年3月初版），第九章，金與宋之滅亡，頁112。

傾軋，與宰相賈似道的脅迫，憤而投降蒙古。竭其智謀，替蒙古籌劃伐宋要略，建議攻襄陽，訓練水軍，引蒙古兵南下，成了亡宋的首要人物[203]。

　　總之，歸正義軍原是支撐晚宋政局，抗禦外患的主要力量。可惜宋廷沒能善加利用，而由於彼此猜忌，隔閡加深，義軍反而叛宋降蒙，成了蒙古滅宋的主力。此後，宋在內有誤國之相臣，外無禦敵之將帥，左支右吾，每況愈下。一旦元兵南犯，越淮渡江，勢如吹灰拉朽，不可抵擋，終至先有臨安之係擄，後有厓山之沉覆。

203　關於劉整降蒙古與南宋南北人問題，詳見姚從吾遺著：「鐵函心史中的南人與北人問題」，〔食貨〕月刊復刊第4卷第4期，頁1～3。

第五章 結論

南宋時代的義軍，是在女眞侵宋及入主中原後，衆多被統治的漢人在求生存和維護本身利益下，所進行的抗金活動。他們的組成份子雖然駁雜，抗金動機容或不同，但無疑是在宋金交戰、金政苛暴下，發展起來的叛金行動。因此，義軍的興滅與宋金和戰關係至爲密切。宋金戰爭爆發之際，金人壓榨百姓以應軍需，宋人則鼓勵義軍、歸正抗金，以紓窘迫，義軍乘機興起。等到宋金雙方求和，義軍的活動成了議和的障礙，義軍遂因無法得到宋廷的支持而失敗。可見宋金關係的轉變，是義軍興滅的關鍵。

王夫之說：「宋自南渡以後，所爭和與戰耳」[1]。和戰與南宋的國運息息相關，朝臣承襲北宋論政的風氣與關心國事的傳統，對和戰以及由和戰所衍生的義軍、歸正等問題，屢次展開激烈的爭議。他們對義軍的態度，大致上可歸納成積極與消極二派。持積極態度者，旨在發揮義軍熟悉北方地形與勇勁善戰的優點，以達到「供我驅馳」，恢復故土的目的。持消極態度者，則懷疑義軍歸附的誠意，深恐虛耗財帑，得罪鄰國，而提出種種防微杜漸的意見。從宋廷接納政策的變化來觀察，宋對義軍的拒納，實視宋金和戰的發展而定。南宋廷臣的意見對政策的影響力雖遠遜於北宋，然而宋廷處理義軍時，對積極與消極二派所提意見，均曾

---

[1] 王夫之：〔宋論〕，卷13，「寧宗」，頁234。

採納,而予交互施行。

　　每當宋金交戰之際,宋人自身的正規軍不足以禦敵時,便以厚給賞賜,寵以高官等優厚條件來籠絡義軍,以增強抗金力量。甚至不惜以恢復藩鎮,封王襲爵爲號召,作爲救亡圖存的權宜之計。但宋廷又怕義軍凝聚,勢力太大,形成尾大不掉之勢,甚且否定南宋的正統地位,造成據地自雄的局面。乃處處防範,巧施分化之策,有意、無意地製造、擴大義軍領袖間的摩擦[2]。這種表面鼓勵而暗中防範的矛盾現象,和歷代利用民間武力的情形相似。孝宗一朝,由於這種策略應用得宜,讓義軍發揮了正面作用,成效較彰。而晚宋實施衆建,分散義軍,及利用正規軍鎮壓義軍的辦法,仍是深受猜忌遠人的祖宗家法的影響。不過,由於政策執行者昏庸無能,處置乖方,使宋與義軍之間的猜疑日深。加上「濟王案」發生以後,宋廷爆發激烈政爭,朝廷內外不協,邊閫互相傾軋,把義軍、歸正問題當作政爭的工具。以致政策迭變,對義軍信疑並用,拒納兼施,使得義軍無所適從,積疑成驚,積釁成仇,積仇成叛,馴至紛投蒙古。於是淮海亂事擴大,義軍四分五裂,宋長城既壞,國運亦告危殆矣。

　　縱觀整個義軍活動,可以看出金世宗以前的抗金活動,是華北百姓在經濟、民族、政治、社會各方面,遭到壓迫、歧視後的直接反應,領導者以官吏和土豪爲多。到蒙古鐵騎蹂躪華北,金遷都汴京以後,中原殘破,金的政治、經濟、社會的體制已告崩潰,統治力廢弛不振。而民族差別待遇的陰影仍存,反抗者則以平民爲多,這已是金政潰亡的時候了。

　　金末平民的抗金,原是在生存權遭到危害時,所進行的反壓

2　黃寬重:「略論南宋時代的歸正人」(上),〔食貨月刊〕復刊第7卷3期,民國66年6月。

迫、求生存的叛亂活動。他們固然反金，但尊宋之心已弱，又沒
有明顯的階級意識，缺乏政治號召與理想。更未嘗擬訂一套合理
而有系統的政治、經濟制度，及週詳的計劃，唯以裹脅羣衆來壯
大聲勢。一旦缺糧，則以刼掠來彌補其匱乏，遂無法獲得其他地
區民衆的響應與宋的支持，使其抗金活動失去方向，茫無依歸。
以致雖能敲響女眞的喪鐘，卻不足成爲復興宋室或開創新局面的
主要力量，只能扮演歷史的配角，尚不足以登躋爲支配、改變歷
史方向的主角。

　　從義軍抗金的歷史來看，民族意識與個人利益，是影響義軍
活動的兩大動力，而這二種力量的消長，正是義軍變質的原因。

　　宋朝是我國歷史上民族意識十分濃厚的時代。北宋政府種種
敎忠敎孝的措施，實行仁厚之政，以及學術上注重春秋學的研
究，印刷術的發達，敎育的普及，再加上強鄰的侵凌，在在均使
忠君思想與民族意識深入人心。當女眞入侵，宋廷號召勤王時，
許多百姓凜於民族大義，相繼起兵抗金。而金兵之濫行屠殺，更
激發民憤，抗金意志高昂。等到金人在中原推動女眞化運動，強
迫漢人薙髮、易服，意圖改變漢人的生活方式。漢人不能適應，
夷夏觀念愈趨強烈，雖在金統治下，仍奉宋爲正朔。而女眞人以
勝利者君臨中原，壓榨百姓，益發鼓動義軍的抗金情緒。如海陵
暴政時，徐元、張旺的抗金，就曾用宋年號達一年餘。此後金對
待漢人的差別待遇，也引起漢人的不滿。這種民族畛域，到金章
宗時代依然存在，漢人仍稱女眞人爲「蕃」。於是在金政苛暴或
金統治力有所不及時，漢人便掀起抗金活動。宣宗時，金內憂外
患交迫，其國防主力的猛安謀克又腐敗不堪，女眞政權危殆萬
分，不得不藉漢人來維繫其政權；卻依然維護女眞人的特權，這
一來更激起漢人的憤恨，抗金活動洶湧澎湃。其中郝定自稱大漢

皇帝，李友直等人仇殺華州城中的女眞人，仍可看出民族意識的
影響力。

　　維護個人利益，更是義軍抗金的主要動力。女眞南侵之時，
華北的土豪、官吏是抗金的主力。他們的出師勤王或據險自守，
目的固在維護宋政權，實則，他們本是舊政權庇蔭下的利益階
層，自然害怕新的統治者侵害他們既有的權益。因此，他們的抗
金乃是藉維護大宋政權的方式以保障自身利益。到海陵帝在中原
肆行苛斂、搜括民財，準備攻宋時，土豪和官吏深切感受到政治
的壓力與夫本身利益的受損，自然亟思以力相爭。況且，宋又以
高官厚祿爲條件，招納歸正，鼓勵抗金，因此他們便蜂擁地掀起
抗金的浪潮。然而世宗繼位以後，安撫豪民，豪民的利益得到保
障，百姓反成受剝削者。等到蒙古南侵，金政的弱點暴露，政
治、經濟、社會崩潰，民生疲困，豪民又與官吏相結，欺壓百
姓，百姓無以爲生，遂起而抗金。而豪民則自組防衞武力，以圖
維護其權益。

　　從義軍活動觀察，民族意識與個人利益往往互爲表裏的。一
旦個人利益受損起而反抗時，便常假民族意識爲標榜，號召羣衆
或爭取宋援。因此，兩相權衡之下，個人利益顯得更爲重要。不
過，這二種力量在前後期義軍的活動上有不同的消長趨勢。初期
的義軍，固然有在宋、金、僞齊間往來叛降的投機分子。但大部
分由官吏、土豪所領導的義軍，其民族意識與尊宋的忠君思想結
爲一體，對金敵愾同仇之心非常強烈。如徐徽言、李彥仙、翟
興、趙立、石玠等人，固能奮戰不屈，壯烈犧牲；卽使南下歸宋
的李顯忠、馬擴、李興、邵隆等人，當主和勢盛時，他們在南方
受盡委屈，依然不改其效忠宋室的初衷。高宗末年南下的辛棄
疾、王友直等人，也至死不渝地爲宋效命。而晚期的義軍，雖然

仍有稱大漢皇帝或仇殺女真人的現象，但這是單純的民族意識的
表現，至於尊宋思想則已大爲削弱。因此，除彭義斌外，能誠心
效宋者實不多見。而且處處以個人利益爲前提，宋廷善待他們，
他們固可以爲宋效命，馳驅沙場，開疆拓土；萬一被宋猜疑，也
可以轉投敵人。李全前後觀念的轉變，劉整由歸宋而投蒙，甚至
爲蒙古籌劃攻宋大計，都可以看出私利的影響。這種民族意識與
尊宋思想的疏密，民族大義與個人私利觀念的消長，乃是促使義
軍變質的要素。而所以有此改變，蓋因金人統治年代既久，華北
百姓去宋日遠，隔閡漸深，不復親宋。而金人的漢化，更改變了
漢人對金的仇視心理。

　　金人初入中原時的屠殺、掠奪與種種暴行，引起民族意識濃
厚的華北百姓的激烈反抗。但金在暴行之後，轉而收攬人心，開
科取士，推動漢化，籠絡漢人。加以時間一久，百姓對宋的印象
漸淡，對金的仇視心理相對減低。因此，後期義軍的叛金，其反
對金政權的態度固與前期無異 ， 然其擁宋 ， 不過在爭取宋人援
助，與效忠宋朝已無必然關係。這種現象，在高、孝年間已露端
倪，到晚期更趨強烈。晚期義軍領袖中，出現稱王稱帝的例子，
這種行徑簡直無視於宋帝之存在。由此可見南宋對中原的影響力
減弱，私人利益成爲主要的考慮，那麼投宋、投蒙、投金，端視
利益之所在而已。

　　義軍對維護個人利益既極爲重視，因此，對金的反應比較敏
感。義軍興起之初，金試圖以武力敉平亂事，適宋號召抗金，義
軍活動乃愈擴大。金見武力不足以定亂，乃幡然改圖，一方面與
宋議和，使宋在條約約束下，不能支持義軍的活動；一方面對義
軍採剿撫並行政策，利誘意志薄弱的義軍領袖，孤立忠於宋室的
領袖，再予各個擊破。此後，金爲穩定局勢，一面創立屯田軍，

利用本族人監視漢人，一面採懷柔政策，實行科舉，推動漢化，以博取漢人的認同。高、孝年間義軍的叛金，海陵帝初欲以武力制止，然在宋的鼓勵、支持下，反成燎原之勢。海陵帝非但不能止亂，反而敗死在義軍的壓力下。世宗繼位，知不可力取，於是又一面與宋議和，一面懷柔義軍，向義軍利益團體妥協。呼籲百姓歸農，從事救濟，收買變節分子，離間義軍。義軍在面臨存亡抉擇之下，部分領袖南下歸宋，卒衆則回歸鄉里，義軍活動又告平息。寧宗以後，義軍再起，金人初仍欲以武力平亂，然而政治已壞，金主力的猛安謀克腐敗已深，反利用剿亂之名，侵擾百姓。加上金對宋啓釁，宋人再招義軍，義軍勢力更盛，成爲宋北伐中原，開拓疆土的主力，金勢遂益發陵替。及金哀宗繼位後，見宋、蒙利誘義軍，竟能成事，乃改弦更張；既與南宋、西夏講和，以紓外患，又不惜以王侯之位，招撫義軍，畀予大利。義軍在宋、蒙、金三國爭取之下，各投明主。金竟能得義軍之效力而稍延國祚。金亡之後，宋疑義軍而不能用，義軍紛紛投奔蒙古，乃成爲蒙古滅宋之前鋒。

　　總之，義軍在南宋是建國和抗敵的主力之一，對南宋政權的鞏固，提供了極大的貢獻。但是，隨著義軍數目的增多，漸漸形成南宋政府財政上的沉重負擔，也產生了一些社會問題。等到女眞漢化之後，義軍抗金的動機有了改變，南宋政府對義軍、歸正的歸誠心願不無疑慮，彼此間就難以互信互賴了。如此互相猜疑的結果，使北人無法在南方立足，也促使南宋走向覆亡的途徑。所以王夫之就評宋說：「宋本不孤，而孤之者，猜疑之家法也」[3]。金亡後，附宋的義軍歸正因被猜疑、歧視而投降蒙古，

3　王夫之：〔宋論〕，卷10，「高宗」，頁171。參見王曾瑜：「岳飛之死」，〔歷史研究〕，1980年第1期，頁39～40。

成爲蒙古滅宋的先導。不過，這些人的降蒙，雖然加速了南宋的覆亡，卻也使得中華文化得以在元代繼續活動。蓋宋朝長期在異族的侵凌下，爲了生存，不得不強化邊防，加緊精神武裝。如蒙古憲宗在四川的敗死，襄陽的久攻不下，都是南宋鞏固邊防的成果。如此一來，迫使蒙古大汗忽必烈，必須倚仗投靠漢人的智慧，和歸附漢軍的力量，乃能滅宋。靠這些漢人的用夏變夷，不僅使蒙古鐵騎止戈，武夫下拜，而且出現了中統到至元及延祐到至順間的儒治局面，使中華文化在異族統治下，仍能薪火傳承，相繼不絕。

後記

　　本書是我的博士論文修訂而成的。書中部分章節修訂後，曾以單篇論文發表：「南宋高宗孝宗之際的抗金義軍」一文，刊於〔中央研究院歷史語言研究所集刊〕（以下簡稱〔史語所集刊〕）第五十一本第三分（民國六十九年九月），「南宋寧宗、理宗時期的抗金義軍」一文發表於〔史語所集刊〕第五十四本第三分（民國七十二年九月），「南宋初期抗金義軍的組織與性質」一文則登於〔第二屆中國社會經濟史研討會論文集〕（漢學研究資料及服務中心印行，民國七十二年十二月）。近年來，我在探討其他問題時，也陸續發現一些有價值的史料，本來打算利用時間重新改寫，但由於我的基本論點沒有改變，加以目前投注較多心力探討南宋地方武力的問題，無暇重理舊作，因此，這次整理出版時，除了重擬標題及增補若干資料外，仍保留修訂發表時的面貌。

　　本文從初稿到修訂的過程中，先後得到許多師友的教誨、鼓勵與協助。其中陶師晉生、王師德毅、劉師子健、王曾瑜教授都曾對本書內容貢獻寶貴意見；沈松僑、王汎森、劉靜貞、徐秉愉、洪金富諸友，或提供意見、史料，或潤飾文字，使本書減少錯誤。出版時又承聯經公司方清河、林載爵兄鼎力促成，馬孟晶小姐及東吳大學歷史系的張雯靖、陳美惠、錢倩宜三位同學協助校對並製作索引，使本書得以順利出版。師友的盛情厚意，謹此致以最大的謝意。

史源及參考書目

甲、史源

一、史書部分

不著撰人，〔宋史全文續資治通鑑〕，36卷（文海出版社，臺北，民國58年5月初版）。

不著撰人，〔宋季三朝政要〕，6卷，〔羅雪堂全集〕初編19冊影印元皇慶刊本（文華書局，臺北，民國57年12月初版）。

不著撰人，〔兩朝綱目備要〕，16卷，四庫珍本初集本。

不著撰人，〔皇宋中興兩朝聖政〕，40卷（文海出版社，臺北，民國56年1月初版）。

不著撰人，〔劉豫事迹〕，1卷，〔筆記小說大觀〕第6編（新興書局影印，臺北，民國64年2月初版）。

宇文懋昭，〔大金國志〕，40卷，掃葉山房校刊本。

朱熹、李幼武，〔宋名臣言行錄〕，75卷，清同治戊辰臨川桂氏重刊本。

李燾，〔續資治通鑑長編〕，520卷（世界書局，臺北，民國53年9月再版）。

李攸，〔宋朝事實〕，20卷（文海出版社，臺北，民國56年初版）。

李埴，〔皇宋十朝綱要〕，25卷，〔羅雪堂全集〕四編十冊（大通書局，臺北，民國61年12月初版）。

李心傳，〔建炎以來繫年要錄〕，200卷，廣雅叢書本。

汪藻，〔靖康要錄〕，16卷，十萬卷樓藏書本。

宋濂等，〔元史〕，210卷，新校本（鼎文書局，臺北，民國66年10月初
　　　版）。

杜大珪，〔名臣碑傳琬琰集〕，110卷，宋紹熙間刊本，傅斯年圖書館藏。

徐夢莘，〔三朝北盟會編〕，250卷（文海出版社，臺北，民國51年9月
　　　初版）。

徐松輯，〔宋會要輯稿〕，200冊（新文豐出版社，臺北，民國65年10月
　　　初版）。

岳珂，〔金佗稡編〕，28卷，光緒9年浙江書局重刊本。

胡聘之輯，〔山右石刻叢編〕，40卷（新文豐出版社影印，民國68年6月
　　　初版）。

馬端臨，〔文獻通考〕，348卷（新興書局影印，臺北，民國52年3月新
　　　一版）。

脫脫等，〔宋史〕，496卷，新校本（鼎文書局，臺北，民國67年9月初
　　　版）。

——，〔金史〕，135卷，新校本（鼎文書局，臺北，民國65年11月初
　　　版）。

章穎，〔宋南渡十將傳〕，10卷，芋園叢書本。

崔與之，〔崔清獻公言行錄〕，1卷，嶺南遺書本。

葉隆禮，〔契丹國志〕，10卷，〔遼史彙編〕第7冊（鼎文書局，臺北，
　　　民國62年10月初版）。

熊克，〔中興小紀〕，40卷，廣雅叢書本。

劉時舉，〔續宋中興編年資治通鑑〕，15卷，〔羅雪堂全集〕4編11冊
　　　（大通書局，臺北，民國61年12月初版）。

潛說友纂修，〔咸淳臨安志〕，100卷，道光10年錢塘振綺堂汪氏刊本。

蘇天爵，〔國（元）朝名臣事略〕，15卷（學生書局影印，臺北，民國58
　　　年12月初版）。

繆荃孫編，〔江蘇金石志〕，24卷，民國16年江蘇通志局據手寫稿影印本。

二、文集、筆記部分

不著撰人，〔朝野遺記〕，1卷，〔筆記小說大觀〕第六編（新興書局，
　　　臺北，民國64年2月初版）。

王洋，〔東牟集〕，14卷，四庫珍本初集。

王寂，〔拙軒集〕，6卷，叢書集成本。

王十朋，〔梅溪王先生文集〕，54卷附錄1卷，四部叢刊初編本。

王之望，〔漢濱集〕，16卷，四庫珍本別輯。

王之道，〔相山集〕，30卷，四庫珍本初集。

王明清，〔揮麈錄〕，20卷，四部叢刊續編本。

王闢之，〔澠水燕談錄〕，10卷，知不足齋叢書本。

尤袤，〔梁谿遺稿〕，1卷，常州先哲遺書本。

元好問，〔中州集〕，10卷（鼎文書局影印，臺北，民國62年9月初版）。

——，〔遺山先生文集〕，40卷，四部叢刊初編本。

史浩，〔鄮峯真隱漫錄〕，50卷，四庫珍本二集。

牟巘，〔牟氏陵陽集〕，24卷，吳興叢書本。

朱松，〔韋齋集〕，12卷，四部叢刊續編本。

朱熹，〔朱文公文集〕，100卷，四部叢刊初編本。

李光，〔莊簡集〕，18卷，四庫珍本初集。

李石，〔方舟集〕，24卷，四庫珍本初集。

李綱，〔建炎進退志〕，4卷，邵武徐氏叢書本。

——，〔梁谿先生全集〕，180卷附6卷（漢華文化事業公司，臺北，民
　　　國59年4月初版）。

李心傳，〔建炎以來朝野雜記〕，40卷，適園叢書本。

李正民，〔大隱集〕，10卷，四庫珍本四集。

李若水，〔忠愍集〕，3卷，四庫珍本四集。

李俊民，〔莊靖集〕，10卷，清乾隆間刊本，傅斯年圖書館藏。

呂午，〔左史諫草〕，1卷，四庫珍本二集。

呂頤浩，〔忠穆集〕，8卷，四庫珍本初集。

辛棄疾，〔南燼紀聞錄〕，1卷，〔筆記小說大觀〕第六編（新興書局，
　　　臺北，民國64年2月初版）。

辛啓泰輯，鄧廣銘校補，〔辛稼軒詩文鈔存〕（長安出版社影印，臺北，
　　　民國64年9月初版）。

杜範，〔清獻集〕，20卷，四庫珍本二集。

吳泳，〔鶴林集〕，40卷，四庫珍本初集。

吳潛，〔許國公奏議〕，6卷，十萬卷樓藏書本。

汪藻，〔浮溪集〕，36卷，四部叢刊初編本。

汪應辰，〔文定集〕，24卷，叢書集成初編本。

沈與求，〔龜谿集〕，12卷，四部叢刊續編本。

岳飛，〔岳忠武王集〕，8卷，牟畝園叢書本，傅斯年圖書館藏。

宗澤，〔宋宗忠簡公集〕，7卷，中國文獻出版社影印，臺北，民國54年
　　　10月初版。

周孚，〔蠹齋鉛刀編〕，32卷，四庫珍本二集。

周南，〔山房集〕，9卷後稿1卷，涵芬樓秘笈本。

周密，〔齊東野語〕，20卷，涵芬樓刻本。

周煇，〔清波雜志〕，12卷，知不足齋叢書本。

周必大，〔文忠集〕，200卷附錄5卷，四庫珍本二集。

周麟之，〔海陵集〕，23卷附錄1卷，四庫珍本七集。

洪适，〔盤洲文集〕，80卷附錄1卷，四部叢刊初編本。

洪皓，〔松漠紀聞〕，2卷，國學文庫第四編，民國22年10月重印本。

洪邁，〔夷堅志乙集〕，20卷，涵芬樓刻本。

――，〔容齋隨筆〕，74卷，四部叢刊續編本。

范浚，〔范香溪文集〕，22卷，四部叢刊續編本。

范成大，〔范石湖集〕，34卷附錄4卷（河洛圖書出版社影印，民國64年
　　　9月初版）。

胡寅，〔斐然集〕，30卷，四庫珍本初集。

姚燧，〔牧菴集〕，36卷，四部叢刊初編本。

耐菴，〔靖康稗史〕七種，7卷，已卯叢編本。

袁甫，〔蒙齋集〕，20卷，四庫珍本別輯。

袁燮，〔絜齋集〕，24卷，四庫珍本別輯。

員興宗，〔九華集〕，25卷附錄1卷，四庫珍本初集。

陸游，〔老學庵筆記〕，10卷，稗海本。

──，〔渭南文集〕，50卷，四部叢刊初編本。

徐鹿卿，〔清正存稿〕，6卷附錄1卷，豫章叢書本。

孫覿，〔鴻慶居士集〕，42卷，常州先哲遺書本。

眞德秀，〔眞西山文忠公文集〕，51卷，四部叢刊初編本。

張守，〔毘陵集〕，16卷附錄1卷，四庫珍本別輯。

張浚，〔中興備覽〕，3卷，涉聞梓舊叢書本。

張嵲，〔紫微集〕，36卷，四庫珍本別輯。

張擴，〔東窗集〕，16卷，四庫珍本初集。

張世南，〔遊宦紀聞〕，10卷，知不足齋叢書本。

陳亮，〔陳亮集〕，30卷，河洛圖書出版社影印，臺北，民國65年3月初
　　　　版。

陳造，〔江湖長翁集〕，40卷，四庫珍本五集。

曹勛，〔松隱集〕，39卷，四庫珍本七集。

曹彥約，〔昌谷集〕，22卷，四庫珍本初集。

崔敦禮，〔宮教集〕，2卷，四庫珍本三集。

莊綽，〔雞肋編〕，3卷，叢書集成初編本。

黃榦，〔勉齋集〕，40卷附錄1卷，四庫珍本二集。

傅增湘輯，〔宋代蜀文輯存〕，100卷（新文豐出版社影印，臺北，民國
　　　　63年11月初版）。

程珌，〔洺水集〕，30卷，四庫珍本三集。

葉適，〔葉適集〕，45卷（河洛圖書出版社影印，臺北，民國63年5月初
　　　　版）。

葉紹翁，〔四朝聞見錄〕，5集，知不足齋叢書本。

楊簡，〔慈湖遺書〕，18卷續2卷，四明叢書本。

虞集，〔道園學古錄〕，50卷，四部叢刊初編本。

葛勝仲，〔丹陽集〕，24卷，四庫珍本別輯。

趙鼎，〔忠正德文集〕，10卷附錄1卷，四庫珍本四集。

——，〔建炎筆錄〕，3卷，函海本。

趙秉文，〔閑閑老人滏水文集〕，20卷，四部叢刊初編本。

趙萬年，〔襄陽守城錄〕，1卷，粤雅堂叢書本。

翟汝文，〔忠惠集〕，10卷附錄1卷，四庫珍本初集。

綦崇禮，〔北海集〕，46卷附錄3卷，四庫珍本初集。

廖剛，〔高峰文集〕，12卷，四庫珍本初集。

劉因，〔靜修文集〕，12卷，四部叢刊初編本。

劉祁，〔歸潛志〕，14卷，知不足齋叢書本。

劉宰，〔漫塘文集〕，36卷附1卷，四庫珍本九集。

劉克莊，〔後村先生大全集〕，196卷，四部叢刊初編本。

蔡戡，〔定齋集〕，20卷，四庫珍本別輯。

樓鑰，〔攻媿集〕，112卷，四部叢刊初編本。

鄧肅，〔栟櫚集〕，25卷，清道光萬竹園鐫板。

歐陽澈，〔歐陽修撰集〕，7卷，四庫珍本四集。

衛涇，〔後樂集〕，20卷，四庫全書珍本初集。

薛季宣，〔浪語集〕，35卷，四庫珍本七集。

魏了翁，〔鶴山先生大全文集〕，109卷，四部叢刊初編本。

蘇天爵，〔元文類〕，70卷(世界書局影印，臺北，民國51年2月初版)。

乙、參考書目

一、專書

中文部分：

丁傳靖，〔宋人軼事彙編〕（商務印書館，臺北，民國55年臺1版）。

方豪，〔宋史〕（華岡出版社，臺北，民國51年）。

王洙，〔宋史質〕，100卷（大化書局影印，臺北，民國66年5日初版）。

王夫之，〔宋論〕，16卷（三人行出版社，臺北，民國63年3月初版）。

王國維，〔王觀堂先生全集〕（文華出版社，臺北，民國57年3月初版）。

王德毅，〔宋史研究論集〕第2輯（鼎文書局，臺北，民國61年初版）。

──，〔宋代災荒的救濟政策〕（中國學術著作獎助委員會，臺北，民國
　　59年5月初版）。

存萃學社編，〔辛稼軒研究論集〕（崇文書局印行，香港，1972年3月初
　　版）。

李天鳴，〔宋元襄樊戰役之研究〕（油印本，民國62年6月，文化學院史
　　研所碩士論文）。

李劍農，〔宋元明經濟史稿〕（北平，1957年）。

吳廷燮，「南宋制撫年表」，〔廿五史補編〕（開明書局）。

宋晞，〔宋史研究論叢〕（中國文化研究所，臺北，民國51年初版）。

沈起緯，〔宋金戰爭史略〕（湖北人民出版社，1958年4月初版）。

沈曾植撰，錢仲聯輯，〔海日樓札叢〕（中華書局，上海，1962年7月初
　　版）。

岑仲勉，〔黃河變遷史〕（人民出版社，北平，1957年6月初版）。

余嘉錫，〔余嘉錫論學雜著〕（河洛圖書出版社影印，臺北，民國65年3
　　月初版）。

金發根，〔永嘉亂後北方的豪族〕（中國學術著作獎助委員會，臺北，民

國53年9月初版）。

金毓黻，〔宋遼金史〕（樂天書局影印，臺北，民國60年3月初版）。

姜林洙，〔辛棄疾傳〕（中國學術著作獎助委員會，臺北，民國53年10月
　　　初版）。

姚從吾，〔東北史論叢〕（正中書局，臺北，民國57年4月臺2版）。

——，〔姚從吾先生全集㈢——金朝史〕（正中書局，臺北，民國62年5
　　　月初版）。

——，〔姚從吾先生全集㈣——元朝史〕（正中書局，臺北，民國63年9
　　　月初版）。

孫克寬，〔元代漢文化之活動〕（中華書局，臺北，民國57年9月初版）。

——，〔蒙古漢軍及漢文化之研究〕（私立東海大學，臺灣，民國59年7
　　　月再版）。

陶晉生，〔中國近古史〕（東華書局，臺北，民國68年10月初版）。

——，〔金海陵帝的伐宋與采石戰役的考實〕（臺大文史叢刊，臺北，民國
　　　54年6月再版）。

——，〔邊疆史研究集——宋金時期〕（商務印書館，臺北，民國60年6
　　　月初版）。

張天祐，〔宋明史研究論集——宋明衰亡時期〕（華世出版社，臺北，民
　　　國66年4月初版）。

張其昀等，〔中國戰史論集〕㈠（中華文化出版事業委員會，臺北，民國
　　　45年4月再版）。

張宗泰，〔魯巖所學集〕，15卷（大華印書館影印模憲堂重刊本）。

張家駒，〔兩宋經濟重心的南移〕（武漢，1957年）。

張舜徽，〔中國史論文集〕（武漢，1956年）。

陳邦瞻，〔宋史紀事本末〕，109卷（三民書局，臺北，民國45年4月初
　　　版）。

陳芳明，〔北宋史學的忠君觀念〕（油印本，民國62年6月，臺大史研所
　　　碩士論文）。

陳登原，〔國史舊聞〕（下）（大通書局，臺北，民國60年11月初版）。

黃俊彥，〔韓侂冑與南宋中期的政局變動〕（油印本，民國65年7月，師
　　　　大史研所碩士論文）。

黃啓江，〔五代時期南方諸國的經營〕，（油印本，民國65年6月，臺大
　　　　史研所碩士論文）。

黃寬重，〔晚宋朝臣對國是的爭議——理宗時代的和戰、邊防與流民〕（
　　　　臺大文史叢刊之50，臺北，民國67年2月初版）。

清高宗敕撰，〔欽定續文獻通考〕，250卷（商務印書館萬有文庫，民國
　　　　25年3月初版）。

莊仲方編，〔南宋文範〕，70卷補4卷（鼎文書局影印，臺北，民國64年
　　　　1月初版）。

華沅，〔續資治通鑑〕，220卷，新校本（世界書局影印，臺北，民國63
　　　　年1月再版）。

梁庚堯，〔南宋的農地利用政策〕（臺大文史叢刊之46，臺北，民國66年
　　　　2月初版）。

楊士奇等編，〔歷代名臣奏議〕，350卷（學生書局影印明永樂14年內府
　　　　刊本，臺北，民國53年12月初版）。

葉潛昭，〔金律之研究〕（商務印書館，臺北，民國61年7月初版）。

趙翼，〔廿二史劄記〕，36卷（華世出版社，臺北，民國66年9月新1
　　　　版）。

鄧廣銘，〔岳飛〕（勝利出版社，香港，民國34年3月初版）。

———，〔韓世忠年譜〕（獨立出版社，重慶，民國33年3月初版）。

箭內亙著、陳捷、陳清泉譯，〔遼金乣軍及金代兵制考〕（商務印書館史
　　　　地小叢書，民國21年12月初版）。

鄭肇經，〔中國水利史〕（商務印書館，臺北，民國65年2月臺3版）。

潘永因輯，〔宋稗類鈔〕，8卷（廣文書局影印，民國56年12月初版）。

蔣復璁，〔宋史新探〕（正中書局，臺北，民國55年2月初版）。

蔡美彪等，〔中國通史〕(五)、(六)（人民出版社，1978年及1979年）。

錢士升，〔南宋書〕，68卷，在〔宋遼金元四朝別史〕中。

翦伯贊，〔中國史論集〕（文風書局，重慶，民國32年12月初版）。

日文部分：

三上次男，〔金史研究㈢——金代政治、社會の研究〕（日本中央公論美
　　　　術出版，昭和48年3月初版）。

——，〔金代女眞の研究〕（滿日文化協會刊，昭和12年12月出版）。

外山軍治，〔金朝史研究〕（京都大學東洋史研究叢刊之13，昭和39年10
　　　　月出版）。

田村實造，〔中國征服王朝の研究〕（中）（京都大學東洋史研究叢刊12
　　　　之2，昭和46年3月第1版）。

曾我部雄靜，〔宋代財政史〕（大安株式會社，東京，1966年）。

英文部分：

F. Wright and Denis Twitchett, *Confucian Personalities.* (Stan-
　　　　ford University. U.S.A. 1962.)

Jing-Shen Tao, *The Jurchen in Twelfth-Century China.* (Univer-
　　　　sity of Washington Press, 1976.)

二、論文

中文部分：

王曾瑜，「岳飛之死」，〔歷史研究〕，1979年第12期。

王德毅，「宋孝宗及其時代」，收入〔宋史研究集〕第10輯（民國67年3
　　　　月出版）。

毛漢光，「唐末五代政治社會之研究——魏博二百年史論」，〔中央研究
　　　　院歷史語言研究所集刊〕50本2分（民國68年6月）。

石文濟，「南宋初期寇亂」，收入中華學術與現代文化叢書第3冊——〔史
　　　　學論集〕（華岡出版社，臺北，民國66年4月初版）。

──，「南宋初期軍力的建立」,〔史學彙刊〕第9期（民國67年10月）。

札奇斯欽，「契丹對女真的反抗」，收入〔趙鐵寒教授紀念論文集〕（文
　　海出版社，臺北，民國67年4月）。

全漢昇，「宋金間的走私貿易」，收入氏著，〔中國經濟史論叢〕（新亞
　　研究所出版，香港，1972年2月初版）。

朱偰，「宋金議和之新分析」，〔東方雜誌〕第33卷第10號（民國28年10
　　月）。

朱大昀，「有關金代女真人的生產、生產關係及上層建築的幾個問題」，
　　〔史學月刊〕，1958年3月號。

西岳，「從采石之戰到隆興和議」，〔史學月刊〕，1958年6月號。

牟潤孫，「兩宋春秋學之主流」，收入〔宋史研究集〕第3輯（民國55年
　　4月初版）。

李季，「兩宋乞和的教訓」，〔東方雜誌〕，38卷9期（民國30年5月）。

李文治，「北宋民變之經濟的動力」，〔食貨〕半月刊4卷11期（民國25
　　年11月1日）。

李春圃、何林陶，「關於李全的評價問題」，〔歷史教學〕，1965年6月
　　號。

杜光簡，「抗金義軍勢力之消長」，收入〔宋遼金元史論集〕第1輯（漢
　　聲出版社影印，臺北，民國66年12月臺1版）。

尚重濂，「兩宋之季民眾抗敵史研究」,〔新亞學報〕5卷2期（1963）。

林瑞翰，「女真初起時期之寨居生活」，〔大陸雜誌〕12卷11期（民國45
　　年6月15日）。

──，「紹興12年以前南宋國情之研究」，〔大陸雜誌〕11卷7、8期（
　　民國44年10月15、30日）。

──，「晚金國情之研究」，〔大陸雜誌〕16卷6、7期（民國47年3、
　　4月）。

金毓黻，「宋代兵制考實」，〔國立中央大學文史哲季刊〕第1期（民國
　　31年7月）。

姚從吾，「余玠評傳」，收入〔宋史研究集〕第 4 輯（民國 58 年 6 月初
　　　版）。

——，「遼金元時期通事考」，〔臺灣大學文史哲學報〕16 期（民國56年
　　　10月）。

——，「鐵函心史中的南人與北人問題」，〔食貨〕月刊復刊 4 卷 4 期（
　　　民國63年 7 月）。

宮崎市定著，鄭欽仁譯：「南宋政治史概說」，〔出版與研究〕31、34期（
　　　民國67年 9 月16日、11月16日）。

徐玉虎，「女眞建都上京時期的風俗」（上），〔大陸雜誌〕9 卷10期（
　　　民國43年11月30日）。

——，「宋金海上聯盟的概觀」，〔大陸雜誌〕11卷12期（民國44年12月
　　　31日）。

陶晉生，「金代初期女眞的漢化」，〔臺灣大學文史哲學報〕17期（民國
　　　57年 2 月）。

——，「金代的用人政策」，〔食貨〕月刊復刊 8 卷 11 期（民國 68 年 2
　　　月）。

——，「金代的政治結構」，〔中央研究院歷史語言研究所集刊〕41本 4
　　　分（民國58年12月）。

——，「金代的政治衝突」，〔中央研究院歷史語言研究所集刊〕43本 1
　　　分（民國60年 6 月）。

——，「南宋利用山水寨的防守戰略」，〔食貨〕月刊復刊 7 卷 1 、 2 期
　　　合刊（民國66年 4 月）。

陶希聖，「金代猛安謀克的土地問題」，〔食貨〕半月刊 1 卷 8 期（民國
　　　24年 3 月16日）。

華山，「金世宗一代的政治和漢族人民起義問題」，〔文史哲〕，1956年
　　　11月號。

——，「南宋初年的宋金陝西之戰」，〔歷史教學〕，1955年 6 月號。

——，「南宋和金朝中葉的政情和開禧北伐之役」，〔史學月刊〕，1957

年 5 月號。

華山、王賡唐,「略論女眞族氏族制度的解體和國家的形成」,〔文史哲〕,
　　　1956年 6 月號。

黃硯瑤稿,陶希聖增補,「北宋亡後北方的義軍」,〔食貨〕半月刊 3 卷
　　　5 期(民國25年 2 月 1 日)。

黃寬重,「宋元襄樊之戰」,〔大陸雜誌〕43卷 4 期(民國 60 年 10 月15
　　　日)。

──,「孟珙年譜」,〔史原〕第四期(民國62年10月)。

──,「略論南宋時代的歸正人」,〔食貨〕月刊復刊 7 卷 3 、 4 期(民
　　　國66年 6 、 7 月)。

郭人民,「金朝興亡與農業生產的關係」,〔史學月刊〕,1957年 3 月號。

陳振,「有關宋代抗金義軍首領李宋臣的史料及其他」,〔文物〕,1973
　　　年11期。

陳樂素,「宋徽宗謀復燕雲之失敗」,〔輔仁學誌〕第 4 卷第 1 期(民國
　　　22年12月)。

張博泉,「金代奴婢問題的研究」,〔史學月刊〕,1965年 9 月號。

陸成侯,「論韓侂胄」,〔史學月刊〕,1958年 7 月號。

傅樂成,「中國民族與外來文化」,〔中山學術文化集刊〕第 4 集(民國
　　　58年11月12日)。

楊效曾,「艱苦抗金的民族英雄李彥仙」,〔文史雜誌〕 2 卷 1 期(民國
　　　31年 1 月)。

趙儷生,「南宋金元之際山東淮海地區中的紅襖忠義軍」,收入〔中國農
　　　民戰爭史論文集〕(新知識出版社,1954年12月)。

──,「靖康、建炎間各種民間武裝勢力性質的分析」,〔文史哲〕,1956
　　　年11月號。

鄧廣銘,「南宋對金鬥爭中的幾個問題」,〔歷史研究〕,1963年第 2 期。

劉子健,「包容政治的特色──南宋政治簡論之二」,〔中國學人〕第 5
　　　期(民國61年 7 月)。

——，「背海立國與半壁山河的長期穩定——南宋政治簡論之一」，〔中
　　　國學人〕第 4 期（民國60年 7 月）。

賴家慶、李光璧，「北方忠義軍和岳飛的北伐」，〔歷史教學〕，1954年
　　　3 月號。

聶家裕，「五代人民的逃亡」，〔食貨〕半月刊 4 卷 2 期（民國25年 6 月
　　　16日）。

關燕詳，「金代的奴隸制度」，〔現代史學〕3 卷 2 期（民國26年）。

日文部分：

大島立子，「金末紅襖軍について」，〔明代史研究〕，創刊號(1974年)。

三上次男，「金代中期における女眞文化の作興運動」，〔史學雜誌〕，
　　　49編 9 號（1938年）。

村上正二，「宋金抗爭期における太行の義士」㈠，〔大正大學院研究論
　　　集〕，第 3 號（昭和54年 3 月）。

佐佐木宗彥，「南宋初期の忠義巡社について」，收入〔鈴木俊先生古稀
　　　紀念東洋史論叢〕（昭和39年10月30日）。

劉子健著，野村浩一譯，「儒教國家の重要性格について」，〔東方學〕
　　　第20輯（東京東方學會，1960）。

英文部分：

Herbert Franke, "Treaties between the Sung and Chin," in F.
　　　Aubin(ed.), *Etudes Song Paris Meuton* (1970).

索引

一劃

一窩蜂（見張遇）

二劃

丁一箭（見丁進）
丁順　67
丁進（丁一箭）　39, 42, 43, 64, 115,
八字軍　37, 40, 43, 50, 51, 66, 112,
　113

三劃

〔三朝北盟會編〕（〔會編〕）　46,
　64-101, 138-147, 165
于忙兒　198
于宜　125, 136, 137, 142
〔大金國志〕　28
于海　203
大磐　140
大興國　25
兀朮（見完顏宗弼）
女眞　1-8, 10-18, 20-32, 36, 51,
　52, 55, 58, 102, 111, 112, 115,
　119-122, 124, 163, 167, 171, 174,
　179, 235, 237, 238
小堯舜　130

上官悟　91
山水寨（砦）　39, 42, 47, 52, 55,
　58-60, 135, 136, 165, 190, 210

四劃

文字獄　22
方廷　106
方信儒　220
方臘　53
「市街」　4
王十明　151, 155, 158, 166
王九思　201
王八　65
王之望　155
王才　67
王大郎（王善）　39-42, 44, 53, 60-
　62, 64, 78, 115, 117
王夫之　113, 116, 118, 235, 240
王友直　9, 125, 127, 134, 135, 137,
　141, 142, 144, 162, 163, 169, 238
王公喜　203, 210
王世忠　48
王世隆　125, 127, 133, 134, 137,
　147, 166, 168
王汝霖　201
王安　227

王安石　103
王圭　65
王再興　39, 67
王自中　152
王任　125, 127, 137, 142
王宏　125, 141
王伯龍　51, 85
王希呂　163
王林　49, 97
王明（王鐵槍）　65
王忠　206
王忠植　50, 67, 116
王彥　37, 40, 41, 43, 47, 49, 61,
　66, 77, 80, 89, 112, 115, 125,
　136, 137, 142
王彥融　166
王英　46
王則　3
王俊　65
王庭玉　200
王剛中　122
王師晟　48
王倫　3
王庶　65
王猛　232
王淵　64, 70, 88
王善（見王大郎）
王喜（王萬年）　55, 65
王雲　35
王貴　39, 64
王順　67
王集　67
王進　66, 103

王義　66
王義深　185, 192, 205, 207
王遂　213
王福　190, 191, 201, 205, 225
王逸　179
王萬年（見王喜）
王維忠（靜街三郎）　43, 55, 61, 67
王德　51, 75, 84, 98, 101
王擇仁　46
王簡　46
王瓚　85, 93
王權　124
王鐵槍（見王明）
元好問　10, 15, 176, 187
〔元遺山文集〕　194, 208
屯田軍　6, 17, 51, 119, 239
支邦榮　122, 140
木華黎　181
孔彥舟　18, 45, 47, 48, 51, 68, 81,
　98, 117
孔師錫　62
〔中興備覽〕　58
〔中興遺史〕　40
內族轉奴　200
牛具稅　14
牛皋　45, 47, 49, 68, 103
牛頭稅　14

五劃

平羅繭氏　58, 100
示兒詩　214
正軍　18
〔正隆事迹〕　124

打草穀 3
打圍 7
朮甲脫魯灰 209
朮虎高琪 176, 178, 218
石土門 25
石子明 46, 49
石城 193
石珪 179, 180, 182, 197, 205,223, 227, 229
石竧 59, 69, 116, 238
石敬瑭 2
石皐隨 65
石賫賢 172
左藏庫 178
司馬朴 129, 149
司馬通國（武子） 129, 149
民社 135
田俊邁 172
田瑴黨禍 22
田顥 93
史玉 206
史浩 150, 151, 154-156, 158
史康民 43, 49, 67, 69, 103
史準 46, 69
史嵩之 186
史彌遠 171, 174, 178, 179, 183, 186, 216, 218, 219, 222, 223, 231
以夷制夷 31, 111
以華制華 8, 45
白華 225
用夏變夷 241

六劃

「江東奏議邊事狀」 211
宇文虛中 22
安史之亂 2
安國用 201
吾里補 66
西夏 3, 12, 31, 33, 185
成吉思汗 175, 176, 181, 186
成表 172
成潤 172
曲成 177
曲端 230, 231
曲貴 200
朱存中 62
朱溫 2
朱裕 172
朱勝班 47
朱鉞 62
朱熹 155
朱櫂 212, 214
向密 46
伊勒布 18
仲諒 69
任天錫 143
任郎君 137
任契大 121, 127, 136, 138
牟子才 218
牟佐 203

七劃

汪世顯 186, 219, 216, 230
汪伯彥 37, 38, 115
汪明遠（澈） 19
汪若海 105

汪應辰　123

汪藻　109

沒角牛（見楊進）

沙眞　46, 75

沈璋　89

沈興　199

沈鐸　178, 199

辛次膺　104

辛棄疾（幼安）　125, 127, 133,137, 143, 144, 147, 161, 163,167,214, 231, 238

辛傅　125, 143

完顏允濟（衞紹王）　174, 175

完顏宗望　32, 33, 79

完顏宗弼（兀朮）　8, 18, 19,25,44, 46, 50, 51, 75, 82, 90, 91, 97, 101, 103

完顏宗翰（粘罕）　8, 20, 28,32,33, 40, 50, 63, 69

完顏杲（斜也）　32

完顏昌（撻懶）　8, 20, 50, 59, 61, 88

完顏琢　200

完顏弼　195

完顏福壽　124

完顏霆　177, 197, 198, 207, 208

完顏謀衍　124

完顏賽不　179

宋子玉　198

宋山　204

宋太宗　225

宋太祖　11, 225

〔宋史〕　8, 81, 100, 194

宋江　3, 53

宋孝宗　4, 24, 127-129, 131, 150, 154, 156, 157, 160, 161,163-165, 190, 223, 236

宋高宗（康王）　24, 35-38, 43, 44, 48, 50, 68, 69, 75, 79, 96, 100, 101, 106-108, 112-114, 117-119, 122, 127, 133, 153-156, 163,183, 190, 238

宋眞宗　106

宋理宗　24, 183, 186,219,226,229, 232

宋超　75, 107, 114

宋欽宗　23, 24, 32, 34, 35, 52, 225

宋寧宗　24, 171, 179,183,189,211, 219, 222, 227, 230, 231, 240

宋肇　138

宋德　46

宋德珍　199

宋徽宗　24, 31, 32, 35, 50, 225

邢福　198

邢德　204, 207

均田制度　29

孛太欲　66

杜太師　92

杜充　41, 42, 80, 88, 115

杜奎　122, 140

杜海　125, 142

杜莘　21

李大有　215

李川　137

李文秀　206

李友直　195, 238

李公佐 164
李永奇 75
李世輔（顯忠） 50, 75, 128, 132, 158, 160, 163, 166, 238
李正民 106
李民 65, 70
李仔 137
李吉 46
李在 42, 70, 117
李成 44, 48, 51, 60, 70, 72, 76, 77, 80, 85, 105, 110, 117
李光 105, 108
李全（李鐵鎗） 135, 144, 172, 175, 177, 180, 182-184, 189, 192-196, 203-205, 207-210, 216, 218, 219, 223, 225-230
「李全傳」 210
李宏 42, 49, 81
李宋臣 46, 74
李克用 2
李孝忠 223
李伯淵 186
李宗 71
李宗勉 217
李宗閔 122
李邴 103, 104, 108
李旺 72, 201, 210
李忠 66
李秀 121, 138
李洪 65
李彥仙（孝忠） 40, 42, 43, 45, 61, 62, 74, 76, 112, 238
李彥先 46, 74

李彥隆 46
李威 71
李若川 152
李若水 3, 34
李咬住 198
李俊 204
李泉 207
李涓 71
李振 48
李捧 48, 85
李琮 71
李植 81
李道 61, 72, 93
李雄 134
李貴（李閻羅） 71
李策 201
李智究 132
李彙 73
李福 180, 204, 209, 227
李齊 72
李寧 197
李鳴復 219
李綱 37, 38, 56, 102, 103, 105, 108, 115
李誼 108, 109
李震 73
李橫 47, 73, 91, 116
李邈 46
李機 137
李閻羅（見李貴）
李瓊 194
李興 50, 55, 60, 61, 69, 72, 238
李寶（潑李三） 42, 48, 50, 73, 125,

126, 137, 138, 140, 147, 162, 164

李鐵槍（見李全）

吳乞買（見金太宗）

吳伸　47

吳泳　222

吳玠　49

吳珙　125, 146, 149, 159

吳革　77

吳翊　77

吳給　77, 82

吳柔勝　180

吳潛　217, 218, 222, 230, 232

吳錫　77

吳璘　49, 84, 125, 148

吳曦　173, 224

呂文德　232

呂午　222

呂祉　49, 101

呂善諾　92

呂頤浩　85, 97, 103, 108

彤宣終明　172

何冕　200

何進　198

余嶸　178, 220

八劃

祁宰　21

宗澤（汝霖）　12, 35, 37-43, 52, 58,
　　64, 66, 67, 72, 86, 88, 92, 115-
　　117, 166

官戶　25

武仙　198, 209

武鉅　142-144, 165

武淵　63

武漢英　34, 100

來二郎　121, 135, 136, 139, 153

招撫司　37

招撫使　37

邵大伯（見邵興）

邵宏淵　75, 124, 128, 166

邵青　53, 76, 81, 113

邵清　44, 45, 48

邵雲　76

邵隆　76, 238

邵興（邵大伯）　36, 40, 42-44, 61,
　　76

孟宗政　179

孟春　197, 210

孟昭　126, 145

孟珙　186, 222, 230, 232

孟晞　135, 148

孟健　78

孟環　230

阿不罕胡魯剌　206

阿骨打　17, 20

俏全　221, 222

花石綱　32

花面獸（見劉忠）

明椿　125, 137

忠孝軍　185

忠勇軍　180

忠順軍　160, 180

忠義（人）　129, 150, 152, 158, 159,
　　162, 179, 186, 211, 213-218, 222,
　　226, 227, 229

忠義巡社　38, 42, 49, 51, 53, 55-

57, 61, 111, 135

忠義軍　102, 126, 129, 179, 180, 182, 185, 189, 192, 216,218,224, 230

忠毅軍　160

季先　178, 180, 199

忽必烈　241

周望　84

周紫芝　111

周鄭聯軍　58, 78

侍旺　132

岳飛　44, 48, 49, 51, 68, 73, 77, 85-87, 90, 91, 95, 96, 106, 110, 113, 115, 116, 167, 230

岳家軍　50

兒皇帝　8

征服王朝　1, 13

金太宗（吳乞買）　5, 15, 17, 18, 25

金世宗（完顏雍）　4, 13, 15,17,21, 25, 27, 29, 124, 126, 127, 130- 132, 134, 137, 161, 168,169,171, 236, 238, 240

〔金史〕　16, 130, 132, 162, 175, 177

金哀宗　10, 185, 190, 219, 240

金宣宗（完顏珣）　10, 21, 22, 29, 176, 178, 180, 185, 187,218,225, 237

金海陵帝（完顏亮）　6, 8, 9,18-21, 25, 28, 120-126, 128, 131, 132, 134-136, 138, 141, 150, 152,157, 161-165, 167, 168, 231, 237,238, 240

金章宗　8-10, 17, 20-22, 26, 171- 173, 237

金熙宗　119, 120, 167

九劃

洪适　126, 152, 157, 158, 168

洪皓　71, 87, 106, 167

洪遵　122

洪邁　26

宣諭使　19

室韋　28

契丹　2, 3, 7, 9, 12-14, 18, 27,51, 119, 121, 124, 127, 171

〔春秋尊王發微〕　12

春秋學　12, 237

耶律余覩　33

耶律湛　140

胡世將　59, 115

胡交修　60

胡沂　159

胡寅　109

胡彬　135, 149

胡愈　79

胡銓　158, 159

南平李氏　58, 69

括田　6, 7, 11, 134, 174

括里　28

柳大節　152

韋太后　50

韋壽佺　46, 74, 79

〔建炎以來繫年要錄〕（〔要錄〕） 39, 41, 42, 62, 113

柔福帝姬　117

范元　197

范用吉　221, 222

范汝爲　98

范成大　4, 26

范成進　185, 228

范邦彥　125, 143

范浚　103, 104

范溫　46, 49, 79

苗劉之亂　230

苻堅　232

种師中　74

种師道　80

种贇　204

迭剌唐古二部五糺　27

信王（趙榛）　12, 40, 43, 46, 61, 81, 92, 112, 117, 118

信亨祚　193

段增順　205

侯景之禍　106

侯進　143

侯摯　10, 24, 177, 201

保甲法　103

姚翀　232

姚端　99

俞興　232

昝朝　125, 135, 144

紅巾　20, 58, 59, 62, 63

紅襖軍（賊）　10, 177, 178, 185, 187, 191, 192, 196, 197, 210, 224

紇石烈牙吾塔　195

紇石烈公順　201

紇石烈執中（胡沙虎）　175, 176

紇石烈婁室　6

十劃

高才　79

高士談　22, 23

高汝礪　7, 178

高林　199

高忠皎　199

高禹　122, 140

高敵　122, 140

高麗　28

高懷正　18

高顯　145

唐恪　33, 105, 106

唐進　177, 178, 198

祝友　48, 61, 78

祝靖　78

祖逖　41

神武中軍　49

宮茵　113

宮儀　79

馬友　42, 49, 62, 68, 81, 86, 116

馬良　201

馬亢義　46

馬寬　201

馬擴　12, 36, 40, 41, 43, 61, 62, 81, 89, 103, 112, 238

秦弼　126, 148

秦嵩　148

秦檜　45, 48, 50, 51, 68, 76, 96, 119, 122, 150, 157

袁滋　80

袁燮　213

郝定　177, 196, 228, 237

郝邊甫　195

耿自尤　109

耿京　9, 125, 127, 133–135, 137,
　143–145, 147, 169, 231

耿南仲　33, 35, 105, 106

耿堅　80

眞德秀　211, 213, 215

夏全　179, 185, 192, 207, 223, 227

夏俊（俟）　123, 134, 141

孫一　122

孫仲威　206

孫邦佐　195, 210

孫克寬　226

孫昭遠　83

孫復　12

孫暉　55, 82

孫億　77, 82

孫儔　146

孫學究　202

孫韓　83

孫臏　214

桑仲　45, 61, 66, 72, 73, 80, 87,
　89, 99, 116

員錡　145

員興宗　154

晁海　209

時全　196

時青　179, 180, 192, 196, 197, 210

時溫　197

奚　51, 124

特离補　79

烏古論慶壽　179

倪震　126, 149

烏林荅刺徹　132

烏孫訛論　100

留守司　37

徒單克寧　17

徐大刀（見徐文）

徐子寅　159, 160

徐文（徐大刀）　46, 48, 49, 81, 117,
　121, 139

徐元　121, 139, 153, 237

徐宗偓　139, 152, 155

徐宗誠　48, 53, 82

徐康　82, 114

徐鹿卿　216

徐晞稷　184, 231

徐鳳　49, 220–222

徐慶　49

徐徽言　62, 82, 238

納合椿年　29

十一劃

梁小哥（見梁興）

梁佐　198

梁昭祖　199

梁球　18

梁啓超　231

梁勛　122

梁興（梁小哥）　49, 51, 85

淮海亂事（兵變）　228, 236

粘罕（見完顏宗翰）

粘割貞　198

盖經　13, 155

章誼　102

章穎　134, 164

商鞅　232

許約　117, 231

許國　182, 184, 199, 231

許翰　56

郭三　177

郭大刀（見郭仲威）

郭文振　198

郭永　84

郭仲威（郭大刀）　42, 48, 84

郭仲荀　41

郭企忠　99

郭進　71

郭勝　221, 222

郭諒　98

郭興祖　214

郭藥師　32, 156, 213

郭邈山　3

康淵　48

惟良　204

寄軍　72

宿徽　195

都宗室將軍司　27

曹成　45, 48, 49, 77, 84, 86, 110, 113, 116

曹彥約　212, 220, 221

曹勛　55, 58, 60, 105

連珠砦　39

戚方　45, 53, 60, 62, 67, 71, 85, 146

戚拱　172

張大刀（見張林）

張弘信　139

張用（張莽蕩）　42, 45, 48, 49, 53,

60, 62, 86, 110, 115, 116

張守　104, 108

張安國　127, 137, 144, 147, 169

張汝楫　175, 194, 195, 210

張玘　59, 87

張守忠（小張俊）　87

張成　98

張羽　202

張仲宣　227

張甫　191, 209

張孝文　67, 97

張邦昌　34, 35

張宗　86

張林（張大刀）　179, 182, 191, 201, 203-205, 207, 208, 210, 219, 225-227, 229

張青　64

張旺　121, 139, 237

張忠恕　215

張所　24, 37, 56, 77, 103, 105

張威　179

張政　141

張昂　87

張昱　87

張俊　48, 49, 65, 67, 75, 85-87, 110

張俊（小張俊，張守忠）　87

張海　3

張浚　49, 58, 75, 76, 89, 91, 99, 113, 122, 127, 129, 149-152, 155, 166

張振　87

張莽蕩（見張用）

張道夫　122

張惠（賽張飛）　185, 205, 207, 228

張琪　87, 88

張棣　124

張漢臣　208

張鈞　22

張楫　145

張暉　90, 198

張遇　88

張遇（一窩蜂）　48, 88

張榮（張敵萬）　43, 44, 46, 53, 59,
　60, 61, 88

張聚　191, 201, 204, 205

張廣　89

張敵萬（見張榮）

張憲　65

張澤　86

張愨　56

張橫　89

張闡　122, 153, 154, 159

張覺　32, 89

張龔　89

張驤千　62

強榦弱枝　124

強震　126, 148

強霓　126, 148

陳卞　117

陳宏　84

陳亨祖　125, 127, 133, 134, 145

陳孝忠　180

陳東　38

陳居仁　158

陳彥明　98

陳咸　214

陳思恭　85

陳俊　125, 136, 144

陳規　77

陳造　159

陳智　175, 195

陳韡　220, 221, 222

陶甫　83

陸清　83

陸游　153, 169, 214

莊綽　4

崔立　186

崔邦弼　86

崔陟　139

崔淮夫　9, 120, 122, 139, 153

崔敦禮　156

崔與之　215, 219

崔增　45, 48, 85

國安用（國用安）　192, 204, 208

常景　83

常進　221, 222

移剌買奴　200

「移剌道傳」　162

魚張二　200

僞楚　34

僞齊　8, 45, 46, 47, 49, 53, 55,59,
　68, 81, 105, 107, 114

猛安謀克　5, 6, 9, 13, 14, 17, 25-
　27, 119, 124, 131, 174, 191, 237,
　240

十二劃

馮天羽　201

馮長寧　42, 90

馮湛　142

馮賽　46, 74, 89

游貴　93

湖州兵變　183, 184

湯思退　168

普倫　90

普璉　90

普賚　90

尊王攘夷　12

童貫　31

彭義斌　178-180,184,192,194,197,
　　203, 205, 209, 226, 227, 239

開趙（見趙開山）

開禧北伐　178, 224

單仲　204

單德宗　48

圍場　7, 8

黃中　122

黃淵　90

黃捷　55, 90

黃鞈　215, 216

黃潛善　37, 38, 103, 115, 117

黃摑　186

程公許　216

程宏圖　152, 153

程克俊　9

程彥暉　177, 178, 196, 211

程珌　212, 213, 223, 227

程琮　206

程璠　206

程戩　201

傅伯成　217

傅亮　37

傅選　90

焦文通　89

焦風子　210

智和禪師　92

御前忠銳軍　49

順昌之捷　51

鄉兵　135

鄉勇義軍　55

十三劃

淵聖皇帝　117

義端　125, 135, 137, 147

靖康之變　34-36, 52, 108

雷仲　90

賈似道　233

賈和仲　166

賈涉　182, 184, 219, 223, 231

賈敢　63

賈瑞　125, 127, 137, 144, 155

賈誼　108, 221

勤子堌　195

勤王　23, 24, 32-36, 38, 52, 53,
　　55, 64, 102, 107, 111, 114

靳賽　42, 48, 88, 91

楊么　85, 90, 113

楊可發（楊麻胡）　92

楊安兒　28, 175, 177,191-193,194-
　　196, 199, 210, 228

楊圭　103

楊存中　149

楊妙眞　177, 184, 194

楊青　91

楊春（德元）　125,135,136,145,166

楊皇后　172, 173, 183

楊浩　92

楊庭秀　195

楊珪　195

楊麻胡（見楊可發）

楊進（没角牛）　39-41, 43, 53, 60-
　62, 92, 94, 95, 115, 117

楊榮　172

楊德廣　180

楊簡　212, 213

楊饆饠　92

董平　53, 60, 91

董先　47, 61, 87, 91

董居誼　196

董震　91

董槻　122, 139, 166

葛王　133

葛進　93

葉義問　122, 152

葉夢得　48, 67, 83, 104

葉適　126, 127, 220, 221, 225, 229

虞集　176

愛王　192, 197, 202

解元　49

解潛　87

經制司　37

　〔會要〕　66, 67, 69-100, 140-149,
　196, 197, 199, 201-204, 206-210

十四劃

端平入洛之役　219

　〔齊東野語〕　72, 96, 199, 203-205,
　207, 208

齊博　93

齊寅　63

廖剛　47, 106

趙士㻰　71, 96

趙士跋　96

趙士幹　81

趙方　179

趙六舍人　65

趙天錫　207

趙元　75

趙不尤　96

趙立　43, 44, 46, 60-62, 74, 95,
　96, 112, 238

趙世臣　48

趙令俊　117

趙邦永　211

趙邦傑　12, 89, 96, 112

趙伯遘　143

趙宗印　77

趙延壽　48, 97

趙彥吶　186, 189, 219

趙竑　183

趙范　184, 230

趙惟清　67

趙善長　204

趙善周　202

趙善湘　184

趙開山（開趙）　121, 125, 127, 134-
　138, 168

趙琦　49

趙詢　183

趙雲　95

趙葵　184

趙鼎　73, 104, 105

趙粹中　152

趙銓　148

趙霖　95

趙瓊　43, 61, 96, 97, 116

輔逵　42, 53, 78, 93

斡離不（宗望）　32, 33, 79

翟汝文　106

翟琮　47, 60, 61, 69, 91, 94

翟進　40, 61, 92, 94

翟興　36, 40, 41, 43, 46, 47, 59-62,
　65, 72, 87, 91, 92, 94, 95, 112,
　238

蒙古　28, 59, 135, 176-79, 181, 185,
　186, 191, 192, 218, 226, 227, 230,
　233, 239, 241

蒙古太宗　185

蒙古綱　177

蒙古憲宗　241

僧法通　132

僧義端　125, 135, 137, 147

僧慶預　72, 93

僧寶眞　93

僕散安貞　177, 194, 196

僕散揆　173

十五劃

潑李三（見李寶）

潘丙　183

潘壬　183

潘甫　183

潘通　82

鄭性之　221

鄭淸之　186, 219

鄭從宜　205

鄭懋　117

談堯　61

「論東人來歸事宜劄子」　157

「論絕歸正人有六不可疏」　151

撒里曷　75

「撫諭歸正將士人民詔」　129

樊辛　227

樞密院　114, 199

樓鑰　13, 15

監戶　25

歐陽澈　38

歐榮　202

蔣芾　158

滕茂　125, 136, 137, 147

劉二祖　175, 177, 178, 191, 192,
　195, 196, 209, 210, 228

劉文舜　98

劉可　61

劉正彥　42, 64

劉异　137

劉光世　42, 48, 49, 67, 70, 74, 78,
　82, 84, 88, 91, 101

劉光祖　213

劉祁　16, 20, 22

劉克莊　215, 217

劉里忙　98

劉位　43, 44, 61, 62, 67, 96, 97,
　116

劉延慶　78

劉長源　109

劉昌祖　196

劉忠（花面獸） 48, 77, 97
劉和尙 97
劉洪道 71, 79, 93
劉朔 155
劉泰 97
劉晏 10
劉盉 8
劉紹先 98
劉珫 8, 18
劉黑龐 98
劉琸 184, 232
劉超 61
劉復 61
劉莩 19, 134
劉綱 61
劉慶福 184
劉慶餘 83
劉整 186, 223, 232, 239
劉豫 8, 9, 18, 45–48, 50, 59, 68, 70,
　72, 78, 79, 81, 86–88, 90, 91, 95,
　97, 101, 103, 104, 115, 117
劉錡 50, 113, 145
劉嶸 117
劉繹 145
劉寶 130, 147, 165, 166
劉蘊古 156
劉麟 18
劉觀 8
儀端 84
儂智高 213
〔劍南詩稿〕 214

十六劃

澶淵之盟 106
靜街三郎（見王維忠）
撻懶（見完顏昌）
燕寧 203
霍明 73, 80, 99, 116
霍儀 177, 178, 197, 208, 209
閻先生 99
閻勃（閻勛） 39
閻皋 98
閻瑾 62, 85, 98, 99
閻德用 200
閻顯 200
盧仲賢 129
盧師迪 46, 99
盧廣 204
蕭何 10
蕭德溫 18
錢端禮 155, 166

十七劃

濟王 117
濟王案（事件） 183, 192, 219, 236
應純之 199
賽張飛（見張惠）
韓世忠 42–44, 48, 49, 51, 64, 69,
　70, 73, 74, 84–86, 88, 90, 93, 97,
　98, 103, 110, 115, 116
韓世淸 117
韓先 122
韓肖冑 104
韓侂冑 18, 171–175, 186, 211, 218,
　224
韓常 46, 51, 113

韓琦　172
薛季宣　158, 159, 168
薛廣　99
薛慶　44, 46, 100
歸正（人）　51, 102, 109, 119, 122,
　128, 134, 150–154, 156–160, 162–
　164, 178, 186, 189, 211–213, 218,
　220, 226, 227, 229–231, 235, 238,
　240
歸正人莊　160, 163
鍾子義　87

十八劃

聶昌　35
聶斌　227
魏了翁　216, 221, 223, 226
「魏子平傳」　132
魏勝（彥威）　122, 125–127, 129,
　130, 135–137, 140, 142, 147, 162–
　166
「魏勝傳」　164
鎮撫使　45, 48, 95, 115, 223

十九劃

龐僧正　34, 100
藩鎮　2, 115, 223
關師古　48, 73
羅誘　104
簽兵（軍）　18–20, 123, 134

二十劃

竇防禦　100
蘇椿　190, 207
嚴起　101
嚴實　179, 182, 195, 203, 205, 209,
　225

二十一劃

顧伯起　62
鶴壁田氏　58, 101

二十二劃

龔楫　101
酈瓊　48, 91, 101
權邦彥　56, 57
韃靼　171

南宋時代抗金的義軍

1988年10月初版　　　　　　　　　　　　　　定價：新臺幣750元
2023年10月二版
有著作權・翻印必究
Printed in Taiwan.

著　　者　黃　寬　重	

出　版　者　聯經出版事業股份有限公司	副總編輯　陳　逸　華
地　　　址　新北市汐止區大同路一段369號1樓	總編輯　涂　豐　恩
叢書主編電話　(02)86925588轉5310	總經理　陳　芝　宇
台北聯經書房　台北市新生南路三段94號	社　長　羅　國　俊
電　　　話　(02)23620308	發行人　林　載　爵
郵政劃撥帳戶第0100559-3號	
郵撥電話　(02)23620308	
印　刷　者　世和印製企業有限公司	
總　經　銷　聯合發行股份有限公司	
發　行　所　新北市新店區寶橋路235巷6弄6號2F	
電　　　話　(02)29178022	

行政院新聞局出版事業登記證局版臺業字第0130號

聯經網址 http://www.linkingbooks.com.tw
電子信箱 e-mail:linking@udngroup.com

國家圖書館出版品預行編目資料

南宋時代抗金的義軍 / 黃寬重著 . 二版 . 新北市 .
聯經 . 2023.10 . 274面 . 14.8×21公分 .
ISBN　978-957-08-7128-9（精裝）
[2023年10月二版]

1. CST：南宋史

625.2　　　　　　　　　　　　　　112015816